ZWEITE AUFLAGE

DEIN NEUES LÄCHELN

ENTDECKEN SIE, WIE EIN LÄCHELN IHR LEBEN VERÄNDERN KANN

ZWEITE AUFLAGE

DEIN NEUES LÄCHELN

ENTDECKEN SIE, WIE EIN LÄCHELN IHR LEBEN VERÄNDERN KANN

Ronald E. Goldstein, DDS

Professor für Orale Rehabilitation
Institut für Zahnmedizin der Medizinischen Hochschule Georgia
Augusta, Georgia

Gastprofessor für Prothetik
Institut für Zahnmedizin „Henry M. Goldman" der Universität Boston
Boston, Massachusetts

Gastprofessor für Restaurative Zahnheilkunde
Zentrum für Gesundheitswissenschaften der Universität Texas
San Antonio, Texas

MIT BEITRÄGEN VON

Louis S. Belinfante, DDS
Privatpraxis für Mund-Kiefer-Gesichtschirurgie
Dawsonville, Georgia

Farzad R. Nahai, MD
Dozent für Plastische und Wiederherstellungschirurgie
Medizinische Fakultät
der Emory-Universität
Atlanta, Georgia

Foad Nahai, MD
Professor für Plastische Chirurgie
Medizinische Fakultät
der Emory-Universität
Atlanta, Georgia

DEUTSCHE ÜBERSETZUNG

Dr. med. dent. Alessandro Devigus
Privatpraxis (www.dentist.ch)
Bülach, Schweiz

Quintessenz Verlags-GmbH
Berlin, Chicago, Tokio, Barcelona, Istanbul, London, Mailand, Moskau, Neu-Delhi, Paris, Peking, Prag, São Paulo, Seoul und Warschau

Titel der englischen Originalausgabe:
Change your smile. Discover how a new smile can transform your life
© 2009 Quintessence Publishing Co, Inc.

Die professionellen Schönheitstipps auf den Seiten 200–207 sowie das Make-up für die Models auf den Seiten 203, 207 und 214 stammen von Rhonda Barrymore (professionelle Make-up-Künstlerin und -Stylistin; Gründerin und Präsidentin von *Help Me Rhonda, Inc.*). Die Frisuren der Models auf den Seiten 203, 207 und 214 kreierte Richard Davis (professioneller Hairstylist). Die virtuellen Frisuren und die Experten-Tipps auf den Seiten 209–213 steuerte *TheHairStyler.com* bei.

Die Deutsche Bibliothek verzeichnet diese Publikation in der Deutschen Nationalbibliografie; detaillierte bibliografische Daten sind im Internet über <http://www.dnb.ddb.de> abrufbar.

QUINTESSENZ VERLAG

© 2010 Quintessenz Verlags-GmbH

Quintessenz Verlags-GmbH
Komturstrasse 18
12099 Berlin
www.quintessenz.de

Dieses Werk ist urheberrechtlich geschützt. Jede Verwertung außerhalb der engen Grenzen des Urheberrechts ist ohne Zustimmung des Verlages unzulässig und strafbar. Dies gilt insbesondere für Vervielfältigungen, Übersetzungen, Mikroverfilmungen und die Einspeicherung und Verarbeitung in elektronischen Systemen.

Design und Layout: Gina Ruffolo
Illustrationen: Zach Turner, Blue Motion Studios
Deutsche Übersetzung: Dr. med. dent. Alessandro Devigus, Bülach (Schweiz)
Lektorat, Herstellung und Reproduktionen: Quintessenz Verlags-GmbH, Berlin

WIDMUNG

Dieses Buch ist dem Andenken an einen Zahnarzt gewidmet, der sich in jeder Hinsicht als Anwalt seiner Patienten verstand. Er fühlte sich nicht nur großer Sorgfalt und hoher Perfektion bei der Behandlung, sondern stets auch dem Schutz der Patienteninteressen verpflichtet.

Seine Hingabe an die Zahnmedizin und seine Aufopferung für die Patienten entsprangen seiner Leidenschaft, anderen zu helfen. Sein Leben und Beispiel inspiriert alle, die ihn kannten. Auch mir hat er geholfen, auch mich hat er inspiriert:

Dieses Buch ist in liebevoller Erinnerung meinem Vater Dr. Irving H. Goldstein gewidmet.

INHALTSVERZEICHNIS

DANKSAGUNG *viii*

VORWORT *ix*

1 DEM PROBLEM AUF DEN ZAHN FÜHLEN 1
Erfahren Sie, was ein schönes Lächeln ausmacht. Eine Selbstanalyse zeigt Ihnen, ob Sie für eine Veränderung bereit sind.

2 SCHLUSS MIT VERFÄRBTEN ZÄHNEN 27
Lernen Sie, wie Sie Verfärbungen und Beläge loswerden und wieder strahlend lachen können.

3 EINE SAUBERE SACHE 45
Erfahren Sie, wie die Entfernung von Karies und Amalgamfüllungen Ihnen ein sauberes Lächeln verleiht.

4 WENN ZÄHNE BRECHEN 57
Lassen Sie sich Ihr attraktives Lächeln nicht durch abgebrochene Zähne ruinieren – entdecken Sie Möglichkeiten zur Versorgung, die natürlich aussehen und sich richtig gut anfühlen.

5 VORSICHT, LÜCKE! 69
Erfahren Sie, wie geschlossene Lücken zwischen Ihren Zähnen Ihr gesamtes Aussehen verändern können.

6 VERLOREN UND WIEDERGEFUNDEN 85
Entdecken Sie die Schönheit eines vollständigen Lächelns: Lassen Sie fehlende Zähne durch natürlich wirkende Versorgungen ersetzen.

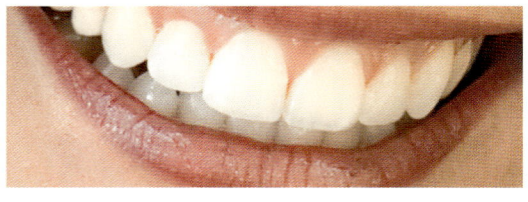

7 GERADE ZÄHNE LACHEN BESSER *103*
Es gibt keinen Grund, mit schiefen Zähnen durchs Leben zu gehen. Entdecken Sie, wie Ihnen eine Zahnstellungskorrektur zu einem attraktiven, geraden Lächeln verhelfen kann.

8 DER RICHTIGE BISS *119*
Ihre Bisssituation kann Ihre normale Funktion und Ihr Aussehen stark beeinflussen. Erfahren Sie, welchen Bisstyp Sie haben, und lernen Sie, was Sie daran verbessern können.

9 HÖCHSTE ZEIT *141*
Macht Ihr Lächeln Sie älter, als Sie sind?
Es ist nie zu spät dafür, sich ein jugendliches Lächeln zu gönnen.

10 EIN RAHMEN FÜR IHR LÄCHELN *159*
Lassen Sie sich Ihr Lächeln nicht von Zahnfleischproblemen verderben!
Lernen Sie, was Sie für gesundes Zahnfleisch tun müssen.

11 IHR GESICHT *171*
Erfahren Sie, was orthognathe und plastische Chirurgie für Ihr Lächeln und Aussehen tun können.

12 DER LETZTE SCHLIFF *195*
Lernen Sie von Experten, wie Sie Ihr Lächeln erhalten und Ihre gesamte Erscheinung durch richtige Hautpflege, passendes Make-up und Hairstyling optimieren können.

ANHANG: WIE'S GEMACHT WIRD *216*
Wie werden Veneers oder unsichtbare Zahnspangen hergestellt?
Lassen Sie sich Schritt für Schritt durch verschiedene zahnärztliche Prozeduren führen.

LITERATUR *232*

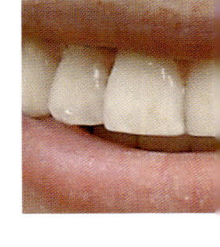

DANKSAGUNG

Viele Menschen haben mir bei der Arbeit an „Dein neues Lächeln" geholfen. Den meisten von Ihnen habe ich bereits in der ersten Auflage meinen Dank ausgesprochen, aber einigen gebührt ein besonderes Dankeschön für ihre Hilfe bei der zweiten Auflage.

An erster Stelle schätze ich mich glücklich, zwei großartige Kliniker unter meine Partner und Freunde zählen zu dürfen: David Garber und Maurice Salama, die mir auf vielfältige Weise geholfen und große Teile des Buches redigiert haben. Auch meinem inzwischen verstorbenen, schmerzlich vermissten Mentor Charles Pincus danke ich für Rat und Hilfe.

Tiefer Dank geht an meine Söhne Cary und Ken und an meine Tochter, Cathy Schwartz, alle drei Zahnärzte, die mir zahllose Anregungen geliefert haben und auf die ich ebenso stolz bin wie auf meinen Sohn Rick, der sich als Arzt außerdem um meine Gesundheit kümmert.

Großen Dank schulde ich auch meiner Familie im weiteren Sinn: meinen Mitarbeitern, die mir in allem eine große Hilfe waren, vor allem Henry Salama, Angie Gribble Hedlund, Brian Beaudreau, Maha El-Sayed und Noell Craig.

So viele Menschen haben dabei mitgeholfen, die ästhetischen Resultate in diesem Buch zu verwirklichen, dass der Platz fehlt, allen persönlich zu danken. Stellvertretend sollen das künstlerische Auge und das immense handwerkliche Können meiner Keramiker Pinhas Adar, Christian Coachman, Guilherme Cabral, Chris Delarm, meines Zahntechnikers Tony Hood und meines langjährigen Gerüstdesigners Mark Hamilton genannt sein.

Maßgeblich verbessert wurde diese Neuauflage durch das redaktionelle und gestalterische Geschick von Kathryn Funk. Ein weiteres Dankeschön geht an meine redaktionelle Assistentin, Yhaira Arizaleta Grigsby, die sich um die Details bei der Umsetzung gekümmert hat. Sie war der strenge Projektleiter, den ein solches Projekt braucht.

Ein ganz besonderer Dank gilt meinem gesamten Praxisteam – vor allem den engagierten Dentalassistentinnen, die mich über die Jahre unterstützt haben: Ich stehe in der Schuld meiner Praxis-Managerin Gail Cummins, meines Buchhalters Chuck Gugliotta, meiner gegenwärtigen und früheren Dentalassistentinnen Laura McDonald, Angelica Tafur, Maria Hernandez und Angie Moon sowie der unglaublichen Hingabe und vielen Talente von Charlene Bennett. Seit mehr als 20 Jahren darf ich die administrativen Fähigkeiten von Candace Paetzhold in Anspruch nehmen, der besten Redakteurin und Lektorin aller meiner Publikationen.

Auch unser Prophylaxeteam war mir und den Patienten eine große Hilfe. Ich möchte speziell Kim Nimmons, Gail Heyman, und den übrigen Dentalhygienikerinnen, einschließlich Amy Bahry, Akiko Hartman, Janet Kaufman und Cheri Robinette danken, die für die Erhaltung und Pflege der meisten in diesem Buch gezeigten Arbeiten verantwortlich sind.

Einige Mitarbeiter von DentalXP haben mich ebenfalls unterstützt, vor allem Chris McGarty, Amber Vaughn, Livio Yoshinaga, und James Romeo.

Kommunikation war immer die zentrale Idee von „Dein neues Lächeln". Deshalb geht mein Dank an unsere Behandlungskoordinatoren Lisa Bursi, Drue Tovi, und Joy Williams, die den Patienten die Philosophie des Buches geduldig vermittelt haben. Ich möchte ferner unserem „Chef" Victor Ekworomadu danken, der das gesamte Praxisteam „in Schwung" hält. Er ist der ideale Angestellte (und ein Segen für die Menschheit).

Weiterer Dank geht an die überaus talentierten Fotografen Sundra Paul und Alberto Oviedo für ihre Mitarbeit an dieser Auflage sowie – ganz besonders – an Dudu Medeiros, einen der besten Fotografen Brasiliens.

Ich möchte auch meinem fantastischen Team am Medical College of Georgia danken, vor allem Van Haywood, der immer bereit war, sein Material zur Verfügung zu stellen, sowie Connie Drisko, dem Dekan, einem fähigen Institutsdirektor und guten Freund. Ich habe in all den Jahren von so vielen Kollegen lernen und profitieren dürfen, dass es unmöglich ist, die Namen hier vollständig aufzulisten – allen bin ich zu größtem Dank verpflichtet.

Ganz besonders danke ich auch für die Beiträge von Louis Belinfante sowie Foad und Farzad Nahai, die so schön zeigen, dass einem schönen Lächeln fast nichts im Weg zu stehen braucht, sowie Rhonda Barrymore, Richard Davis und den Profis von TheHairStyler.com, die mir dabei geholfen haben, zu demonstrieren, wie viel das Make-up und die Frisur für ein Lächeln bedeuten.

Vielen anderen schulde ich großen Dank für vielfältige Anregungen, ganz besonders aber bin ich meiner Familie für ihre unerschöpfliche Nachsicht verpflichtet: Amy, Jody, und Jill Goldstein, Katie, Jennie, und Steve Schwartz sowie meiner Frau Judy, deren Unterstützung, Urteil und Rat geholfen haben, dieses Buch zu etwas Besonderem zu machen.

Vor allen anderen aber danke ich meinen wunderbaren Patienten der letzten 50 Jahre. Ohne ihre Bereitschaft, ihr Lächeln mit anderen zu teilen, hätte dieses Buch nicht entstehen können.

VORWORT

Vieles ist in dieser Auflage zum 25-jährigen Jubiläum von „Dein neues Lächeln" neu. Die Welt hat sich seit der ersten englischen Ausgabe von 1984 dramatisch verändert – auch die Welt der ästhetischen Zahnheilkunde. Die Behandlungstechniken, die zur Verschönerung Ihres Lächelns nötig sind, werden inzwischen in einer großen Zahl von Praxen angeboten. Neue Materialien und Techniken erlauben ein weniger invasives Vorgehen und bessere Ergebnisse. Der technologische Fortschritt macht heute virtuelle Voransichten Ihres neuen Lächelns ebenso möglich, wie Voraussagen über seine Lebensdauer, nachdem es fertiggestellt ist. Andere Innovationen ermöglichen eine effizientere Kommunikation; das bedeutet, dass Ihnen mehr Therapieoptionen zur Wahl stehen, basierend auf Informationen ihres Zahnarztes und diverser Spezialisten. Ihr Zahnarzt kann sogar während der Behandlung Spezialisten zu Rate ziehen!

Eines aber ist in den 50 Jahren meiner Arbeit auf dem Gebiet der ästhetischen Zahnmedizin gleich geblieben – die Wirkung eines attraktiven Lächelns auf das Selbstwertgefühl der Patienten: Sie fühlen sich besser und lachen öfter. „Dein neues Lächeln" möchte Ihnen dabei helfen, nicht mit einem Lächeln durchs Leben gehen zu müssen, das Ihnen nicht gefällt. Auch Sie können mit sich und Ihrem Lächeln zufrieden sein, unabhängig von Ihrem Alter, Ihren finanziellen Möglichkeiten und dem Ausmaß Ihres Problems.

Der kritische erste Schritt ist die in Kapitel 1 vorgestellte „Analyse Ihres Lächelns", die Ihnen hilft, herauszufinden, was Ihnen an Ihrem Lächeln missfällt. Haben Sie einen Kreuz- oder einen Tiefbiss? Entzündetes Zahnfleisch? Abgebrochen Zähne? Alterszeichen? Vielleicht entdecken Sie, dass das wahre Problem ein anderes ist, als Sie dachten, oder dass nicht nur Ihr Lächeln verändert werden muss. Es ist wichtig, dies vor Beginn einer Behandlung zu bestimmen, denn wer das falsche „Problem" löst, wird mit dem erzielten Ergebnis nie zufrieden sein.

Die folgenden Kapitel zeigen dann Beispiele der Eigenschaften Ihres Lächelns, die Sie vielleicht verändern möchten, und listen eine Auswahl möglicher Lösungen für Sie auf. Sie werden in einer gerafften Darstellung erfahren, welches die Vorteile und Einschränkungen der verschiedenen Behandlungsoptionen sind, wie viel sie kosten und wie lange das Ergebnis hält. Wissen Sie genau, was ein Veneer ist und wie ein Zahn überkront wird? Falls nicht, finden Sie im Anhang einfache Illustrationen und Beschreibungen aller im Buch genannten Techniken und erfahren genau, welche Schritte die von Ihnen gewünschte Behandlung umfasst. Ich kann nicht genug betonen, wie wichtig es ist, möglichst viel über alle infrage kommenden Behandlungsalternativen zu wissen, bevor Sie Ihren Zahnarzt aufsuchen: Informierte Patienten haben viel bessere Chancen, das gewünschte Ergebnis zu erreichen.

Nutzen Sie dieses Buch, um sich über Ihre Wünsche und Möglichkeiten zu informieren. Benutzen Sie es als Hilfsmittel für die Kommunikation mit Ihrem Zahnarzt. Nehmen Sie sich die Zeit, offen mit Ihrem Zahnarzt zu diskutieren! Nur so können Sie sicherstellen, dass Ihre Wünsche und Vorstellungen verstanden werden und dass Sie Ihrerseits die geplante Behandlung verstehen. Wie viele Patienten sind im Laufe der Jahre zu mir gekommen, um ihr Lächeln erneuern zu lassen, weil sie mit dem an anderer Stelle erzielten Ergebnis unzufrieden waren! In den meisten Fällen war nicht fehlerhafte Behandlung, sondern fehlgeschlagene Kommunikation zwischen Patient und Zahnarzt der Grund für den ästhetischen Misserfolg.

Wenn Sie hierin Ihre gegenwärtige Situation wiedererkennen – d. h., wenn Sie bereits Änderungen an Ihrem Lächeln veranlasst haben, aber immer noch mit Ihrer Erscheinung unzufrieden sind – dann suchen Sie ein offenes Gespräch mit Ihrem Zahnarzt. Er oder sie kann Ihnen sagen, ob es weitere Möglichkeiten gibt, Ihr Lächeln schöner zu machen, und er kann Ihnen dabei helfen herauszufinden, ob eine andere Unstimmigkeit in Ihrer Erscheinung an Ihrer Unzufriedenheit schuld ist. Kapitel 11 zeigt Therapieoptionen für größere Veränderungen Ihres Gesichts, mit deren Hilfe sich Probleme lösen lassen, für die eine reine Zahnbehandlung nicht ausreicht. Wenn das Problem durch einen nicht korrigierbaren Defekt verursacht wird, probieren Sie die Tipps in Kapitel 12 aus, um Ihre Gesundheits- und Schönheitspflege zu verbessern. Mitunter kann eine einfache Veränderung Ihrer Hautpflege, Ihres Make-up oder ihrer Frisur das Problem abmildern oder kaschieren helfen. Dieses Kapitel richtet sich auch an all jene, die ihr Lächeln bereits verändert haben und nun den nächsten Schritt zur Verbesserung Ihres allgemeinen Aussehens gehen wollen. Sie werden überrascht sein, welchen Unterschied ein paar kleine Veränderungen für Ihr Aussehen, Ihr Selbstbewusstsein und Ihre Lebensqualität bedeuten können.

Ich habe dieses Buch in der Überzeugung verfasst, dass wir unser Recht auf die gewünschten Behandlungsergebnisse um so besser einfordern können, je besser wir darüber informiert sind, was nötig ist, um unsere Ziele zu erreichen und unsere Wünsche zu erfüllen. Nach der Lektüre des Buches wissen Sie, was Sie mit Ihrem Zahnarzt besprechen müssen, bevor Sie Ihre Zeit und Ihr hart verdientes Geld investieren. Ich würde mich freuen, wenn dieses Buch Ihnen dabei hilft, Ihrem Zahnarzt genau das sagen zu können, was Sie sich wünschen und erwarten. Schließlich ist es Ihr Lächeln!

1

ERFAHREN SIE ...

WARUM EIN NEUES LÄCHELN DIE VERÄNDERUNG SEIN KÖNNTE, DIE SIE BRAUCHEN

WIE SIE IHR LÄCHELN BEURTEILEN KÖNNEN

WIE SIE ZU EINER GUTEN BEHANDLUNG KOMMEN

Dem Problem auf den Zahn fühlen

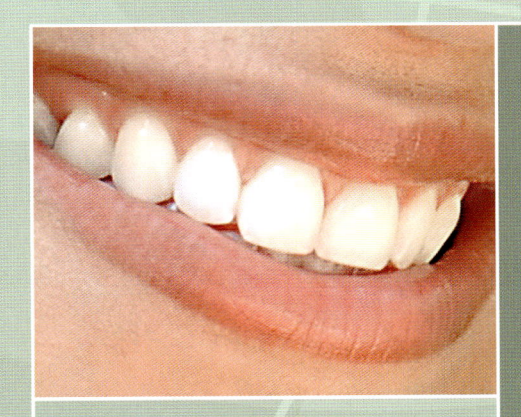

Alles beginnt mit einem Lächeln!

Ihr Lächeln spielt für Ihr Selbstwertgefühl und Ihre Wirkung auf die Menschen in Ihrem Umfeld eine wichtige Rolle. Umfragen zeigen, dass das Lächeln von beiden Geschlechtern mehr als jedes andere physische Merkmal, wie Augen, Haare oder Körper, als attraktiv an anderen Menschen wahrgenommen wird. Ein gewinnendes Lächeln kann Türen öffnen und Grenzen überwinden, die zwischen Ihnen und einem erfüllteren, reicheren Leben stehen. Dagegen kann Unzufriedenheit mit dem eigenen Lächeln Ihre Lebensqualität stark verringern und Sie daran hindern, sich zu verwirklichen.

Sind Sie bereit für ein neues Lächeln? Vielleicht haben Sie sich schon einmal gefragt, ob geradere oder strahlendere Zähne Ihnen mehr Sicherheit in Ihrem Berufs- und Sozialleben geben könnten.

Wenn Sie mit Ihrem Lächeln nicht zufrieden sind, dann ist es Zeit für ein neues Lächeln!

BEREIT FÜR EINE VERÄNDERUNG?

Wenn Sie mit Ihrem Aussehen unzufrieden sind, ist Ihnen dies sicherlich bereits bewusst. Die Schwierigkeit liegt darin, zu erkennen, wo etwas verändert werden muss. Viele Menschen denken, dass alle „Fehler" im Gesicht mit ihrem Lächeln zu tun haben, auch wenn das Problem ein anderes ist. In diesen Fällen kann ein kosmetischer oder oralchirurgischer Eingriff oder vielleicht auch einfach eine neue Frisur oder ein neues Make-up hilfreicher sein als eine Zahnbehandlung (siehe Kapitel 11 und 12). Beantworten Sie die Fragen auf dieser Seite, um festzustellen, ob Ihr Lächeln einer Veränderung bedarf.

MÜSSEN SIE IHR LÄCHELN VERÄNDERN?

Ja Nein

☐ ☐ 1. Fühlen Sie sich sicher, wenn Sie lächeln?

☐ ☐ 2. Halten Sie beim Lachen oft die Hand vor den Mund?

☐ ☐ 3. Bevorzugen Sie bei Fotos eine bestimmte Seite Ihres Gesichts?

☐ ☐ 4. Glauben Sie, dass andere ein schöneres Lächeln haben als Sie?

☐ ☐ 5. Schauen Sie sich Models in Zeitschriften an und wünschen, Sie hätten deren Lächeln?

☐ ☐ 6. Wenn Sie in den Spiegel lächeln, fallen Ihnen dann Veränderungen an Zähnen und Zahnfleisch auf?

☐ ☐ 7. Wünschen Sie sich weißere Zähne?

☐ ☐ 8. Sind Sie mit dem Aussehen Ihres Zahnfleischs zufrieden?

☐ ☐ 9. Sieht man zu viele oder zu wenige Zähne, wenn Sie lächeln?

☐ ☐ 10. Sieht man zu viel oder zu wenig Zahnfleisch, wenn Sie lächeln?

☐ ☐ 11. Sind Ihre Zähne zu kurz oder zu lang?

☐ ☐ 12. Sind Ihre Zähne zu breit oder zu schmal?

☐ ☐ 13. Sind Ihre Zähne zu quadratisch oder zu rund?

☐ ☐ 14. Gefällt Ihnen Ihre Zahnform?

Wenn Sie alle Fragen außer 1, 8 und 14 mit „Nein" beantwortet haben, dann sind Sie mit Ihrem Lächeln zufrieden. Wenn nicht, lesen Sie weiter!

Experten Tipp Auf den Winkel kommt es an!

Denken Sie daran, dass nicht alle Leute Sie direkt von vorn ansehen. Defekte, die von einer Seite minimal erscheinen, können aus einem anderen Blickwinkel störend wirken. Bei der Analyse Ihres Lächelns müssen Sie alle wichtigen Blickwinkel berücksichtigen. Wenn Sie z. B. klein sind, werden die meisten Menschen Sie von oben ansehen. In diesem Fall sollten Sie besonders auf Ihre unteren Zähne achten, vor allem auf die Schneidekanten.

Achten Sie auf die Details! Auch wenn Sie – wie die meisten Menschen – selbst nicht auf die hinteren Bereiche Ihres Mundes achten, kann ihr Gegenüber diese sehen, wann immer Sie lachen oder sprechen. Einige Menschen haben ein breites Lachen und entblößen dabei einen Großteil ihrer Zähne. Deshalb ist es wichtig, *alle* sichtbaren Anteile zu beurteilen, nicht nur diejenigen, die sofort ins Auge fallen. (In der Abbildung finden Sie die Bezeichnungen für die einzelnen Zähne, wie sie im Buch verwendet werden.)

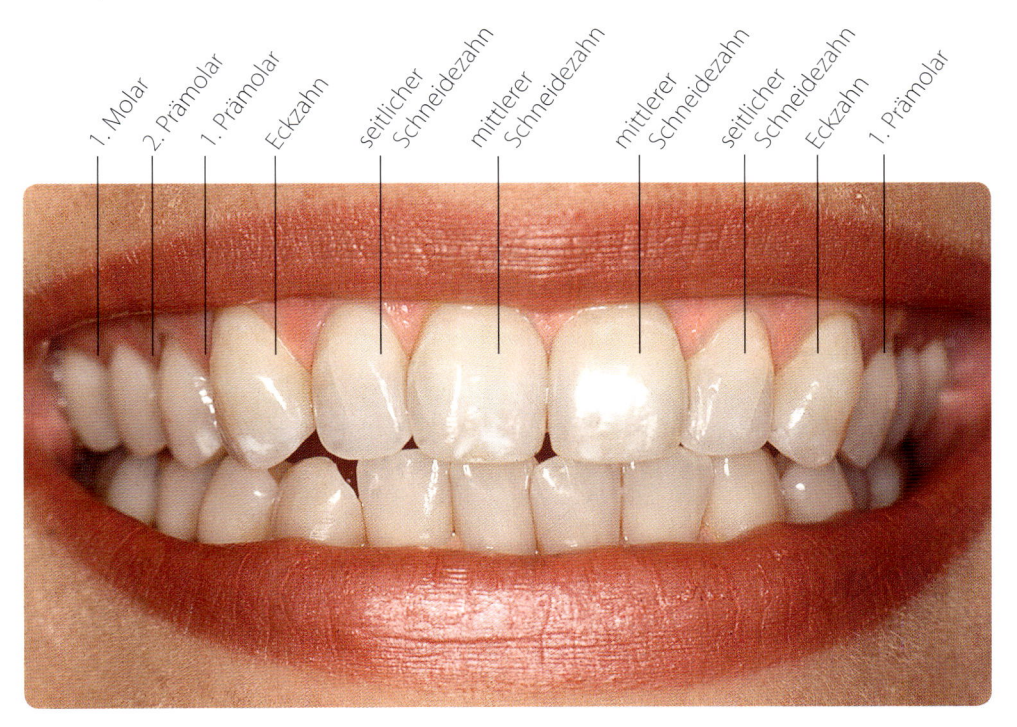

WAS SIE WISSEN MÜSSEN

WAS MACHT EIN LÄCHELN SCHÖN?

Wenn Sie mit Ihrem Lächeln unzufrieden sind oder sich über die möglichen Veränderungen informieren wollen, dann füllen Sie den Fragebogen auf der nächsten Seite aus.

Der Test dient auch dazu, Ihnen zu zeigen, dass ein Lächeln nicht nur aus den vorderen vier oder sechs Zähnen besteht, sondern dass es alle Zähne und alle Zahnfleischpartien einbezieht, die beim Sprechen oder Lachen sichtbar werden.

Es ist wichtig, die Komponenten eines schönen Lächelns zu kennen, damit Sie Probleme mit Ihrem Zahnarzt besprechen können und eine Ihren langfristigen Wünschen entsprechende Behandlungsplanung erfolgen kann.

ANALYSE IHRES LÄCHELNS

Ja   Nein   ZÄHNE

☐ ☐ 1. Sieht man bei einem Lächeln mit leicht geöffnetem Mund Ihre Zähne?
☐ ☐ 2. Steht die Länge der mittleren Schneidezähne in einem guten Verhältnis zu den übrigen Frontzähnen?
☐ ☐ 3. Steht die Breite der mittleren Schneidezähne in einem guten Verhältnis zu den übrigen Frontzähnen?
☐ ☐ 4. Haben Sie eine oder mehrere Lücken zwischen den Frontzähnen?
☐ ☐ 5. Stehen Ihre Frontzähne nach vorn?
☐ ☐ 6. Stehen Ihre Frontzähne verschachtelt oder überdecken sie einander?
☐ ☐ 7. Zeigen bei einem breiten Lächeln alle Zähne die gleiche helle Farbe?
☐ ☐ 8. Sind die vorhandenen zahnfarbenen Füllungen sichtbar?
☐ ☐ 9. Ist einer Ihrer Frontzähne dunkler als die übrigen?
☐ ☐ 10. Sind Ihre sechs unteren Frontzähne gerade und haben sie dieselbe Länge?
☐ ☐ 11. Sind Ihre Seitenzähne frei von Verfärbungen an Füllungsrändern?
☐ ☐ 12. Sehen Ihre Versorgungen, Füllungen, Veneers und Kronen natürlich aus?
☐ ☐ 13. Zeigen Ihre Zähne sichtbare Risse oder Frakturen?
☐ ☐ 14. Gibt es fehlende Zähne, die noch nicht ersetzt sind?

ZAHNFLEISCH

☐ ☐ 15. Sieht man bei einem breiten Lächeln Ihr Zahnfleisch?
☐ ☐ 16. Ist Ihr Zahnfleisch rot oder geschwollen?
☐ ☐ 17. Hat sich das Zahnfleisch an den Zahnhälsen zurückgezogen?
☐ ☐ 18. Umfasst Ihr Zahnfleisch die Zähne halbmondförmig?

ATEM

☐ ☐ 19. Ist Ihr Mund frei von Karies oder Entzündungen, die schlechten Atem verursachen können?

GESICHT

☐ ☐ 20. Sehen Ihre Wangen und Lippen eingefallen aus?
☐ ☐ 21. Stimmt die Mittellinie Ihrer Zähne mit der Gesichtsmittellinie überein?
☐ ☐ 22. Passt die Form Ihrer Zähne zum Gesicht?
☐ ☐ 23. Entspricht die Form Ihrer Zähne Ihrem Geschlecht (weiblich, männlich)?

WAS VERRÄT IHR LÄCHELN?

Wenn Sie zu dem Ergebnis gekommen sind, dass eine kosmetische Zahnkorrektur für Sie infrage kommt, ist es an der Zeit, in die Details zu gehen. Füllen Sie die Analyse Ihres Lächelns auf der gegenüberliegenden Seite mithilfe eines Spiegels bei guter Beleuchtung aus. Was Ihre Antworten über Ihr Lächeln verraten, wird auf den folgenden Seiten dargestellt.

Zähne

1 | SIEHT MAN BEI EINEM LÄCHELN MIT LEICHT GEÖFFNETEM MUND IHRE ZÄHNE?
WENN SIE „NEIN" GESAGT HABEN ...

Bei einem leichten Lächeln und beim Sprechen sollten die Zähne leicht sichtbar sein. Wenn Ihre oberen Zähne stark abgenutzt sind oder Sie eine tiefe Lippenlinie haben (siehe „Lesen Sie Ihre Lippen!" später in diesem Kapitel), kann der Eindruck entstehen, sie hätten keine Zähne. **SIEHE KAPITEL 8 UND 9**

Diese 38-jährige Geschäftsfrau war mit ihrer tiefen Lippenlinie und dem resultierenden „zahnlosen Lächeln" unzufrieden. Mit einer kieferorthopädischen Behandlung wurden die Zähne korrigiert und mithilfe von Kronen verlängert.

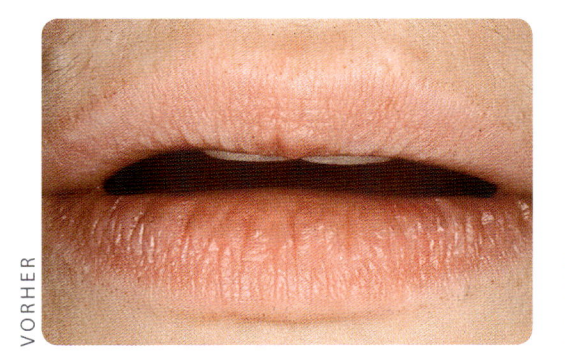

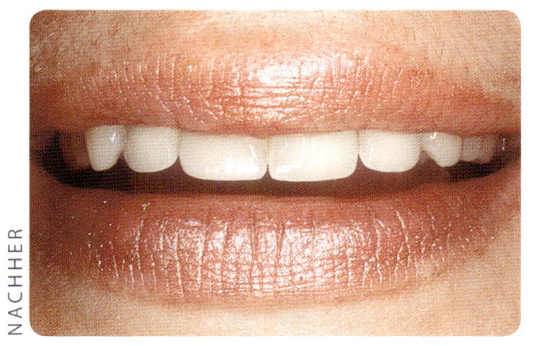

VORHER | NACHHER

2 | STEHT DIE LÄNGE DER MITTLEREN SCHNEIDEZÄHNE IN EINEM GUTEN VERHÄLTNIS ZU DEN ÜBRIGEN FRONTZÄHNEN? WENN SIE „NEIN" GESAGT HABEN …

Die *Lachlinie* wird durch eine imaginäre Linie entlang der Kanten der sichtbaren Oberkieferzähne beschrieben. Bei einem jugendlichen und ansprechenden Lächeln sind die beiden mittleren Schneidezähne etwas länger als die seitlichen Schneidezähne. Die Eckzähne sollten etwa dieselbe Länge wie die mittleren Schneidezähne haben. Älter wirkt Ihr Lächeln bei gleich langen Zähnen (flache Lachlinie) oder wenn die mittleren Schneidezähne kürzer sind (umgekehrte Lachlinie). Sind die seitlichen Schneidezähne zu kurz oder die mittleren zu lang, verläuft die Kurve zu steil und es entsteht ein „Hasen-Look". SIEHE KAPITEL 8 UND 9

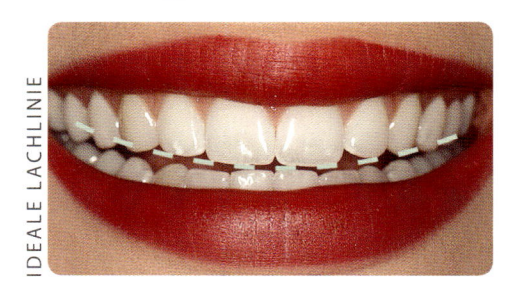

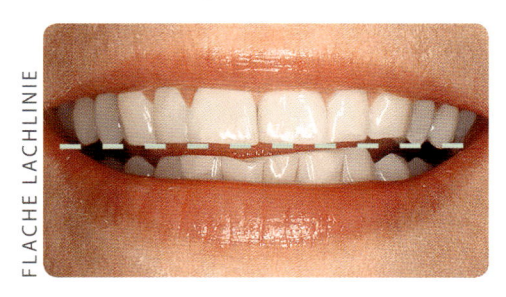

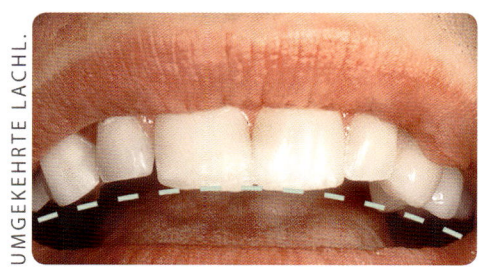

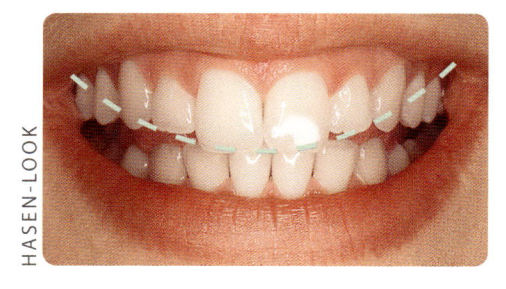

IDEALE LACHLINIE | FLACHE LACHLINIE
UMGEKEHRTE LACHL. | HASEN-LOOK

3 | STEHT DIE BREITE DER MITTLEREN SCHNEIDEZÄHNE IN EINEM GUTEN VERHÄLTNIS ZU DEN ÜBRIGEN FRONTZÄHNEN? WENN SIE „NEIN" GESAGT HABEN …

Zu breite mittlere oder zu schmale seitliche Schneidezähne können Ihr Gesicht dicker erscheinen lassen. Zu schmale Schneidezähne bewirken eine optische Verlängerung des Gesichts. SIEHE KAPITEL 7

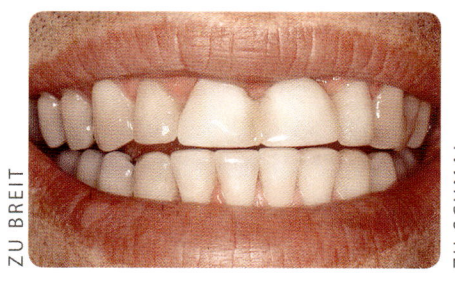

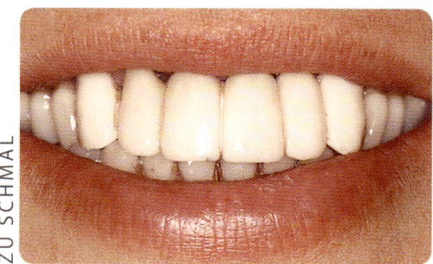

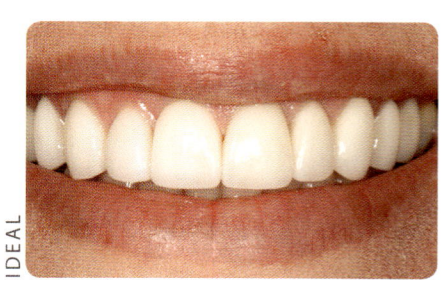

ZU BREIT | ZU SCHMAL | IDEAL

4 | HABEN SIE EINE ODER MEHRERE LÜCKEN ZWISCHEN DEN FRONTZÄHNEN?
WENN SIE „JA" GESAGT HABEN ...

Lücken in der Front, vor allem solche zwischen den mittleren Schneidezähnen, können Ihr Lächeln stören.
SIEHE KAPITEL 5

Diese junge Frau versuchte stets, Ihre Lücke durch Anpressen der Zunge zu verstecken. Eine 18-monatige kieferorthopädische Behandlung mit Brackets aus Keramik verhalf ihr zum gewünschten Lächeln.

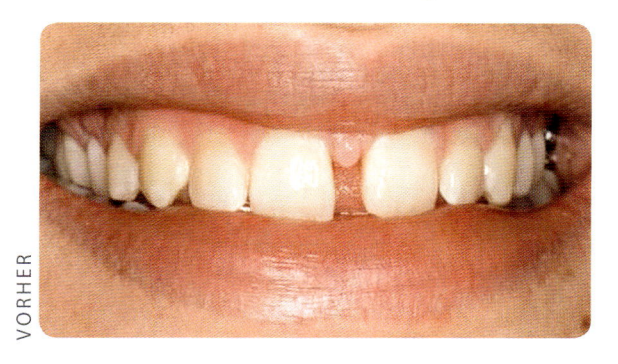

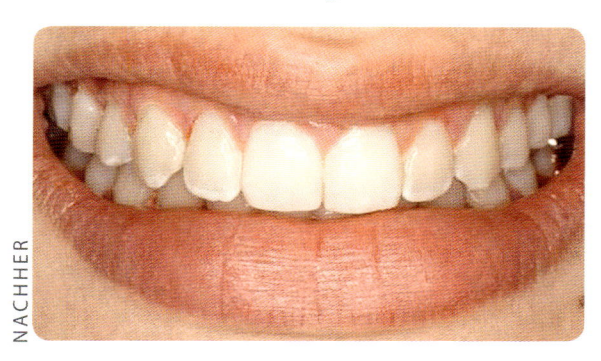

VORHER | NACHHER

5 | STEHEN IHRE ZÄHNE NACH VORN? WENN SIE „JA" GESAGT HABEN ...

Vorstehende Zähne verändern nicht nur Ihr Lächeln, sondern auch Ihr Gesicht. **SIEHE KAPITEL 8**

Die Zähne dieses Patienten waren locker, verfärbt und lückig und standen so weit vor, dass ohne Anstrengung die Lippen nicht geschlossen werden konnten. Die Behandlung umfasste eine Parodontaltherapie, gefolgt von einer kieferorthopädischen Korrektur und einer Versorgung mit vollkeramischen Kronen. Insgesamt dauerte die Behandlung weniger als zwei Jahre. Der Patient kann seither zufrieden lächeln (und auch zehn Jahre später sind die Kronen noch intakt).

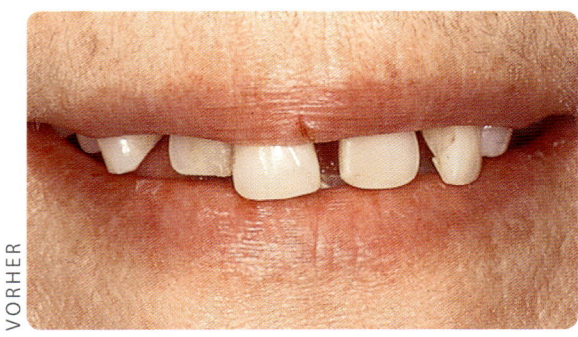

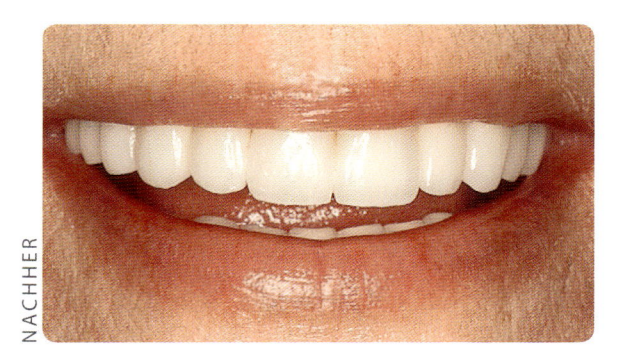

VORHER | NACHHER

6 **STEHEN IHRE FRONTZÄHNE VERSCHACHTELT ODER ÜBERLAPPEN SIE EINANDER? WENN SIE „JA" GESAGT HABEN ...**

Verschachtelte oder überlappende Zähne lenken von einem sonst attraktiven Lächeln ab. Zusätzlich wird dadurch die Zahnreinigung erschwert, und die Wahrscheinlichkeit von Zahnfleischentzündungen, Zahnverfärbungen, ja sogar Zahnverlust steigt. SIEHE KAPITEL 7

Wegen ihrer verschachtelten, verfärbten Zähne und schlecht passenden Kronen war es dieser Patientin immer etwas peinlich, zu lächeln. Eine Korrektur der Zahnstellung und eine Versorgung mit Implantaten und Kronen gaben der Patientin ihr Selbstbewusstsein zurück.

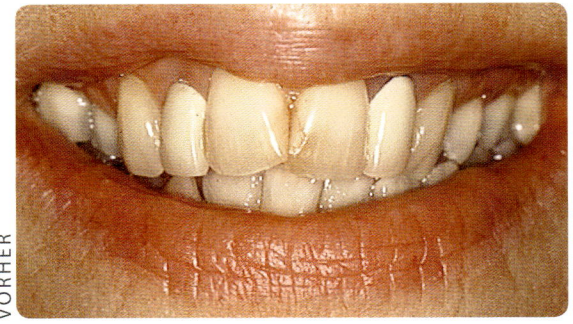

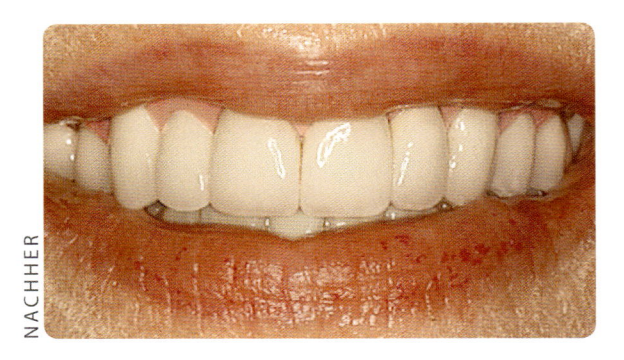

VORHER NACHHER

7 **ZEIGEN BEI EINEM BREITEN LÄCHELN ALLE ZÄHNE DIE GLEICHE HELLE FARBE? WENN SIE „NEIN" GESAGT HABEN ...**

Verschiedenfarbige oder verfärbte Zähne stören Ihr Lächeln und machen Sie älter.
SIEHE KAPITEL 2 UND 9

Diese 20-jährige Studentin wollte für die Vorausscheidung der Wahl zur „Miss America" ihr Lächeln verbessern. Mit mehreren Bleaching-Behandlungen und einer kleinen Stellungskorrektur der Frontzähne konnte ihre Erscheinung in nur zwei Monaten deutlich verbessert werden.

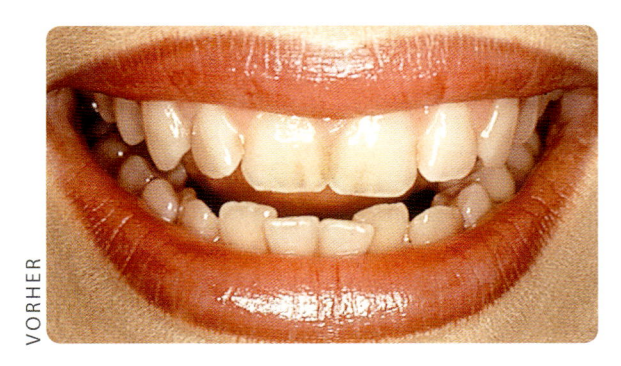

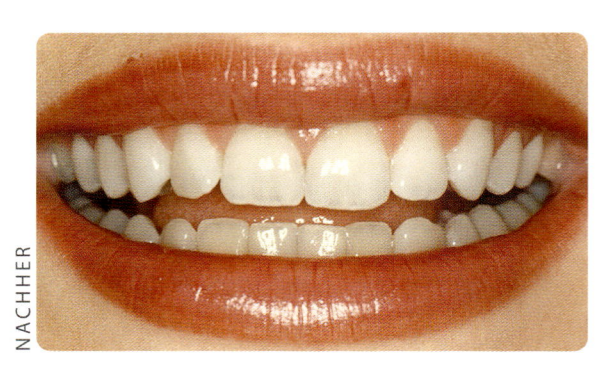

VORHER NACHHER

8 SIND DIE VORHANDENEN ZAHNFARBENEN FÜLLUNGEN SICHTBAR?
WENN SIE „JA" GESAGT HABEN ...

Zahnfarbene Füllungen in der Front, die sich unmittelbar nach der Behandlung perfekt einfügten, können mit den Jahren sichtbar werden. Oft führen Farbstoffe aus Nahrungsmitteln sowie Rauchen, Kaffee oder Tee zu Verfärbungen dieser Füllungen. SIEHE KAPITEL 2 UND 3

Diese 41-jährige Patientin war mit ihren Füllungen, die sich zu rasch verfärbten, unzufrieden. Alle zwölf oberen und unteren Frontzähne wurden deshalb mit Kunststoff verblendet. Zur Verblendung von Zähnen mit großen Füllungen wird die Zahnfläche vollständig abgedeckt. Auch die Zahnform wurde verändert.

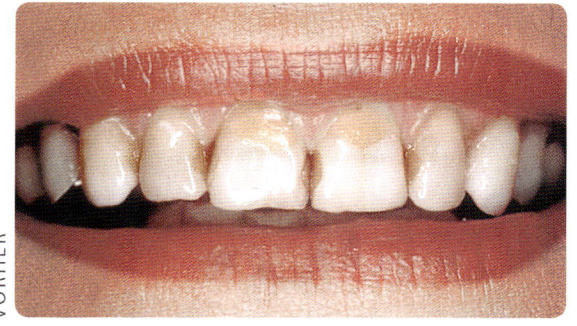

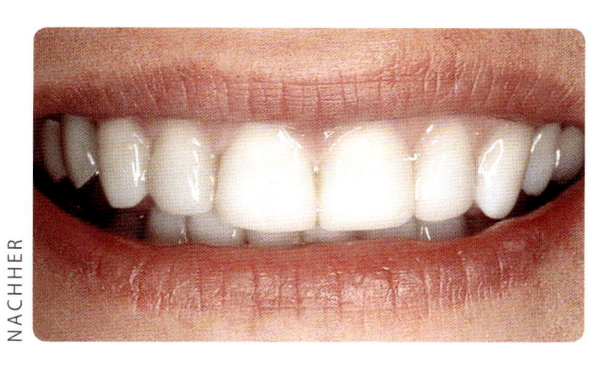

VORHER / NACHHER

9 IST EINER IHRER FRONTZÄHNE DUNKLER ALS DIE ÜBRIGEN?
WENN SIE „JA" GESAGT HABEN ...

Wenn einer Ihrer Zähne dunkler ist als die übrigen, kann das bedeuten, dass er verletzt oder abgestorben ist. In solchen Fällen muss der Zahn zur Erhaltung eventuell wurzelbehandelt werden, bevor eine Aufhellung durchgeführt werden kann. SIEHE KAPITEL 2

Bei diesem 16-jährigen Schüler wurde nach einem Unfall ein Zahn dunkler. Der Zahn erhielt zuerst eine Wurzelbehandlung und wurde dann mit einem internen und externen Bleaching aufgehellt.

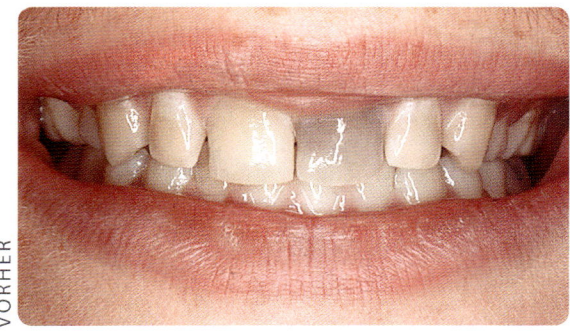

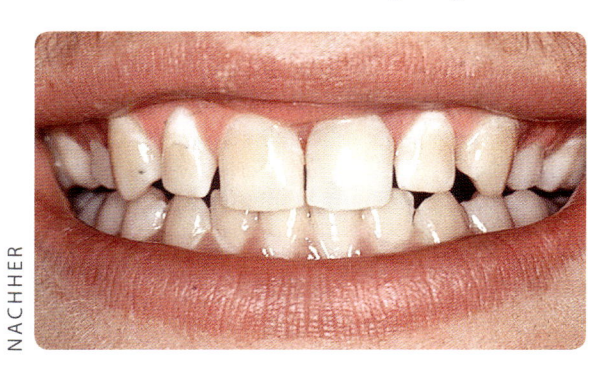

VORHER / NACHHER

10 | SIND IHRE SECHS UNTEREN FRONTZÄHNE GERADE UND HABEN SIE DIESELBE LÄNGE? WENN SIE „NEIN" GESAGT HABEN ...

Unregelmäßige oder schiefe Zähne können beim Sprechen oder Lächeln einen unschönen Eindruck machen. SIEHE KAPITEL 7

Verschachtelte, schräg stehende Zähne störten das Lächeln dieses 42-jährigen Geschäftsmanns. Um den Eindruck einer gleichmäßigen Stellung zu erreichen, wurden die Zähne in einer einzigen Sitzung rekonturiert.

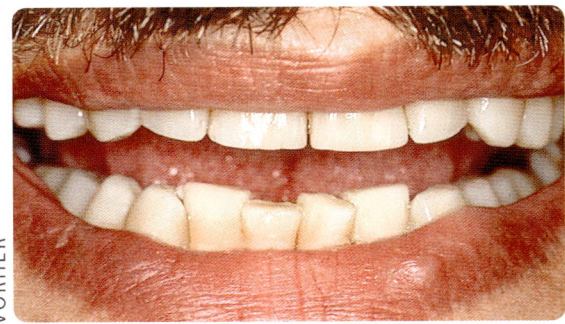

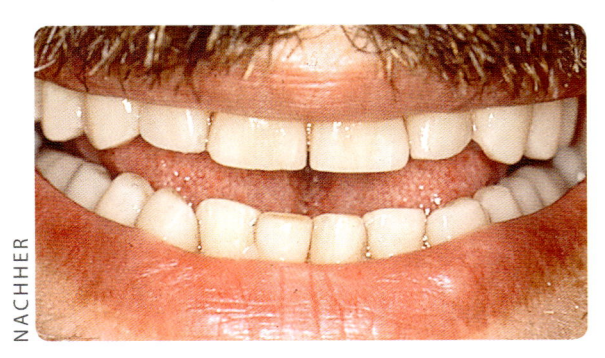

VORHER | NACHHER

11 | SIND IHRE SEITENZÄHNE FREI VON VERFÄRBUNGEN AN FÜLLUNGSRÄNDERN? WENN SIE „NEIN" GESAGT HABEN ...

Bei einem vollen Lächeln sind die Seitenzähne meist sichtbar. Eine dunkel hervorscheinende Füllung kann dann störend wirken. Eine solche Verfärbung kann auch ein Hinweis auf Karies oder auf eine alte Amalgamfüllung sein, die ersetzt werden sollte. SIEHE KAPITEL 3

Diese Frau war unzufrieden mit ihren durch alte, undichte Amalgamfüllungen verfärbten Seitenzähnen. Die Amalgamfüllungen wurden durch zahnfarbene Kompositfüllungen ersetzt, mit denen die Verfärbungen maskiert werden konnten. Die Füllungen hätten allerdings schon viel früher ersetzt werden sollen – dies hätte die dunklen Verfärbungen verhindert und eine bessere Aufhellung ermöglicht.

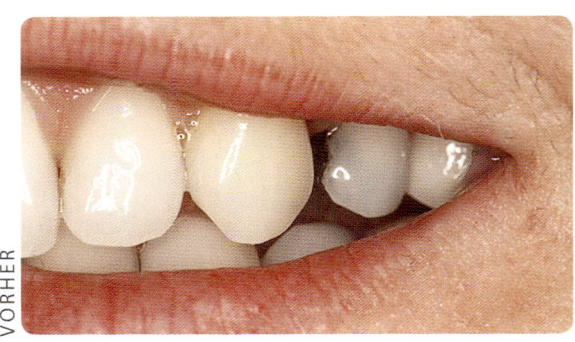

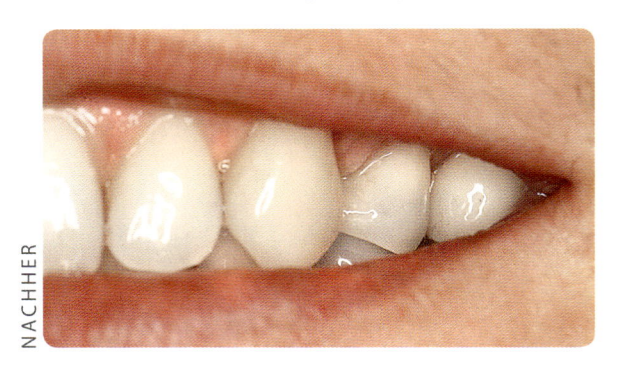

VORHER | NACHHER

12 | SEHEN IHRE FÜLLUNGEN, VERSORGUNGEN, VENEERS UND KRONEN NATÜRLICH AUS? WENN SIE „NEIN" GESAGT HABEN ...

Die meisten Patienten wünschen sich natürlich wirkende Zähne. Neben technischen Fertigkeiten bedarf dies auch künstlerischen Feingefühls bei Zahnarzt und Zahntechniker. Sind Sie ein Perfektionist? Schätzen Sie sich auf einer Skala von 1 bis 10 ein. Wenn Sie sich eine 5 geben, können ein fähiger Zahnarzt und ein guter Zahntechniker Sie zufriedenstellen. Geben Sie sich eine 9 oder 10, sollte Ihr Zahnarzt einen Top-Zahntechniker mit der Arbeit betrauen. SIEHE ANHANG

Der dunkle Rand um die beiden Kronen führt zu einem unnatürlichen Eindruck. Die Form der Kronen stimmt nicht mit denen der eigenen Zähne überein. Die verwendete Keramik ist zu opak und passt farblich und optisch nicht in das Gesamtbild.

UNNATÜRLICHE KRONEN

13 | ZEIGEN IHRE ZÄHNE SICHTBARE RISSE ODER FRAKTUREN? WENN SIE „JA" GESAGT HABEN ...

Risse und Frakturen können ein sonst attraktives Lächeln verderben. Risse verfärben sich außerdem sehr leicht und fallen dann noch stärker ins Auge. SIEHE KAPITEL 4

Dieser junge Mann brach sich beim Fußballspielen den linken Schneidezahn ab. Mithilfe einer Kompositversorgung konnte der Zahn in einer Sitzung ohne Betäubung schmerzfrei rekonstruiert werden.

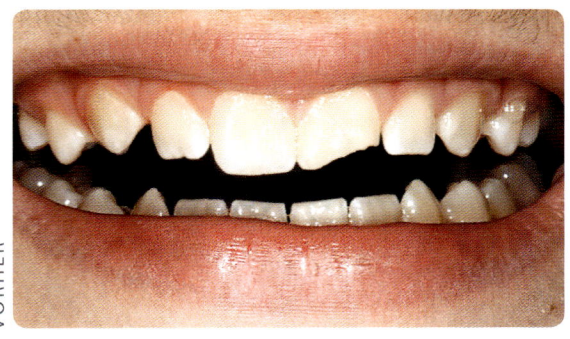

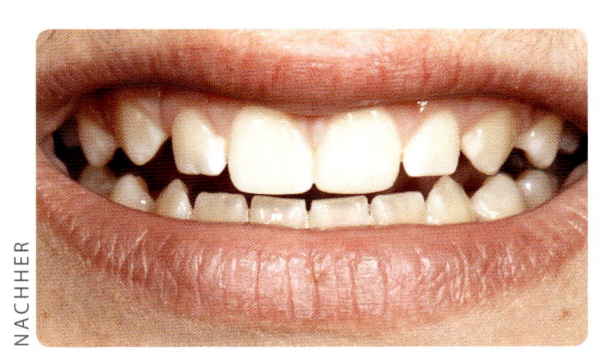

VORHER — NACHHER

14 | GIBT ES FEHLENDE ZÄHNE, DIE NOCH NICHT ERSETZT SIND?
WENN SIE „JA" GESAGT HABEN ...

Fehlende Zähne hinterlassen Lücken, die Ihr Lächeln beeinträchtigen. Selbst wenn diese Lücken nicht sichtbar sind, führen sie zu Verschiebungen der Zähne, wodurch auch im sichtbaren Bereich Lücken entstehen können.
SIEHE KAPITEL 6

Dieser 57-jährige Künstler störte sich an den fehlenden Frontzähnen. Mit keramischen Kronen und Brücken wurden die fehlenden Zähne ersetzt und die Farbe und Form der übrigen Zähne ästhetisch verbessert.

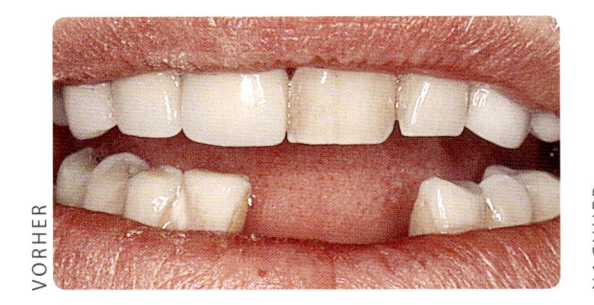

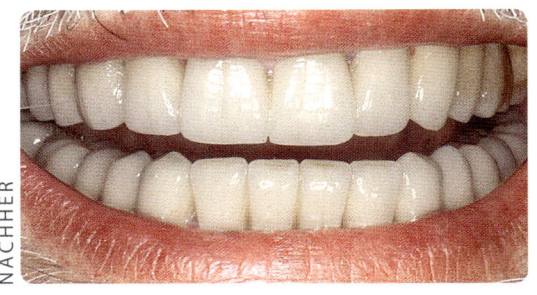

ZAHNFLEISCH

15 | SIEHT MAN BEI EINEM BREITEN LÄCHELN IHR ZAHNFLEISCH?
WENN SIE „JA" GESAGT HABEN ...

Ist beim Lächeln das Zahnfleisch über den Zähnen sichtbar, nennt man das „hohe Lippenlinie" (siehe Seite 20). Das kann bei gesundem Zahnfleisch durchaus attraktiv und sexy wirken. Zu viel sichtbares Zahnfleisch (ein sogenanntes „Gummy Smile") kann Ihre Erscheinung aber auch negativ beeinflussen. **SIEHE KAPITEL 10**

Diese 20-jährige Teilnehmerin eines Schönheitswettbewerbs störte ihr „Gummy Smile". Nach einer chirurgischen Zahnfleischkorrektur ist das „Gummy Smile" nun reduziert und auch ihr Selbstvertrauen verbessert.

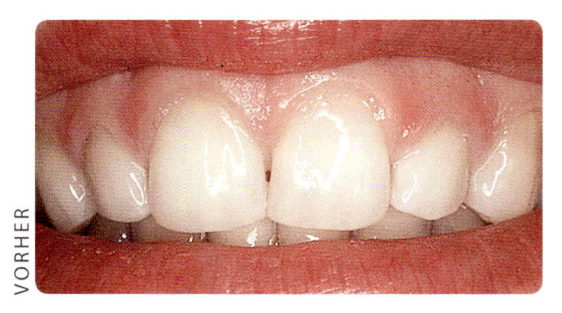

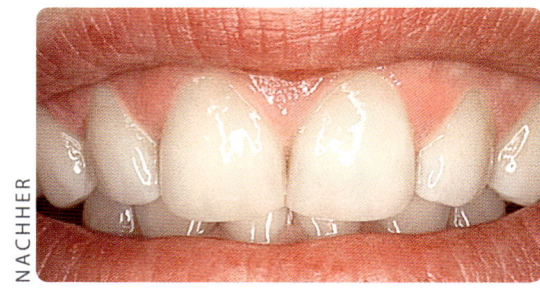

16 | IST IHR ZAHNFLEISCH ROT ODER GESCHWOLLEN?
WENN SIE „JA" GESAGT HABEN …

Zahnfleisch sollte rosa und straff, nicht rot und geschwollen sein. Dunkles oder gerötetes Gewebe kann auf eine Parodontalerkrankung, eine allergische Reaktion oder eine schlecht passende Versorgung hindeuten.
SIEHE KAPITEL 10

Schlecht passende Kronen und Veneers führten bei dieser jungen Frau zu entzündetem Zahnfleisch. Mit einer chirurgischen und kieferorthopädischen Behandlung, mit neuen vollkeramischen Kronen und Veneers wurde nicht nur die Entzündung des Zahnfleischs beseitigt, sondern auch das Lächeln dieser attraktiven Frau wieder ihrem hübschen Gesicht entsprechend gestaltet.

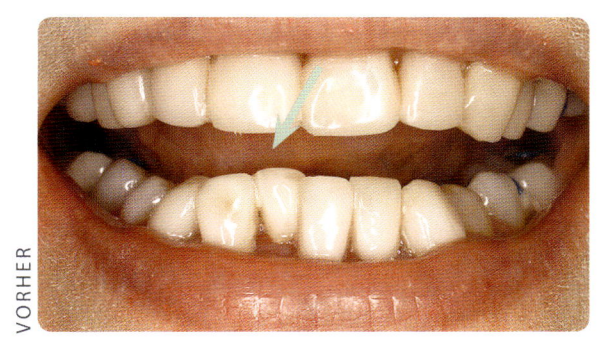

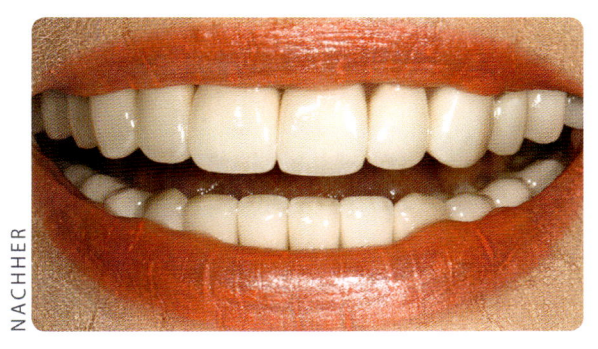

VORHER | NACHHER

17 | HAT SICH DAS ZAHNFLEISCH AN DEN ZAHNHÄLSEN ZURÜCKGEZOGEN?
WENN SIE „JA" GESAGT HABEN …

Achten Sie darauf, ob Ihr Zahnfleisch sich zurückzieht! Dieses Problem verschlimmert sich meistens, bis die Wurzeloberflächen frei liegen, die sich dann rasch abnutzen, was zu noch größeren Schäden führt. Oft sind falsche Putzgewohnheiten eine der Ursachen. SIEHE KAPITEL 10

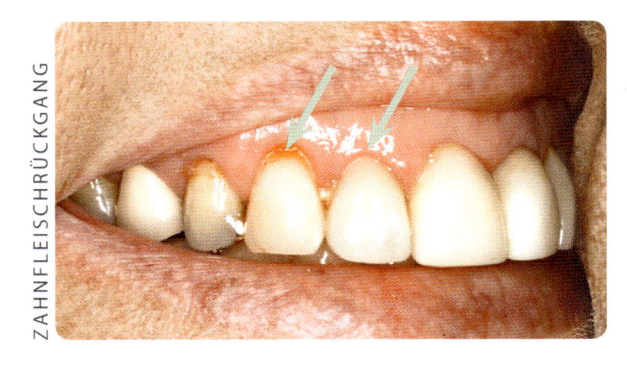

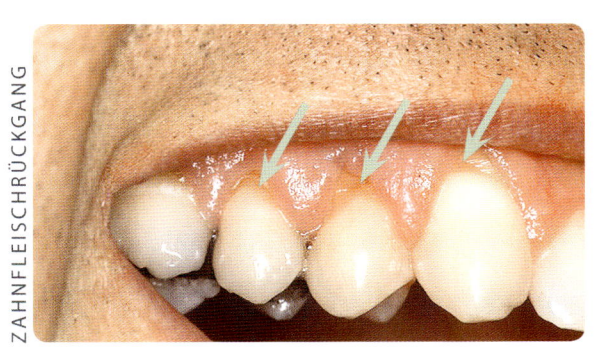

ZAHNFLEISCHRÜCKGANG | ZAHNFLEISCHRÜCKGANG

18 | UMFASST IHR ZAHNFLEISCH DIE ZÄHNE HALBMONDFÖRMIG?
WENN SIE „NEIN" GESAGT HABEN …

Bei einem flachen Gingivaverlauf, sehen Ihre Zähne oft zu kurz aus. SIEHE KAPITEL 10

Obwohl diese Frau viel Zeit und Geld in die Versorgung ihrer Zähne investierte, war sie mit dem Ergebnis sehr unzufrieden. Man erkennt den flachen Gingivaverlauf an den mittleren und die zu langen seitlichen Schneidezähne. Eine chirurgische Korrektur der Gingiva und neue, hellere Versorgungen konnten der Patientin das gewünschte Lächeln geben.

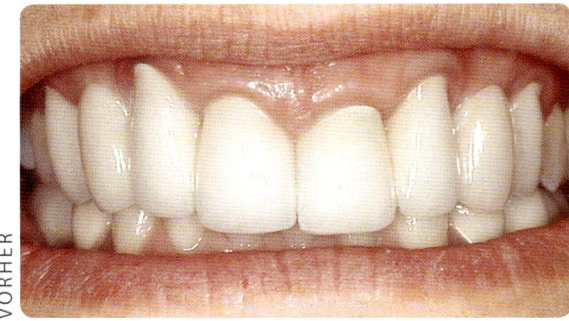

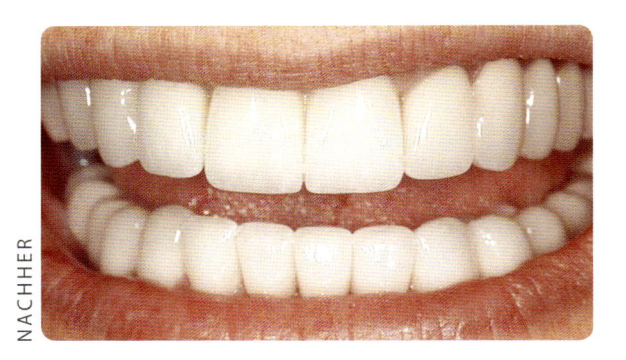

VORHER

NACHHER

Atem

19 | IST IHR MUND FREI VON KARIES ODER ENTZÜNDUNGEN, DIE SCHLECHTEN ATEM VERURSACHEN KÖNNEN? WENN SIE „NEIN" GESAGT HABEN …

Niemand hat immer einen frischen Atem. Wenn Sie aber – trotz regelmäßiger (professioneller) Zahnpflege – oft einen schlechten Atem haben, deutet das auf Geruch erzeugenden Bakterien hin, die vor allem im hinteren Bereich der Zunge sitzen. Als Ursache können aber auch kariöse Läsionen, Zahnfleischerkrankungen oder eine systemische Erkrankung infrage kommen.
SIEHE KAPITEL 3 UND 10

Gesicht

20 | SEHEN IHRE LIPPEN UND WANGEN EINGEFALLEN AUS?
WENN SIE „JA" GESAGT HABEN …

Die Zahnstellung kann die Erscheinung des Gesichts beeinflussen. Die Kontur der Wangen ist nicht nur durch die Dicke des Gewebes, sondern auch durch die darunter liegenden Zähne und Versorgungen determiniert. So sehen Prothesenträger oft aus, als wären ihre Lippen und Wangen eingefallen. Die Ursache hierfür sind schlecht aufgestellte Prothesen, die oft auch keinen guten Halt haben.
SIEHE KAPITEL 6

Dieser Patient trug eine zwölf Jahre alte, schlecht passende Prothese. Neue Totalprothesen ermöglichen eine Unterstützung der Strukturen des Gesichts und verhalfen dem Patienten gleichzeitig zu einem ansprechenderen und freundlicheren Lächeln.

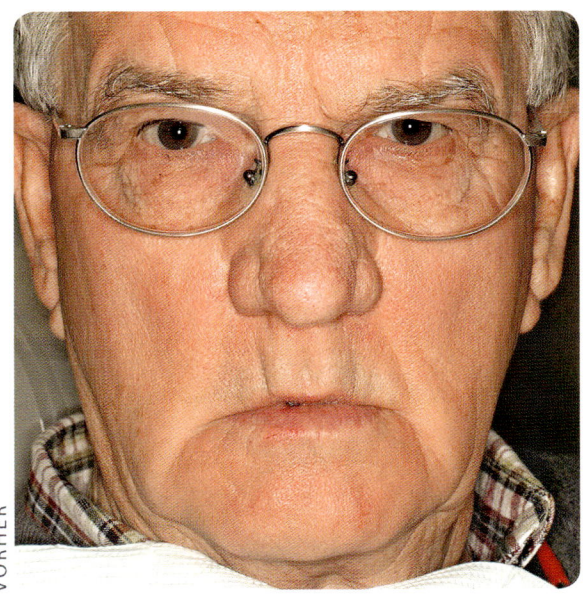

VORHER | NACHHER

21 | STIMMT DIE MITTELLINIE IHRER ZÄHNE MIT DER GESICHTSMITTELLINIE ÜBEREIN? WENN SIE „NEIN" GESAGT HABEN …

Die Ästhetik Ihres Lächelns wird auch durch das Verhältnis der Gesichts- zur Zahnmittellinie beeinflusst (siehe „Haben Sie die richtigen Proportionen?" später in diesem Kapitel). Auch wenn die beiden Mittellinien idealerweise übereinstimmen, sind kleine Abweichungen die Regel. Viele Gesichter zeigen eine leichte Abweichung, die in den meisten Fällen durchaus akzeptabel ist. Wichtiger ist, dass die Mittellinie der Zähne parallel zur Mittellinie des Gesichts verläuft. SIEHE KAPITEL 5, 7 UND 8

Diese junge Frau zeigte eine starke Verschiebung der Mittelline. Sie verweigerte eine kieferorthopädische Behandlung und wünschte eine „Sofortlösung". Ein guter Kompromiss konnte durch den Einsatz adhäsiver Kompositversorgungen erreicht werden. Auch wenn Gesichts- und Zahnmittellinie immer noch nicht übereinstimmen, wirkt ihr Lächeln nun harmonisch und die Abweichung ist unauffälliger.

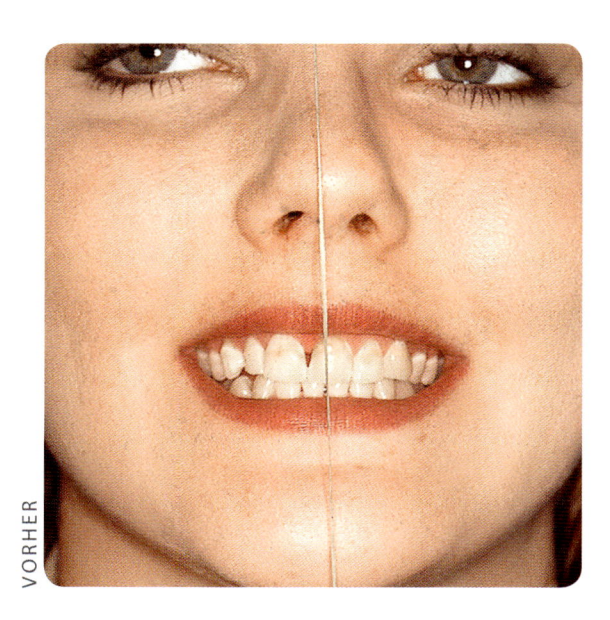

VORHER | NACHHER

22 | PASST DIE FORM IHRER ZÄHNE ZUM GESICHT?
WENN SIE „NEIN" GESAGT HABEN …

Die Form Ihrer Zähne hat einen großen Einfluss auf Ihre Gesamterscheinung. Ein rundes Gesicht mit flachen Zähnen lässt Ihr Gesicht breiter erscheinen. Lange Zähne verstärken den Eindruck eines länglichen, quadratische den eines quadratischen Gesichts. **SIEHE KAPITEL 8**

Diese junge, hübsche Studentin war unzufrieden mit ihren immer wieder brechenden und gelockerten Versorgungen und wandte sich deshalb an einen neuen Zahnarzt. Eine Analyse des Gesichts ergab, dass die Frontzähne zu kurz und zu breit waren. Neue vollkeramische Kronen und Veneers sowie adhäsive Kompositversorgungen ermöglichen eine Harmonisierung der Proportionen. Der natürliche Gesamteindruck wird durch die neue Frisur und das Make-up zusätzlich unterstützt.

VORHER | NACHHER

23 ENTSPRICHT DIE FORM IHRER ZÄHNE IHREM GESCHLECHT (WEIBLICH, MÄNNLICH)? WENN SIE „NEIN" GESAGT HABEN …

Generell werden quadratische Zähne als männlicher und runde als weiblicher empfunden. Allerdings gibt es keine Regeln. Manche Frauen wünschen sich runde, weiche Zahnformen, andere bevorzugen eine starke, „athletische" Erscheinung, und dasselbe gilt auch für Männer. Wenn Sie mit der Form und Erscheinung Ihrer Zähne nicht zufrieden sind, kann Ihr Zahnarzt diese bereits mit kleinen Korrekturen verändern.
SIEHE KAPITEL 8

Beachten Sie die feinen Unterschiede zwischen femininen und maskulinen Zahnformen.

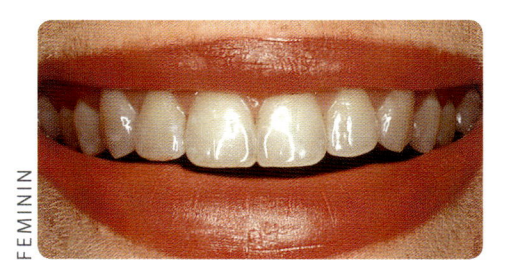

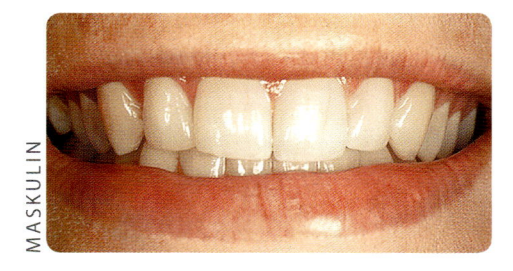

FEMININ | MASKULIN

Eine kosmetische Zahnkorrektur kann ein Lächeln weicher und femininer erscheinen lassen.

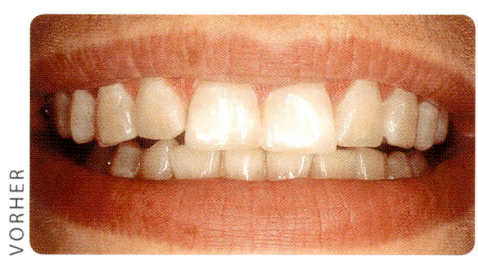

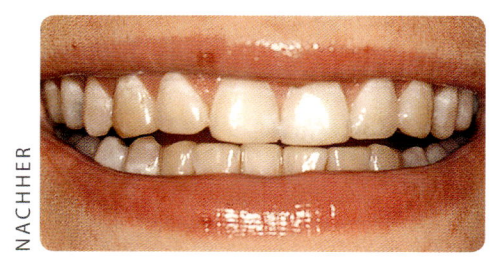

VORHER | NACHHER

Die Kronen dieses 50-jährigen Zahnarztes wirkten zu weiblich. Die neuen, vollkeramischen Versorgunger machen durch ihre eckigere Form eindeutig einen männlicheren Eindruck.

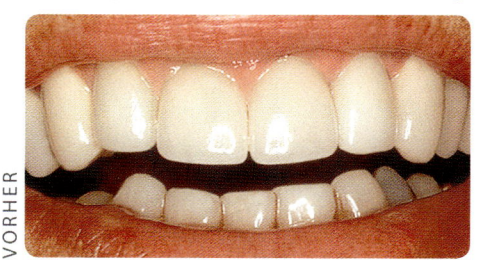

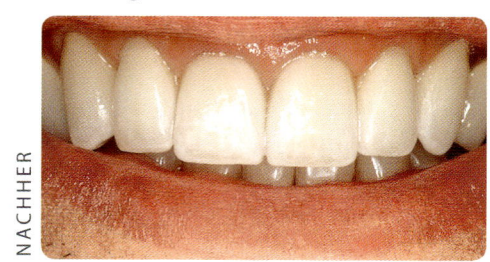

VORHER | NACHHER

HABEN SIE DIE RICHTIGEN PROPORTIONEN?

Vergleichen Sie das Gesicht auf dieser Seite mit Ihrem Spiegelbild. Wenn Sie Ihr Gesicht analysieren, sollten Ihre Haare nach hinten gebunden sein, damit der Umriss Ihres Gesichtes vollständig sichtbar wird. Wirkt Ihr Gesicht unausgewogen? Eine gewisse Asymmetrie ist normal und sogar erwünscht – Studien zeigen, dass geringfügige Abweichungen ein Gesicht besonders attraktiv machen. Die eigenen Proportionen zu kennen, ist in jedem Fall ein wichtiger Schritt auf dem Weg zu einem neuen Lächeln. Veränderungen Ihres Lächelns haben einen großen Einfluss auf das ganze Gesicht.

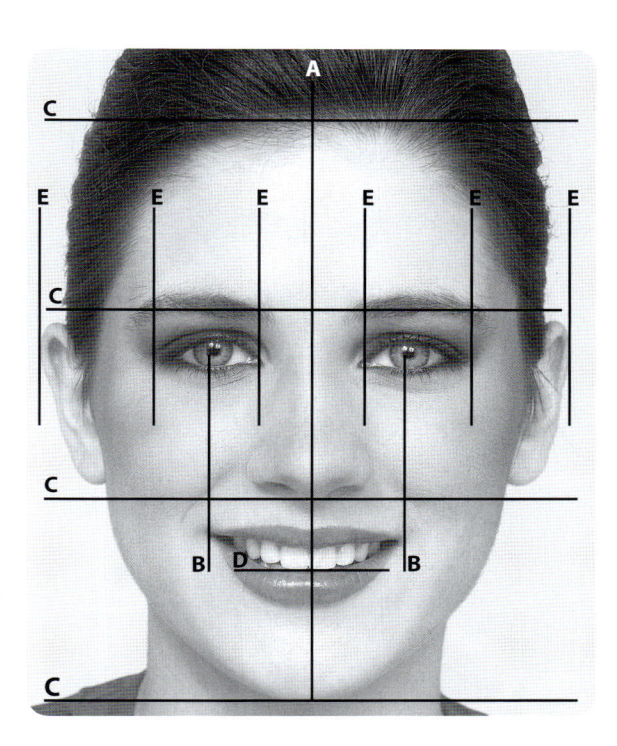

Bestimmen Sie Ihre Symmetrie ... Dieses Model haben wir wegen seiner nahezu perfekten Proportionen ausgewählt.

Das Gesicht wird vertikal durch die Mittellinie (Linie A) in zwei Hälften unterteilt. Sie verläuft idealerweise durch die Nasenspitze, die Mitte der Lippe und zwischen den mittleren Schneidezähnen. Die Pupillen sollten vertikal mit den Mundwinkeln auf einer Linie liegen (Linien B).

Horizontal sollte das Gesicht in drei gleich hohe Abschnitte zwischen Haaransatz, Augenbrauen, Nasenbasis und Kinnspitze (Linien C) unterteilt sein. Der Abstand zwischen der Nasenbasis und den Lippen (Linie D) sollte ein Drittel des unteren Gesichtsdrittels betragen. Dieses Gesicht entspricht auch dem antiken griechischen Ideal der Gesichtsbreite, die gleich der fünffachen Breite eines Auges sein soll (Linien E).

LESEN SIE IHRE LIPPEN!

Die Lippen sind sehr ausdrucksstark und beeinflussen die Ausstrahlung. Sie spielen eine tragende Rolle bei der Erscheinung Ihres Gesichtes und beeinflussen auch die Wirkung anderer Strukturen, wie Nase und Kinn. Die Lippenposition wird ihrerseits durch die Stellung und Form der Zähne mitbestimmt. Wenn Sie einen kosmetischen Eingriff an Ihren Zähnen in Betracht ziehen, sollten Sie diesen Umstand unbedingt berücksichtigen, denn jede Veränderung der Form, Position, Größe und räumlichen Beziehung Ihrer Zähne kann die Wirkung Ihrer Lippen und damit Ihres ganzen Gesichts verändern.

Lippenlinien-Analyse

1. Wenn Sie normal lächeln:
   - Wie weit werden Ihre oberen Zähne sichtbar?
   - Wie weit werden Ihre unteren Zähne sichtbar?
2. Wenn Sie breit lachen:
   - Sehen Sie die oberen Zähne, aber kein Zahnfleisch um die Zähne? (Dies entspricht einer tiefen Lippenlinie.)
   - Sehen Sie nur die Spitzen des Zahnfleisches zwischen den Zähnen? (Dies entspricht einer mittleren Lippenlinie.)
   - Sehen Sie viel Zahnfleisch über den Zähnen? (Dies entspricht einer hohen Lippenlinie.)
3. Wie viele Zähne werden bei Ihrem breitesten Lachen sichtbar?

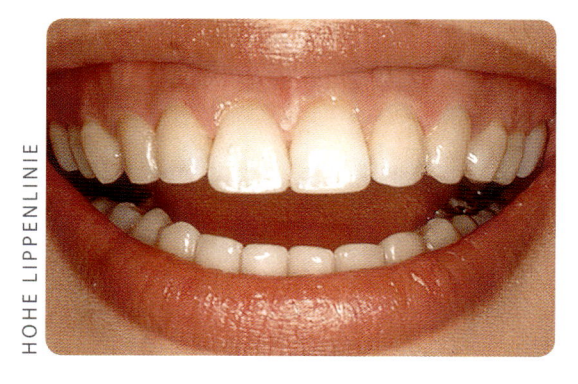

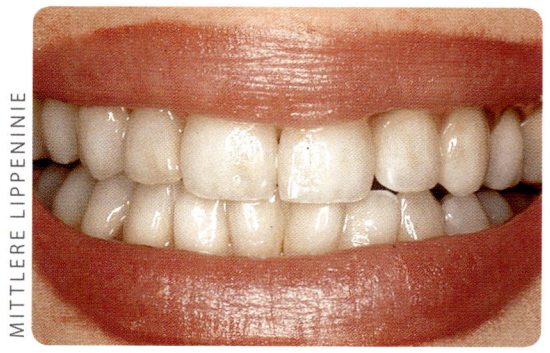

Wie verläuft Ihre Lippenline?

- Eine *hohe* Lippenlinie entblößt viel Zahnfleisch über den Frontzähnen.
- Eine *mittlere* Lippenlinie zeigt Zähne und Papillen (Zahnfleisch zwischen den Zähnen) ohne das Zahnfleisch darüber.
- Eine *tiefe* Lippenlinie bedeckt das gesamte Zahnfleisch und einen großen Anteil der Zähne.

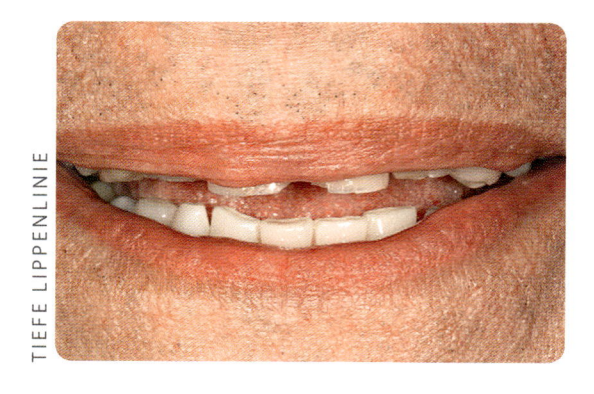

Lippenlinien kann man ändern ... Die Lippenlinie kann durch Verlängerung oder Verkürzung der Zähne kosmetisch korrigiert werden. Diese junge Frau vermied es, zu lachen, weil ihr das Aussehen ihrer Zähne und ihres Zahnfleisches unangenehm war. Sie hatte eine hohe Lippenlinie, zeigte beim Lachen viel Zahnfleisch und fühlte sich dadurch permanent in ihrer Persönlichkeit und ihren sozialen Beziehungen beeinträchtigt. Mit Implantaten, Korrekturen der Zahnstellung, Bleaching sowie kosmetischen Änderungen der Zahnform und des Zahnfleisches wurden ihre Zähne verlängert. Sie erhielt eine attraktive mittlere Lippenlinie und ein wunderschönes Lächeln.

VORHER

NACHHER

SEIEN SIE WÄHLERISCH!

Aus Bequemlichkeit geht man oft zum Zahnarzt um die Ecke. Auf der Suche nach dem geeigneten Zahnarzt für Ihre kosmetischen Bedürfnisse sollte die Nähe nicht der entscheidende Faktor sein. Suchen Sie nach einem Spezialisten – es lohnt sich!

was erwartet Sie

SIND SIE EIN PERFEKTIONIST?

Seien Sie ehrlich mit sich selbst – auch wenn Sie nur ein wenig zum Perfektionismus neigen, sollten Sie dies Ihrem Zahnarzt unbedingt mitteilen. Es ist entscheidend, Ihre Wünsche und die Fähigkeiten des Zahnarztes in Einklang zu bringen.

Experten Tipp: Fragen Sie Ihren Zahnarzt!

Ihr Hauszahnarzt kann der geeignete Behandler sein. Wenn Sie mit den bisherigen Behandlungen zufrieden waren, fragen Sie Ihre Zahnärztin oder Ihren Zahnarzt, wie erfahren und qualifiziert sie oder er auf dem Gebiet der ästhetischen Zahnmedizin ist.

Lächeln ABC: Wie findet man einen guten Zahnarzt?

- Kontaktieren Sie andere Spezialisten, wie z. B. plastische Chirurgen, Kosmetikerinnen, Frisöre und Theater- oder Modelagenturen.
- Kontaktieren Sie lokale Spezialisten, wie Kieferorthopäden, Oralchirurgen, Endo-, Paro- oder Prothetikspezialisten und Zahntechniker. Diese Spezialisten kennen die Kolleginnen und Kollegen und können Ihnen weiterhelfen.
- Fragen Sie Freunde und Bekannte.
- Suchen Sie nach Informationen im Internet (dabei ist Vorsicht geboten, da die Inhalte selten oder nie von anerkannten Stellen überprüft sind).
- Machen Sie Ihre Hausaufgaben! Verlassen Sie sich nicht auf Werbung und Anzeigen.

WAS SIE WISSEN MÜSSEN

WIE BEWERTEN SIE IHREN ZAHNARZT

- Besuchen Sie die Webseiten der Ihnen empfohlenen Zahnärztinnen und Zahnärzte. Vergleichen Sie die Qualifikation (Ausbildung, Erfahrung, Lehrtätigkeit etc.) und Fotos von Behandlungen. Lassen Sie sich nicht blenden!
- Lassen Sie sich einen Termin geben. Sie müssen für die Untersuchung und eventuelle Unterlagen (Röntgenbilder, Fotos, Modelle etc.) mit Kosten rechnen.
- Notieren Sie sich Ihre Erwartungen, bevor Sie zum Termin erscheinen.
- Bringen Sie eigene Fotos (wenn Ihre Zähne wieder wie früher aussehen sollen) oder Fotos von Personen mit, die Ihrem gewünschten Erscheinungsbild entsprechen.
- Fragen Sie nach Fotos von Behandlungen ähnlicher Patienten.
- Suchen Sie nicht nach Sparangeboten. Suchen Sie einen Zahnarzt, der sich die notwendige Zeit für Ihr Anliegen und die Behandlung nimmt. Sie ersparen sich so langwierige und kostspielige Nachbesserungen.
- Verlangen Sie ein „Wax-up"/„Mock-up". Hierbei wird auf dem Gipsmodell oder im Mund aus Wachs oder Kunststoff das gewünschte Ergebnis modelliert.
- Fragen Sie nach einem „Probelächeln". Abnehmbare provisorische Kunststoffversorgungen gestatten Ihnen, Ihr Lächeln „auszuprobieren", ohne dass Ihre Zähne dazu beschliffen werden müssen.
- Fragen Sie Ihren Zahnarzt, ob er Ihnen mögliche Ergebnisse am Computer zeigen kann (Digital Imaging).
- Bereiten Sie sich vor dem ersten Termin mithilfe der in diesem Kapitel beschriebenen „Analyse Ihres Lächelns" auf mögliche Behandlungsoptionen vor.
- Kommen Sie früh genug zu Ihrem ersten Termin. Das Ausfüllen von Dokumenten und Formularen sollte in einer entspannten Atmosphäre erfolgen.
- Nehmen Sie vorhandene Unterlagen (Röntgenbilder, Modelle) mit.
- Legen Sie für sich ein Budget fest. Vergessen Sie nicht, Unterlagen Ihrer Krankenversicherung mitzubringen. Je nach Land und Versicherung kann ein Teil der Kosten durch Ihre Versicherung gedeckt sein.
- Fragen Sie den Zahnarzt, ob er dieses Buch besitzt, um die Kommunikation zu vereinfachen.
- Seien Sie auch bereit, sich eine Zweit- oder Drittmeinung einzuholen.

UND DIE KOSTEN?

Zeit und Geld sind zwei wichtige Faktoren jeder kosmetischen Zahnbehandlung. Auch wenn Sie versucht sind, Abkürzungen und Sparangebote zu akzeptieren, gilt letztlich: „Sie bekommen, wofür Sie bezahlen." Gute ästhetische Zahnmedizin erfordert einen hohen Aufwand und wird deshalb weder zu Billigpreisen angeboten noch von der Krankenversicherung getragen.

was erwartet Sie

VORAUSZAHLUNG

Es ist üblich, vor einer Behandlung eine Anzahlung zu leisten. Versuchen Sie bei Budgetproblemen, die Behandlung in Etappen zu gliedern und zu bezahlen. Sie können sich auch dafür entscheiden, Ober- und Unterkiefer nacheinander anzugehen, doch ist es für die Farbabstimmung besser, alle Keramikrestaurationen gleichzeitig anfertigen zu lassen. Die Aufnahme eines Kleinkredits zur Behandlung Ihrer Zähne ist nur nach eingehender Prüfung durch Ihr Finanzinstitut zu empfehlen.

Lächeln ABC Was bezahlt die Versicherung?

Ihre Versicherung deckt eventuell eine Grundversorgung, aber sicher nicht kosmetische oder ästhetische Korrekturen. Diese gehen zu Lasten Ihres privaten Budgets. Lassen Sie sich einen detaillierten Kostenvoranschlag anfertigen und reichen Sie diesen bei Ihrer Versicherung ein.

WAS SIE WISSEN MÜSSEN

Sie bekommen, wofür Sie bezahlen!

Wie schätze ich die Kosten ab:

- ▶ Berücksichtigen Sie die Fertigkeit und Erfahrung des Behandlers.

- ▶ Verlangen Sie nach Fotos von ähnlichen Behandlungen.

- ▶ Finden Sie heraus, wie viel Zeit Ihr Zahnarzt für die Behandlung einplant. Achten Sie darauf, ob das Honorar dem Behandlungsbedarf zu entsprechen scheint, den Sie sich wünschen.

- ▶ Die Arbeit an Ihrem Lächeln ist Teamarbeit. Die Fertigkeit und Einsatzbereitschaft des gesamten Teams – von den Dentalassistentinnen über die Detalhygienikerin bis hin zum Zahntechniker – sind mitentscheidend.

- ▶ Ihre Entscheidung sollte sich nicht nach finanziellen Kriterien richten. Versuchen Sie Ihre Wünsche und Ihr Budget in Einklang zu bringen.

- ▶ Lassen Sie sich bei den Vorgesprächen nicht hetzen – betrachten Sie hierfür anfallende Rechnungen als langfristige Investition. Das wichtigste Ziel jedes Vorgesprächs ist es, dem gesamten Behandlungsteam Ihre Vorstellungen und Wünsche deutlich zu machen.

ZWÖLF FRAGEN AN IHREN ZAHNARZT

1. Welche Behandlungsoptionen habe ich?
2. Gibt es mögliche Kompromisse?
3. Wie wird das Endergebnis aussehen?
4. Kann ich „Vorher"- und „Nachher"-Fotos ähnlicher Fälle aus Ihrer Praxis sehen?
5. Wie lange werden meine Versorgungen halten?
6. Werden sich meine Versorgungen abnutzen?
7. Welche Art der Pflege wird notwendig sein?
8. Wie gut werden die Versorgungen zu meinen Zähnen passen?
9. Muss ich meine Essgewohnheiten ändern?
10. Habe ich Anspruch auf Garantieleistungen?
11. Welche Zahlungsoptionen habe ich?
12. Glauben Sie, der beste Zahnarzt für mein Anliegen zu sein?

JETZT REDEN SIE!

Eine offene Kommunikation zwischen Ihnen und Ihrem Zahnarzt ist das Geheimnis einer Behandlung nach Ihren Wünschen. Führen Sie die hier vorgestellte Analyse Ihres Lächelns durch, und informieren Sie sich in den weiteren Kapiteln über die Behandlunsgmöglichkeiten. Bestimmen Sie Ihre Bedürfnisse und teilen Sie diese Ihrem Zahnarzt von Anfang an deutlich mit. Fragen Sie nach Behandlungsoptionen und entscheiden Sie erst, wenn Sie alles klar verstanden haben. Nur so können Sie Ihr „Traumlächeln" erreichen.

Experten Tipp: Vertrauen Sie Ihrem Instinkt!

Vertrauen ist das wichtigste Kriterium bei der Zahnarztwahl. Die ästhetischen Versorgungen mögen zu Beginn schön erscheinen und Ihre Erwartungen erfüllen. Tun sie dies aber auch über längere Zeit? Wurden sie sorgfältig genug eingepasst, um das Zahnfleisch nicht zu reizen? Da Sie als Patient kaum in der Lage sind, diese Fragen zu beantworten, ist es wichtig, einen Zahnarzt zu finden, der mit dem nötigen Können, mit genügend Erfahrung und mit Geduld an die Arbeit geht. Kurz: Der Zahnarzt muss Ihr Vertrauen verdienen.

2

ERFAHREN SIE ...

WARUM SICH ZÄHNE VERFÄRBEN

WIE SIE IHR LÄCHELN AUFHELLEN KÖNNEN

WAS NÖTIG IST, UM IHR NEUES LÄCHELN LANGE ZU ERHALTEN

Schluss mit verfärbten Zähnen

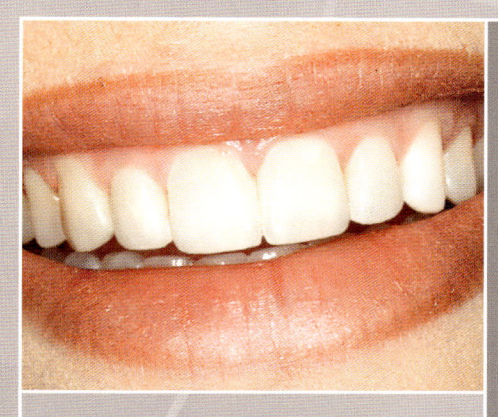

Verstecken Sie Ihr Lächeln wegen unschöner Verfärbungen?

Wenn Ihre Zähne verfärbt sind, haben Sie sicher schon versucht, die Beläge und Verfärbungen loszuwerden. Vielleicht haben Sie schon verschiedene Zahnpasten ausprobiert, Home-Bleaching-Kits in Apotheken oder Drogerien gekauft oder, um von den Zähnen abzulenken, Ihre Kleidung und Frisur angepasst oder sich im Solarium gebräunt.

Leider sind solche Bemühungen auf lange Sicht oft erfolglos. Trotzdem muss man sich heute durch verfärbte Zähne nicht mehr eingeschränkt oder unsicher fühlen. Geeignete kosmetische Behandlungen ermöglichen voraussagbare und lang anhaltende Ergebnisse.

Dieses Kapitel beschreibt die häufigsten Ursachen für Verfärbungen und die Behandlungsmöglichkeiten, mit denen sie sich beseitigen lassen.

WARUM SICH ZÄHNE VERFÄRBEN?

Es gibt verschiedene Gründe für Verfärbungen. Nahrungsmittel, Getränke und Medikamente können Zähne verfärben. Auch Rauchen oder unregelmäßiges Zähneputzen kann die Ursache sein. In seltenen Fällen sind genetische Defekte oder Krankheiten verantwortlich.

Experten Tipp **Kein Eis kauen!**
Durch Kauen von Eis oder anderen harten Objekten entstehen feine Risse in den Zähnen, in denen sich hartnäckige Verfärbungen ablagern können.

Weniger Kaffee kann helfen ... Trotz regelmäßiger Zahnpflege kann Kaffee zu hartnäckigen Verfärbungen führen, die immer wiederkehren. Das Lächeln dieses Mannes wurde durch eine professionelle Zahnreinigung, Ersatz der alten Füllung am linken mittleren Schneidezahn und eine Reduktion des Kaffeekonsums verbessert.

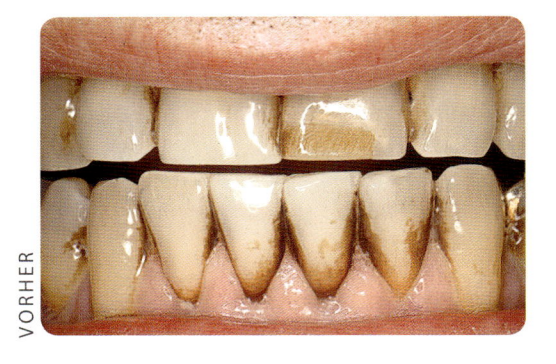

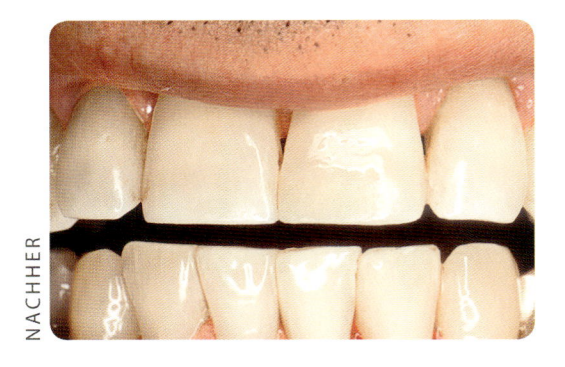

VORHER — NACHHER

Lächeln ABC Was verfärbt Zähne?

Verfärbungen können durch Cola, Kaffee und Tee, durch andere Nahrungsmittel, wie Betelnüsse, Heidelbeeren oder Rotwein, oder durch Tabakkonsum entstehen. Solche Verfärbungen bezeichnet man als *oberflächliche Verfärbungen*.

Experten Tipp Schluss mit verfärbten Zähnen!

- Schränken Sie Ihren Kaffee- und Teekonsum ein.
- Verzichten Sie auf's Rauchen.
- Lassen Sie sich Ihre Zähne regelmäßig professionell reinigen.
- Benutzen Sie regelmäßig Zahnbürste und Zahnseide. Geringfügige Verfärbungen lassen sich durch „aufhellende Zahnpasten" beseitigen.

Plaque kann Zähne verfärben ...
Plaque kann sich auf der Zahnoberfläche anlagern und sogenannte *weiche Beläge* bilden. Dies ist oft die Folge einer ungenügenden Pflege der Zähne und der Zahnzwischenräume.

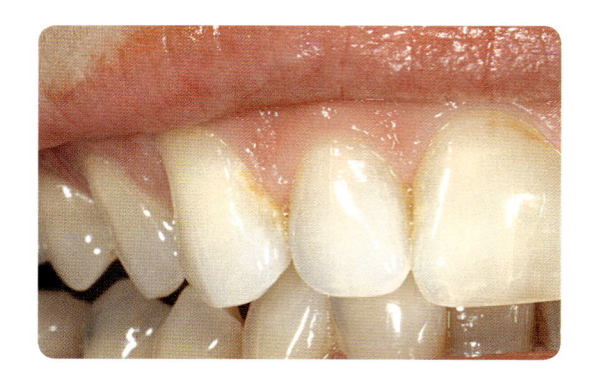

OBERFLÄCHLICHE VERFÄRBUNGEN

- entstehen vor allem in Zahnzwischenräumen und auf verschachtelt stehenden Zähnen.
- sind meistens braun.
- entstehen durch Kaffee-, Tee-, und Nikotinkonsum.
- können meist durch eine gute Mundhygiene und regelmäßige professionelle Zahnreinigung verhindert werden.
- können sich in Rissen festsetzen und lassen sich dann mit einer professionellen Zahnreinigung allein nicht mehr entfernen (eine Bleaching-Behandlung kann die Risse auch übermäßig aufhellen oder „verfärben").

WAS SIE WISSEN MÜSSEN

WEICHE BELÄGE

- entstehen durch Plaque (einen weichen, klebrigen Film, der sich mit der Zeit auf den Zähnen bildet) oder Zahnstein (die verkalkte Form von Plaque).
- sind meist bakteriellen Ursprungs.
- sind das Resultat einer ungenügenden Mundhygiene.
- können als weißliche oder braune Linien am Zahnfleischrand sichtbar sein.
- verschwinden in der Regel nach einer gründlichen professionellen Zahnreinigung.

Tetrazyklinverfärbungen müssen nicht sein... Tetrazyklinverfärbungen können gelb, braun oder grau erscheinen. Auf Bleaching sprechen solche Verfärbungen nicht besonders gut an. Trotzdem ist es gelungen, das Lächeln dieses Patienten mit mehreren Bleaching-Behandlungen in der Praxis („In-office-Bleaching") deutlich aufzuhellen. In vielen Fällen lassen sich milde bis mittlere Tetrazyklinverfärbungen mithilfe spezieller Bleaching-Schienen vom Zahnarzt auch zu Hause aufhellen („Home-Bleaching"), allerdings kann dies bis zu einem Jahr dauern.

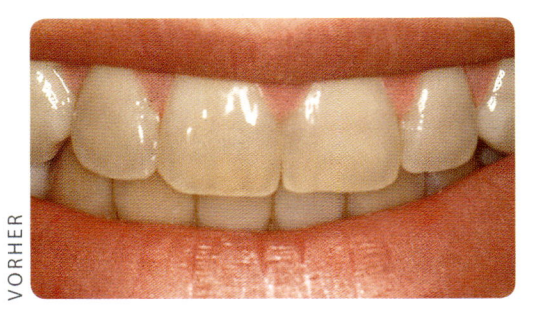

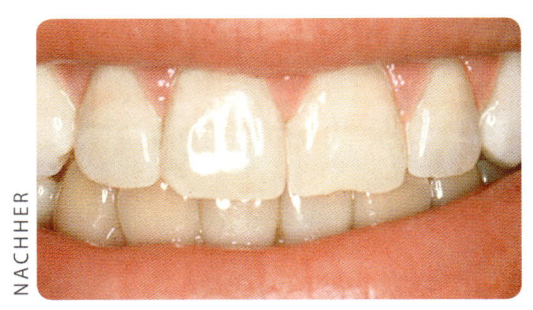

VORHER

NACHHER

INTRINSISCHE VERFÄRBUNGEN sind genetisch oder durch Medikamente verursachte Verfärbungen der Zahnsubstanz.

WAS SIE WISSEN MÜSSEN

INTRINSISCHE VERFÄRBUNGEN

- ▶ zeigen sich oft als Kreideflecken und braun gefärbte „Bänder" um die Zähne.
- ▶ können durch Schmelzbildungsstörungen (evtl. hervorgerufen durch Medikamente) entstehen.
- ▶ zeigen sich oft bei Patienten, die vor dem 8. Lebensjahr mit Tetrazyklin behandelt wurden oder deren Mutter das Medikament während der Schwangerschaft einnehmen musste.
- ▶ können auch durch das Antibiotikum Minozyklin verursacht werden.
- ▶ können durch fortgeschrittene Karies oder alte Amalgamfüllungen entstehen (braune oder graue Verfärbungen).

Lösung 1 Politur

ist POLIEREN ETWAS FÜR MICH?

Eine Politur kann oberflächliche Verfärbungen entfernen. Hartnäckige und intrinsische Verfärbungen bedürfen einer aggressiveren Methode, wie der „Mikroabrasion". Eine Politur ist die beste Lösung für Sie:

- bei geringfügigen, oberflächlichen Verfärbungen,
- wenn Sie lieber eine natürliche Zahnfarbe als sehr helle Zähne wünschen,
- wenn Sie möglichst wenig Zeit und Geld investieren wollen.

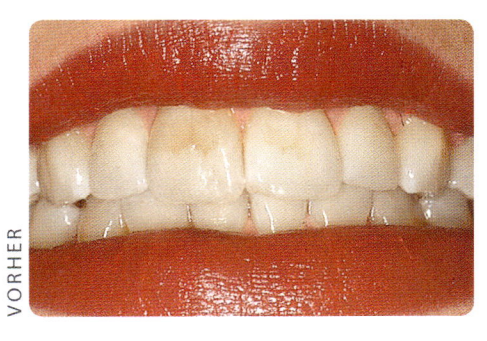

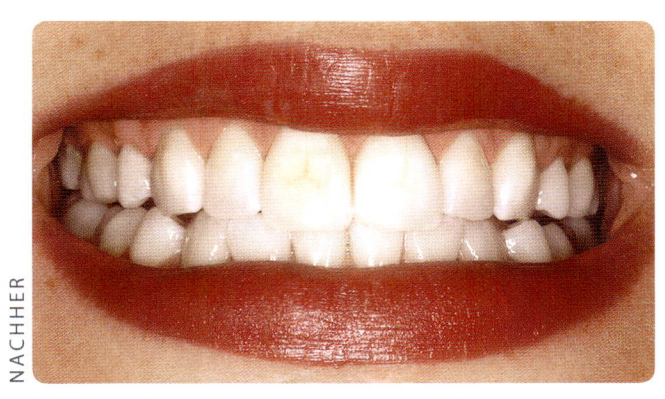

VORHER

NACHHER

MIKROABRASION

Mikroabrasion... Dieses Lächeln wurde durch eine Kombination aus Mikroabrasion (Verwendung einer sauren Schleifpaste unter Kofferdam [blau]) und Bleaching (wird im folgenden Abschnitt besprochen) aufgehellt.

BITTE EINFACH!

Eine Politur ist die einfachste Methode, Verfärbungen loszuwerden. Bei dieser schmerzlosen Behandlung wird die Zahnoberfläche mit einer Schleifpaste gereinigt. Die „Mikroabrasion" ist eine tiefer wirkende Politur, die bei in den Zahn eingelagerten Verfärbungen angewendet werden kann.

Lösung 2 Bleaching

WIE WIRKT BLEACHING?

Bleaching ist eine Technik, bei der stark oxidierende Substanzen zur Aufhellung eingesetzt werden. Es stellt eine relativ schonende und oft sehr effektive Methode zur Aufhellung Ihres Lächelns dar. Ihr Zahnarzt wird Ihnen ein Bleaching in der Praxis („In-office-Bleaching") oder ein Bleaching zu Hause („Home-Bleaching") oder auch eine Kombination aus beidem vorschlagen – abhängig von der Art und Stärke der Verfärbungen.

ist BLEACHING ETWAS FÜR MICH?

Bleaching wird bei schwachen bis mäßigen oberflächlichen und intrinsischen Verfärbungen mit Erfolg eingesetzt, beseitigt aber starke Verfärbungen möglicherweise nur unvollständig. Bleaching ist die beste Lösung für Sie

- bei leichten bis mittleren tetrazyklin-, fluorid- oder unfallbedingten Verfärbungen,
- bei beschränktem Budget,
- wenn Sie mit einer moderaten Aufhellung zufrieden sind,
- wenn Sie mit der Form und Stellung Ihrer Zähne zufrieden sind,
- wenn Sie ein schonendes, nichtinvasives Vorgehen bevorzugen.

Bitte einfach! Dieser 40-jährige Geschäftsinhaber war mit der Farbe seiner ansonsten gut aussehenden Zähne unzufrieden. Mehrere In-office-Bleaching-Behandlungen führten zu der gezeigten Aufhellung. Es ist immer am besten, das schonendste Vorgehen zu wählen.

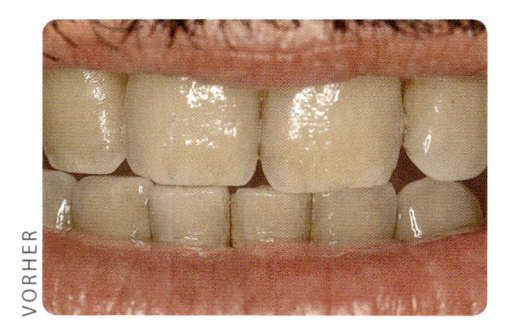

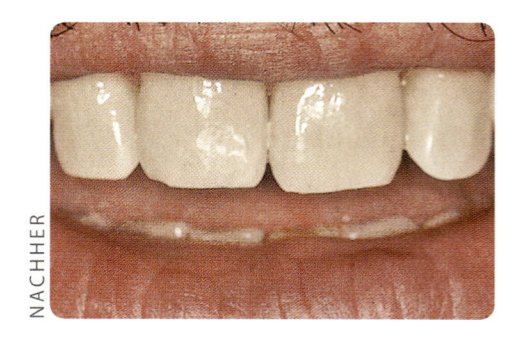

VORHER

NACHHER

Experten Tipp: Bleaching optimieren!

- Setzen oder legen Sie sich nach dem Bleaching, wenn möglich, mit geöffnetem Mund in die Sonne. Die Sonnenstrahlen werden von den Zähnen aufgenommen und können das Bleaching unterstützen. Schützen Sie dabei Ihre Haut vor zu viel Sonne: Meiden Sie die Mittagssonne, benutzen Sie Sonnencreme mit einem hohen Lichtschutzfaktor, tragen Sie lockere Kleidung, die Arme und Beine bedeckt.

- Verzichten Sie während eines Home-Bleachings auf Zitrusfrüchte und Fruchtsäfte, aber auch auf Antazida (Medikamente zur Neutralisierung der Magensäure). Diese Produkte können die Bleichwirkung beeinträchtigen und zu Irritationen des umliegenden Zahnfleischs führen.

- Reduzieren Sie für die Zeit des Bleachings Ihren Zuckerkonsum, um das Kariesrisiko zu verringern. Zur Verstärkung der Bleichwirkung werden die Zahnoberflächen manchmal angeätzt, was auch das Eindringen von Bakterien erleichtert. Nach dem Bleaching werden die Zähne für einen natürlichen Glanz poliert.

Nutzen Sie beide Methoden für ein besseres Ergebnis! Oft führt die Kombination eines professionellen In-office- mit einem Home-Bleaching zu dem besten Ergebnis. Dieses helle Lächeln wurde innerhalb von sechs Wochen mit zwei In-office-Bleachings und Home-Bleaching erreicht.

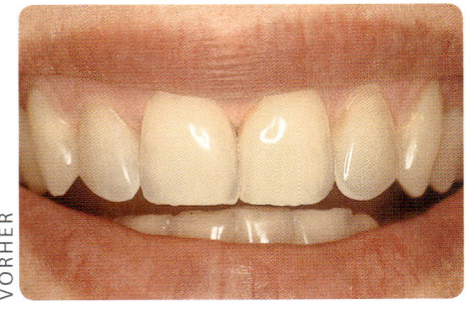

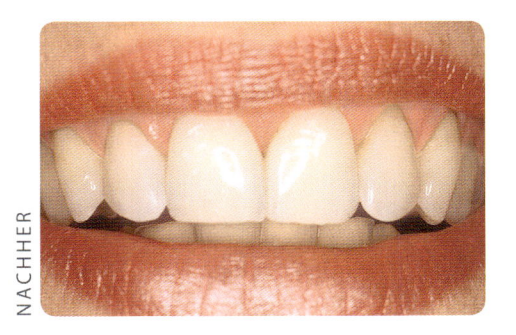

VORHER

NACHHER

WAS SIE WISSEN MÜSSEN

BLEACHING

- ▶ Bleaching ist in drei von vier Fällen erfolgreich.
- ▶ Gelblich verfärbte Zähne lassen sich am besten aufhellen.
- ▶ Wenn Sie zunächst nur die oberen Zähne bleichen, können Sie das Ergebnis mit den ungebleichten unteren Zähnen vergleichen.
- ▶ Wenn Sie Kronen und natürliche Zähne haben, hellen Sie zunächst die Zähne auf. Ihr Zahnarzt kann dann eine neue Krone an die Farbe der gebleichten Zähne anpassen.
- ▶ Bleaching ist für Kinder nicht zu empfehlen.
- ▶ Lassen Sie sich beim In-office-Bleaching nicht anästhesieren. Sie sollten mögliche Empfindlichkeiten spüren können.

was erwartet Sie

IN-OFFICE-BLEACHING

Die Methode für das Bleaching in der Praxis richtet sich danach, ob Ihre Zähne bereits wurzelbehandelt worden sind. Solche Zähne nennt man *avital*, weil der Nerv dieser Zähne entfernt wurde.

Wenn Ihre Zähne vital sind…

- Ihr Zahnarzt schützt das Zahnfleisch um die Zähne, die gebleicht werden sollen, mit Kofferdam, um Reizungen zu verhindern.
- Die Außenseite der Zähne wird mit einem Bleichmittel bestrichen und für 20 bis 30 Minuten speziellem Licht oder Wärme ausgesetzt.

Wenn Ihre Zähne wurzelbehandelt sind…

- Der Wurzelkanal wird eröffnet, das Bleichmittel eingebracht und der Kanal wieder provisorisch verschlossen.
- Wärme oder Licht können zur Beschleunigung des Vorgangs in der Praxis eingesetzt werden.
- Wenn Sie und Ihr Zahnarzt mit dem Ergebnis zufrieden sind, wird das Bleichmittel entfernt.

Verlassen Sie die Praxis mit einem strahlenden Lächeln … Die verfärbten mittleren Schneidezähne dieser Patientin konnten mit einem In-office-Bleaching aufgehellt werden. Sie ist sehr zufrieden mit ihrem neuen, strahlenden Lächeln.

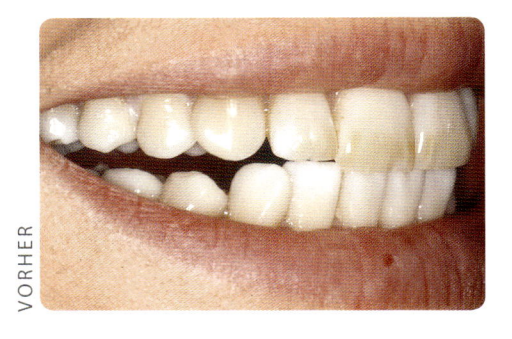

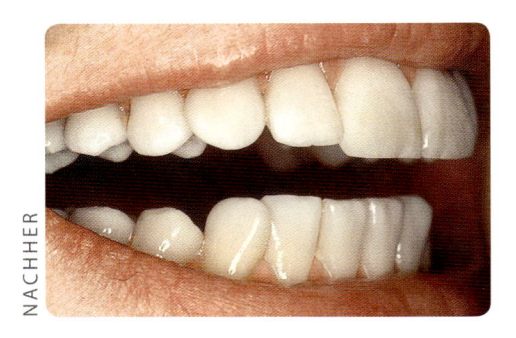

VORHER

NACHHER

Hellen Sie Ihre Zähne von innen auf … Der dunkle, wurzelbehandelte Frontzahn wurde zuerst mit einem äußerlichen In-office-Bleaching aufgehellt. Anschließend wurde für eine Woche ein Bleichmittel in den Wurzelkanal eingelegt. Nach dieser Zeit war der Zahn genügend aufgehellt. Das Bleichmittel wurde entfernt und der Zahn mit einer zahnfarbenen Füllung wieder verschlossen.

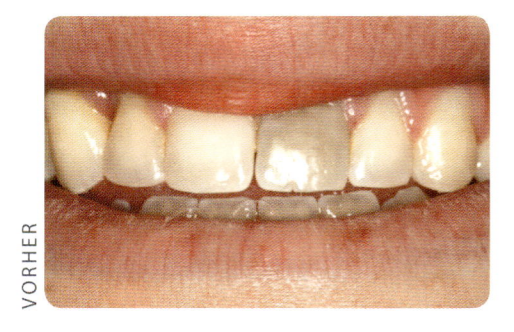

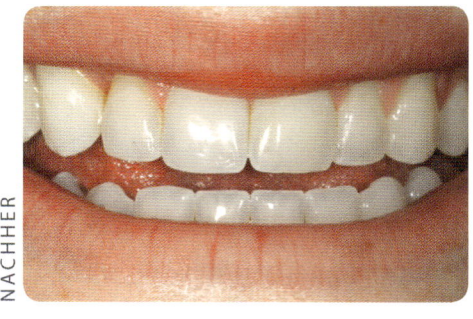

VORHER

NACHHER

> **Experten Tipp** Lassen Sie Ihren Zahnarzt bleichen!
>
> In-office-Bleaching ist oft die effektivste Methode, Ihre Zähne aufzuhellen. Die verwendeten Bleichmittel sind stärker und können kontrollierter eingesetzt werden als beim Bleaching zu Hause.

Experten Tipp Bleaching für zu Hause!

Ihr Zahnarzt kann Ihnen einen Bleaching-Kit für den Einsatz zu Hause („Home-Bleaching") bereitstellen.

Zusätzlich können Sie frei erhältliche („Over-the-Counter-") Produkte für die Auffrischung Ihres mit dem professionellen Bleaching aufgehellten Lächelns einsetzen. Ihr Zahnarzt kann Ihnen dabei helfen, die für Sie geeigneten Produkte auszuwählen.

Home-Bleaching für gute Ergebnisse ... Die Tetrazyklinverfärbungen dieser Patientin konnten durch ein neunmonatiges Home-Bleaching entfernt werden. (Fall von Dr. Van B. Haywood, USA.)

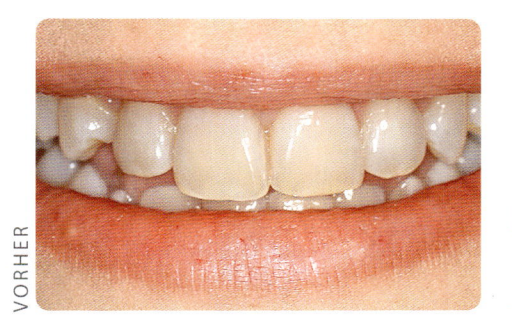

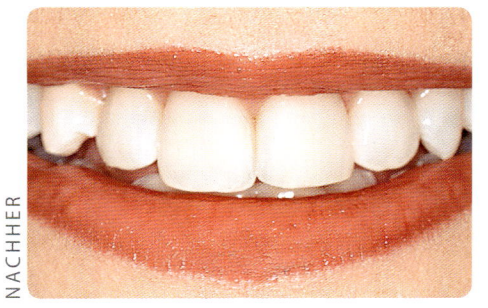

VORHER / NACHHER

was erwartet Sie

PROFESSIONELLES HOME-BLEACHING

- Pro Zahn wird ein Tropfen Bleichmittel in die Schiene eingebracht.

- Die Schiene wird normalerweise zwischen einer und drei Stunden pro Tag getragen (je nach Anweisung). Es gibt aber auch professionelle Bleichmittel, die weniger als fünf Minuten pro Tag angewendet werden müssen.

WAS SIE WISSEN MÜSSEN

PROFESSIONELLES HOME-BLEACHING

▶ Auch wenn eine vollständige Behandlung durchschnittlich vier bis sechs Wochen dauert, ist bereits nach wenigen Tage eine Aufhellung sichtbar.

▶ Kariöse Zähne müssen vor dem Bleaching behandelt werden.

▶ Für Patienten, die wegen empfindlicher Zähne oder Zeit- und Geldmangels nicht für ein In-office-Bleaching geeignet sind, stellt Home-Bleaching eine gute Alternative dar.

▶ Eine Kombination aus In-office- und Home-Bleaching ist die beste Lösung.

▶ Eine „Auffrischung" des Bleachings kann alle sechs bis zwölf Monate notwendig werden.

▶ Während Schwangerschaft und Stillzeit sollte auf Home-Bleaching verzichtet werden.

▶ Home-Bleaching kann Nebenwirkungen wie Zahnempfindlichkeit, Brennen auf dem Zahnfleisch, Verätzungen, Rötungen oder – bei Verschlucken des Bleichgels – Halsweh verursachen.

Lösung 3 Bonding

WAS IST BONDING?

Beim Bonding wird zahnfarbener Kunststoff auf die Zähne aufgebracht. Diese Methode wird oft zur konservativen Deckung von Verfärbungen eingesetzt.

> Wie wird's gemacht?
> *Siehe Seite 217.*

ist BONDING ETWAS FÜR MICH?

Mit Bonding lassen sich verschiedene Arten von Verfärbungen abdecken und ein natürliches, attraktives Lächeln schaffen. So versorgte Zähne neigen aber eher zu Verfärbungen und bedürfen einer regelmäßigen Auffrischung. Bonding ist für Sie die beste Lösung

- bei weißen oder braunen Verfärbungen und verfärbten Rändern,
- wenn Sie kein starker Raucher oder Kaffeetrinker sind,
- wenn Sie bereit sind, Ihr Lächeln zu pflegen,
- wenn Sie eine günstigere und weniger invasive Lösung suchen als Kronen oder Veneers aus Keramik.

Bonding für bessere Farbe und Form ... Dieser 40-jährige Immobilienhändler war mit seinen abgenutzten und verfärbten Zähnen unzufrieden. In einer Sitzung konnten die Zähne mit Komposit aufgebaut werden. Zusätzlich wurden die unteren Frontzähne leicht rekonturiert, um sie gerader erscheinen zu lassen.

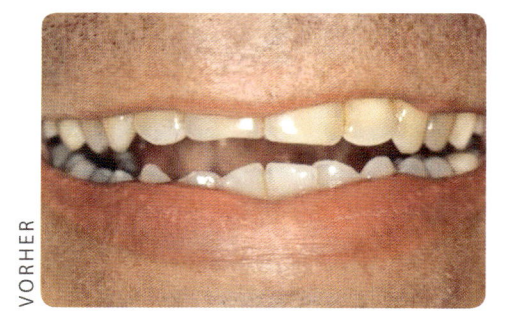

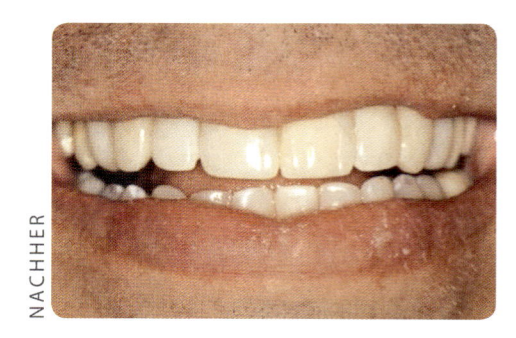

VORHER | NACHHER

Auch Füllungen können sich verfärben ... Diese 41-jährige Frau war mit den sich rasch verfärbenden Füllungen nicht zufrieden. Beim Bonding von Zähnen mit großen Füllungen muss oft die ganze sichtbare Fläche überdeckt werden. Werden nur die Füllungen erneuert, kommt es rascher wieder zu Verfärbungen des Grenzbereichs zwischen Füllung und Zahn. Um das gezeigte attraktive Lächeln zu erzielen, wurden die oberen und unteren Zähne gebondet und leicht rekonturiert.

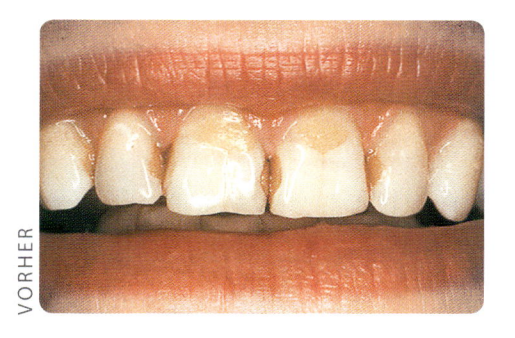

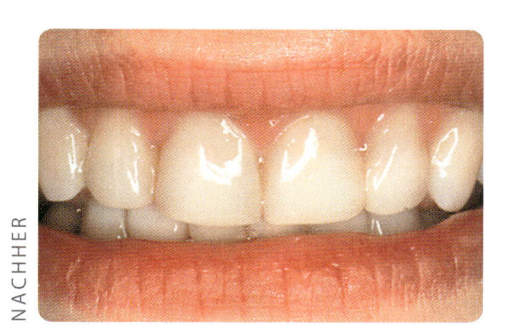

VORHER / NACHHER

Einfache Lösung bei Tetrazyklinverfärbungen ... Die Zähne dieser jungen Patientin hatten sich durch die Einnahme von Tetrazyklin verfärbt. Mithilfe von Komposit konnte in einer Sitzung ein neues, strahlendes Lächeln erreicht werden.

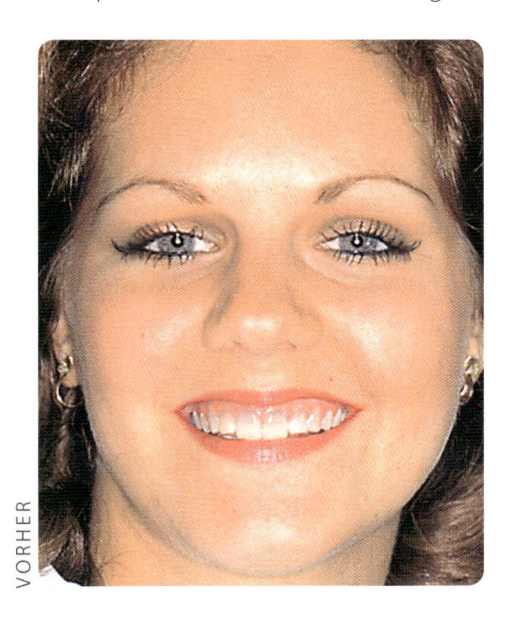

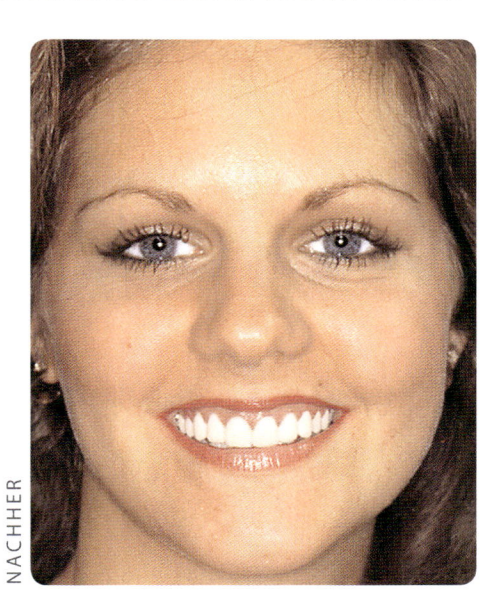

VORHER / NACHHER

was erwartet Sie

PFLEGEN SIE GEBONDETE ZÄHNE

- Kauen Sie weder Eis noch Fingernägel.
- Putzen Sie Ihre Zähne regelmäßig (Plaque muss täglich entfernt werden).
- Nutzen Sie täglich Zahnseide, aber entfernen Sie die Seide horizontal aus den Zwischenräumen.
- Lassen Sie Ihre Zähne drei- bis viermal pro Jahr reinigen. An den gebondeten Zähnen sollte auf Ultraschall oder Luft-Abrasion verzichtet werden.
- Wenn Sie knirschen oder pressen, tragen Sie nachts eine Schiene.
- Reduzieren Sie den Konsum von verfärbenden Lebensmitteln, wie Kaffee, Tee oder Cola. Auch Zucker kann färben und den Verlust Ihrer Bondings beschleunigen.
- Rauchen Sie nicht!
- Beißen Sie nicht in harte Nahrungsmittel, wie Knochen, Karotten, Bonbons oder Nüsse. Schneiden Sie harte Nahrung klein und kauen Sie auf den Backenzähnen.
- Versuchen Sie nicht, sich an einen neuen Biss „zu gewöhnen". Essen Sie die ersten 24 Stunden weiche Nahrung, und probieren Sie dann die neue Situation aus. Ist sie unbefriedigend, muss der Zahnarzt den Biss anpassen.
- Multivitamintabletten können die Heilung von entzündetem Zahnfleisch unterstützen.

Lösung 4 Keramik-Veneers sind

WAS IST SPEZIELL AN VENEERS?

KERAMIK-VENEERS ETWAS FÜR MICH?

Mit Keramik-Veneers lassen sich fantastische Ergebnisse erzielen. Ein wichtiger Nachteil ist jedoch, dass die Keramik brechen kann. Keramik-Veneers sind die beste Lösung für Sie, wenn Sie

- eine signifikante Veränderung Ihrer Zahnfarbe wünschen,
- bereit sind, sich einem leicht invasiveren und zeitintensiveren Eingriff zu unterziehen,
- sich die höheren Kosten der Behandlung leisten können,
- ein sehr ästhetisches Ergebnis wünschen, dass kaum zur Verfärbung neigt,
- eine günstige Bisssituation haben.

Die adhäsive Befestigung dünner Schalen aus Keramik auf der angeätzten Zahnoberfläche stellt heute eine der faszinierendsten Techniken in der ästhetischen Zahnmedizin dar. Die Hauptvorteile sind bestechende Ästhetik und Langlebigkeit. Da sich Keramik im Gegensatz zu Komposit weniger verfärbt, bleibt das Ergebnis wesentlich länger schön. Keramik ist zudem sehr gewebefreundlich.

> Wie wird's gemacht?
> Siehe Seiten 218–219.

VORHER

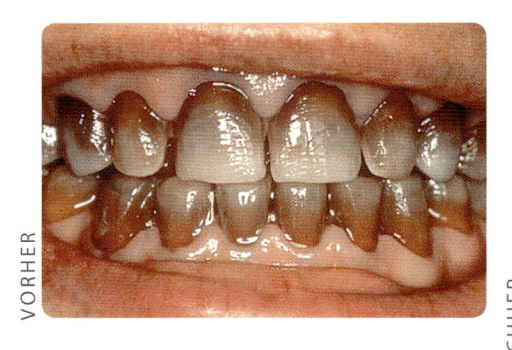

NACHHER

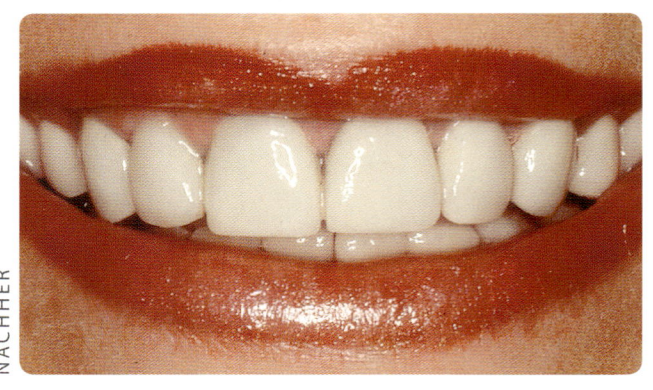

Manche Verfärbungen sind einfach zu stark ... Die Zähne dieser Tänzerin waren durch Tetrazyklin stark verfärbt. Mit 20 Keramik-Veneers konnten die Verfärbungen abgedeckt werden. Für eine natürliche Wirkung ist es wichtig, alle beim Lachen sichtbaren Zähne zu versorgen.

Ein um Jahre jüngeres Lächeln ... Diese Patientin hatte das Gefühl, dass Ihre verfärbten Zähne sie älter aussehen ließen. Die Versorgung mit Keramik-Veneers ermöglichte eine deutliche Aufhellung und verleiht der Patientin nun einen jugendlicheren Look. Außerdem schont die Technik die Zahnsubstanz und damit auch die Gesundheit des Zahnes.

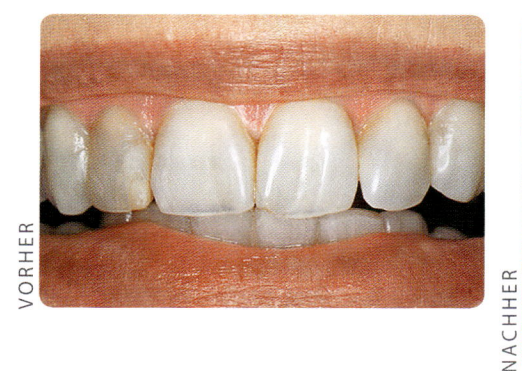

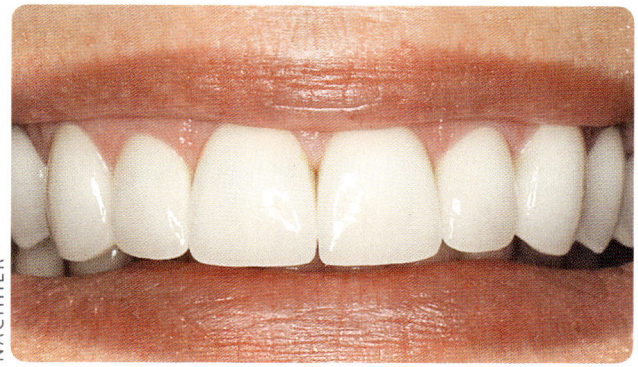

VORHER

NACHHER

KERAMIK VENEERS

können neben der Farbe auch und die Form der Zähne verbessern und so Ihr Lächeln rundum verschönern.

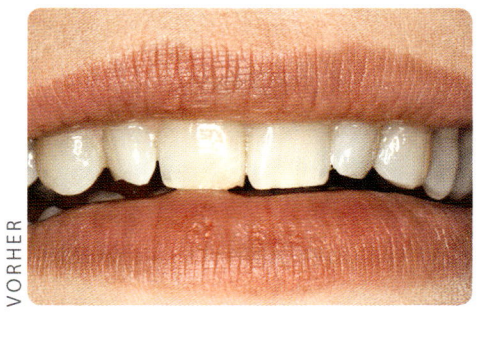

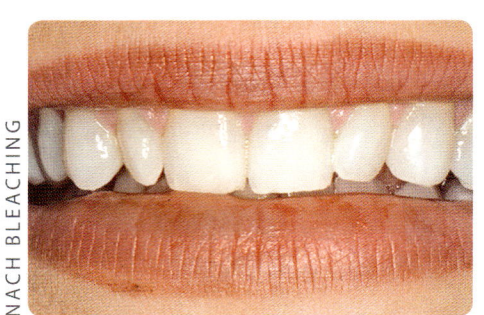

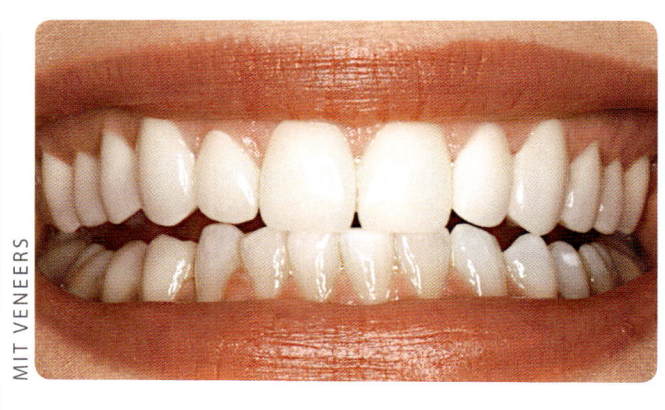

VORHER

MIT VENEERS

NACH BLEACHING

Verfärbung: unerwünschter Nebeneffekt ... Die Patientin hatte vor der Einnahme von Minozyklin zur Akne-Behandlung ein strahlendes Lächeln. Auch wenn die Zähne mittels In-office- und Home-Bleaching etwas aufgehellt werden konnten, mussten sie schließlich mit Veneers versorgt werden, um den Wünschen der Patientin zu entsprechen.

Experten Tipp: Fragen Sie!

Besprechen Sie mit Ihrem Zahnarzt, wie viel Ihrer Zahnsubstanz für die Veneer-Versorgung entfernt werden muss. Ein minimalinvasives Vorgehen ist zwar erwünscht, zur Abdeckung starker Verfärbungen kann aber eine tiefere Präparation erforderlich sein.

Lösung 5 Kronen sind

KRONEN ETWAS FÜR MICH?

MÖCHTEN SIE MEHR ALS NUR WEISSERE ZÄHNE?

Kronen sind in der Regel für die Versorgung von verfärbten Zähnen nicht geeignet, da meist zu viel Zahnsubstanz geopfert werden muss. Dennoch können Kronen bei starken Verfärbungen oder bei leicht verfärbten Zähnen mit zusätzlichen ästhetischen und/oder funktionellen Problemen die richtige Lösung darstellen.

> Wie wird's gemacht?
> *Siehe Seiten 220–225.*

Im Vergleich zu den anderen in diesem Kapitel vorgestellten Lösungen sind Kronen eine teure Versorgung. Mit korrekt gefertigten Kronen lässt sich jedoch eine nahezu perfekte Ästhetik herstellen. Kronen sind für Sie die beste Lösung, wenn Sie:

- viele große insuffiziente Füllungen haben,
- ein optimales und lang anhaltendes Ergebnis anstreben,
- ein komplett neues Lächeln mit neuen Formen wünschen,
- verfärbte und schräg stehende Zähne haben und auf eine kieferorthopädische Zahnkorrektur verzichten möchten.

Ein jugendliches Lachen ... Dieser pensionierte Direktor fühlte sich jünger als sein Lächeln. Da der Patient diverse alte Füllungen und verfärbte Risse in seinen Zähnen hatte, wurden mithilfe von Kronen die Ästhetik und die Funktion verbessert. Jetzt sieht er so jung aus wie er sich fühlt.

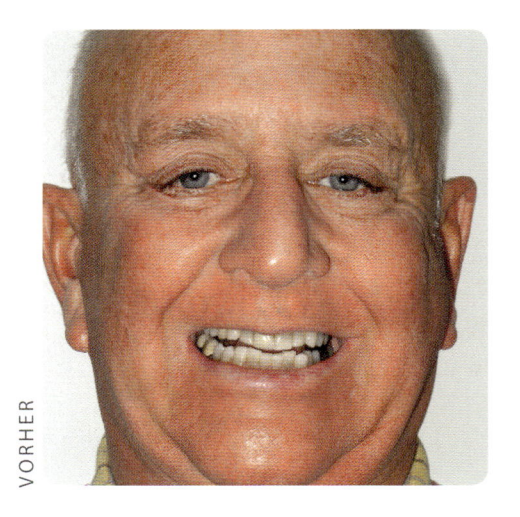

VORHER

NACHHER

Kronen müssen nicht gelb sein ...
Gelbliche, unregelmäßig angeordnete Kronen störten das Lachen dieser lebensfrohen Patientin. Eine ästhetische Korrektur des Zahnfleisches und neue, helle Kronen verhalfen ihr zu einem regelmäßigen, strahlenden Lächeln – so attraktiv, wie ihr übriges Gesicht.

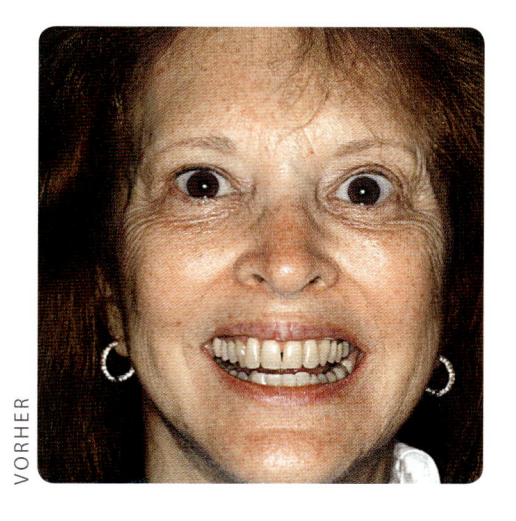

Ihr Lachen spricht für sich ...
Diese attraktive Frau hatte den Eindruck, dass ihr Lächeln nicht ihrem Alter entsprach. Mithilfe von zehn Kronen und einer Rekonturierung konnte ihre Situation verbessert werden. Jetzt unterstützen die Zähne ihre sympathische Ausstrahlung und lenken nicht mehr davon ab.

WELCHE LÖSUNG IST DIE BESTE FÜR **SIE**?

	POLITUR	BLEACHING
BEHANDLUNGSZEIT	In der Regel eine Sitzung a 15 bis 30 Minuten	*In-Office:* 1 bis 3 Behandlungen à 30 bis 90 Minuten je nach Bedarf *Home:* Täglich für 1 bis 12 Monate, je nach Verfärbungsgrad
ERHALTUNG UND PFLEGE	Professionelle Zahnreinigung 4- bis 6-mal pro Jahr	• Nach jeder Mahlzeit gründlich die Zähne putzen, um Plaque zu entfernen • Nicht Rauchen, verfärbende Nahrungsmittel (z. B. Kaffee und Tee) meiden • Professionelle Zahnreinigung 3- bis 4-mal pro Jahr
ERGEBNIS	Eliminiert oberflächliche Verfärbungen	Dunkle, gelbe Verfärbungen lassen sich besser bleichen als braune oder graue.
LEBENSDAUER DER BEHANDLUNG*	Gewöhnlich 2 bis 6 Monate	Unbegrenzt; eventuell Auffrischung nötig
KOSTEN†	100 bis 200 Euro, je nach Behandler (Dentalhygienikerin oder Zahnarzt)	150 bis 600 Euro pro Behandlung
VORTEILE	• Am wenigsten invasive Methode • In der Regel die kostengünstigste Option • Schmerzarm • Sicher • Kein Beschleifen der Zähne nötig	• Sicher • In der Regel bei Erwachsenen schmerzlos • Kein Beschleifen der Zähne nötig • Keine Anästhesie erforderlich • Weniger teuer als viele andere Optionen
NACHTEILE	• Entfernt evtl. nicht alle Verfärbungen	• Natürliche Zahnfarbe wird evtl. nicht erreicht • Bei großem Pulpavolumen evtl. unangenehm • In bestimmten Fällen nur zu 85 % effektiv • Eventuell längere Behandlungszeit erforderlich • Zähne werden möglicherweise nicht so weiß, wie Sie es sich gewünscht haben

*Die Schätzungen beruhen auf den Erfahrungen des Autors, den Ergebnissen dreier an Universitäten durchgeführter Studien sowie Versicherungsstatistiken. Abhängig von verschiedenen Faktoren, die weder Sie noch Ihr Zahnarzt beeinflussen können, ist eine Abweichung von diesen Werten in Ihrem Fall möglich.

†Die Behandlungskosten können je nach Land, Zahnarzt (Erfahrung, Technik, Geschick), Art und Schweregrad der Behandlung (Probleme, Erwartungen, Anamnese usw.) abweichen.

‡Ästhetische Provisorien kosten in der Regel extra.

BONDING	KERAMIK VENEERS	KRONEN
1 Behandlungssitzung	2 Behandlungssitzungen à 1 bis 4 Stunden	2 Behandlungssitzungen à 1 bis 4 Stunden bei maximal 4 Zähnen (größerer Zeitbedarf bei größeren Arbeiten, ästhetischen Provisorien usw.)
• Professionelle Zahnreinigung 3- bis 4-mal pro Jahr • Vermeiden Sie den Einsatz von Utraschall- oder Luft-Abrasion bei der Dentalhygiene. • Beißen Sie nicht auf harte Gegenstände oder Nahrungsmittel. • Eventuelle „Reparaturen" führt Ihr Zahnarzt durch.	• Professionelle Zahnreinigung 3- bis 4-mal pro Jahr • Vermeiden Sie den Einsatz von Utraschall- oder Luft-Abrasion bei der Dentalhygiene. • Vorsicht beim Beißen oder Kauen von harten Nahrungsmitteln. • Ränder müssen evtl. vom Zahnarzt neu versiegelt werden	• Beißen auf Eis und harte Gegenstände vermeiden • Reduzieren Sie Ihren Zuckerkonsum. • Professionelle Zahnreinigung mindestens 3- bis 4-mal pro Jahr (inkl. Fluoridierung) • Fragen Sie den Zahnarzt nach der geeigneten Zahnpasta und Mundspülung. • Mindestens einmal täglich Zahnseide
Sofortige Abdeckung der Verfärbungen	Glasierte Oberfläche mit natürlichem Aussehen	Beste Resultate für Farbe, Form und Funktion
3 bis 8 Jahre; evtl. Reparatur oder Ersatz nötig	5 bis 12 Jahre	6 bis 15 Jahre (Cave: Frakturanfälligkeit und Kariesproblematik!)
150 bis 1000 Euro pro Zahn	600 bis 2000 Euro pro Zahn[‡]	500 bis 2000 Euro pro Zahn[‡]
• Schmerzlos • Ergebnis nach 1 Behandlungssitzung erreicht • Keine oder geringe Präparation des Zahnes • Normalerweise keine Anästhesie • Günstiger als Veneers oder Kronen • Einfach zu reparieren	• Geringere Frakturgefahr als beim Bonding • Optimaler Halt auf dem Zahnschmelz • Minimale Verfärbung, Glanz bleibt dauerhaft erhalten • Weniger invasiv als Kronen • Hält länger als Bonding • Zahnfleisch verträgt Keramik sehr gut • Meist keine Anästhesie nötig • Farbveränderungen sind möglich.	• Zahnfarbe je nach Wunsch des Patienten • Die Zahnform kann optimiert werden. • Kleine Zahnstellungskorrekturen sind möglich. • Langlebige Versorgungsart
• Kann sich verfärben oder brechen • Hat eine begrenzte „ästhetische Lebensdauer" • Bei dunklen Verfärbungen keine 100%ige Deckung • Evtl. kleine Korrekturen an den Zähnen zur Entfernung von Verfärbungen nötig • Zahnfleischreizung bei unsauberen Füllungsrändern	• Teurer als Bonding • Reparatur bei Frakturen schwierig • Irreversibel, wenn zu viel Schmelz abgetragen wird • Je nach Präparation der Zähne sind Verfärbungen zwischen den Zähnen möglich. • Ränder können „auswaschen" und müssen dann neu versiegelt werden	• Können frakturieren • Anästhesie erforderlich • Zahnform wird verändert (Schmelz wird oft vollständig entfernt) • Kronenränder können bei Zahnfleischrückgang sichtbar werden • Viel teurer als Bonding

3

ERFAHREN SIE...

WARUM ZÄHNE FAULEN

DIE BESTEN LÖSUNGEN ZUR VERSORGUNG KARIÖSER ZÄHNE

WIE GRAUE ZÄHNE WIEDER SCHÖN WERDEN

Eine saubere Sache

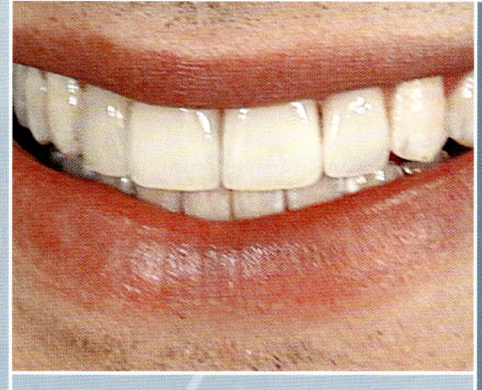

Peppen Sie Ihr Lachen auf! Lassen Sie Karies und alte Amalgamfüllungen entfernen.

Karies und alte oder defekte Amalgamfüllungen verursachen oft auch Verfärbungen. Für dieses Problem gibt es verschiedene Lösungen. Bevor die Entscheidung über die am besten geeignete Behandlung getroffen werden kann, müssen alle kariösen Läsionen und alten Füllungen entfernt werden.

Dieses Kapitel zeigt Ihnen Möglichkeiten zur metallfreien Versorgung Ihrer Zähne. Es ist wichtig zu wissen, dass manchmal auch nach der Entfernung alter Metallfüllungen Verfärbungen der Zahnsubstanz zurückbleiben. Solche Verfärbungen müssen gegebenenfalls mit Bonding, Veneers oder Kronen überdeckt werden.

WARUM FAULEN ZÄHNE?

Karies (= faule Zähne) entsteht durch den Säureangriff von Bakterien auf die Zahnoberfläche. Ist der Schmelzmantel des Zahnes einmal durchbrochen, kann die Karies nicht mehr aufgehalten werden. Sie dringt tiefer ein, zerstört die Zahnsubstanz im Inneren und greift schließlich den Nerv an, was zu Zahnschmerzen führt.

Lächeln ABC — Was ist ein Loch?

Karies ist der Fachbegriff für Zahnfäule. Frühestes Anzeichen einer beginnenden Karies ist in der Regel eine kreidig-weiß verfärbte Stelle auf der Zahnoberfläche als Zeichen einer Entkalkung. Dringt die Karies tiefer in den Schmelz vor, kann sie sich braun verfärben und zu einem Loch werden. Hat sich einmal ein Loch gebildet, kann die verlorene Zahnsubstanz nicht mehr regeneriert werden. Ihr Zahnarzt muss die Kariers mit einem Bohrer, Sandstrahlgerät oder Laser entfernen. Damit erzeugt er eine definierte Kavität, die anschließend mit zahnfarbenem Material aufgefüllt werden kann.

Experten Tipp — Raus mit den alten Füllungen!

Zahnfüllungen ersetzen zerstörtes Zahnmaterial. Sie können viele Jahre halten. Allerdings kann es durch Abnutzung und Bakterien zu einer Auflösung des Füllungsrandes kommen. Bakterien können in diese Spalten eindringen und eine neue Karies auslösen. Während der Routineuntersuchung sollte Ihr Zahnarzt deshalb die vorhandenen Füllungen daraufhin untersuchen, ob sie noch dicht sind. Ist der Randschluss undicht, sollte die Füllung ersetzt werden.

Experten Tipp — Gesunde Zähne sind schöne Zähne!

Sie können das Risiko für Karies mit einfachen Mitteln reduzieren:

- **Täglich Zahnbürste und Zahnseide!** Fragen Sie Ihren Zahnarzt nach den am besten für Sie geeigneten Mundhygienemitteln.
- **Essen Sie gesund!** Vollkornprodukte, Gemüse, Früchte sowie fett- und salzarme Nahrung.
- **Meiden Sie zuckerhaltige Produkte!** Klebrige, süße Nahrungsmittel bleiben länger im Mund und schaden den Zähnen besonders.

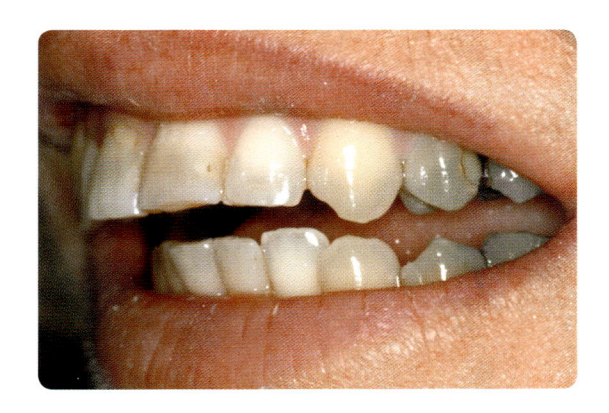

WAS SIE WISSEN MÜSSEN

AMALGAM

kann das schönste Lächeln verderben. Eine zahnfarbene Lösung lohnt sich auf jeden Fall.

„Graustich" ... wenn Amalgamfüllungen korrodieren, können Quecksilber oder Zinn sich in der Zahnsubstanz ablagern und ihr eine unschöne graue Farbe verleihen, die beim Lächeln und Sprechen auffällt.

AMALGAM
Karies kann mit Amalgamfüllungen effizient und kostengünstig behandelt werden. Allerdings ist das Ergebnis nicht gerade ästhetisch. Aus diesem Grund wird in diesem Buch auf Amalgamfüllungen nicht näher eingegangen.

Vorteile
- In einer Sitzung fertig
- Kostengünstigste Variante zur Versorgung kariöser Zähne
- Langlebig

NACHTEILE
- Metall sichtbar
- Zahnverfärbung möglich
- Kann korrodieren
- Enthält Quecksilber
- Nicht mit der Zahnsubstanz verhaftet
- Nicht isolierend (leitet Wärme und Kälte)
- Für große Füllungen (z. B. Höckerüberdeckung) weniger geeignet

Lösung 1 — Kompositfüllungen

WARUM KOMPOSIT?

Komposit ist ein ästhetisches Füllungsmaterial zur Versorgung kleiner Defekte – vor allem an den unteren Backenzähnen, die man beim Lachen oft sehen kann.

ist ZAHNFARBENES KOMPOSIT ETWAS FÜR MICH?

Zahnfarbene Kompositfüllungen ermöglichen eine wenig invasive, ästhetisch ansprechende Versorgung. Eine Kompositfüllung ist die beste Lösung für Sie, wenn Sie

- eine kleine Füllung in einem Bereich benötigen, der beim Sprechen und Lachen sichtbar ist,
- wenig Zeit und Geld investieren wollen,
- eine reduzierte Lebensdauer (Abnutzung, Verfärbung) akzeptieren,
- möglichst viel eigene Zahnsubstanz erhalten möchten.

Weg mit dem „Graustich" ...
Diese Frau störte die Amalgamfüllung an ihrem seitlichen Schneidezahn (*Pfeil*), die eine sichtbare Verfärbung verursachte. Eine neue Kompostfüllung stellte die natürliche Zahnfarbe wieder her. An den Frontzähnen sollten grundsätzlich zahnfarbene Füllungen zum Einsatz kommen.

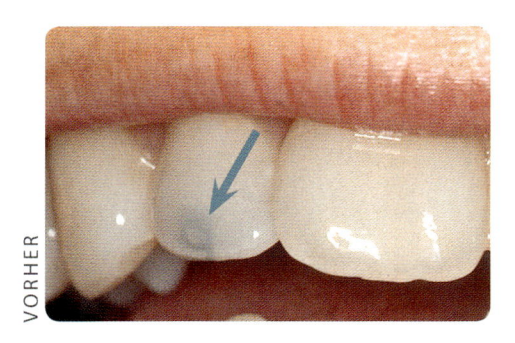

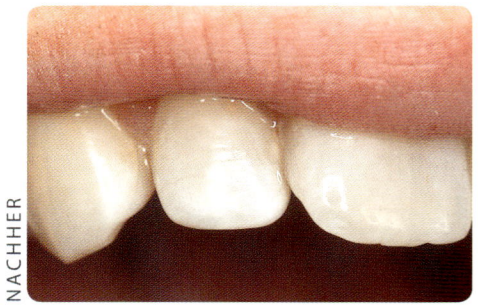

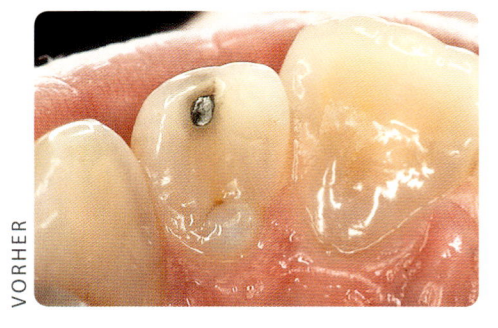

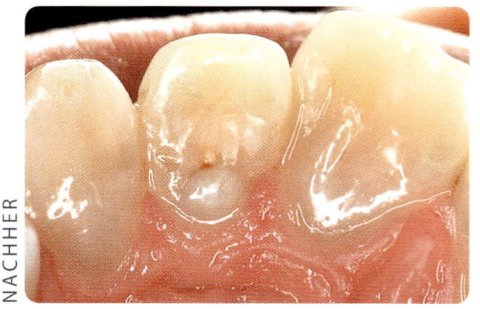

Lösung 2: Inlays, Onlays

INLAYS ODER ONLAYS ETWAS FÜR MICH?

Inlays und Onlays sind für langlebige großflächige Versorgungen geeignet. Ein Inlay oder Onlay ist die beste Lösung für Sie, wenn Sie

- bereit sind, etwas mehr Zeit und Geld für eine langlebigere Lösung zu investieren,
- größere Füllungen ersetzen lassen möchten,
- Verfärbungen vermeiden wollen.

Was verraten Ihre alten Füllungen über Sie? Amalgam und Goldfüllungen können beim Lachen sichtbar sein. Bei diesem Patienten sieht man den Unterschied zwischen der zahnfarben versorgten rechten Seite und der linken Seite mit alten Amalgamfüllungen und Goldinlays deutlich.

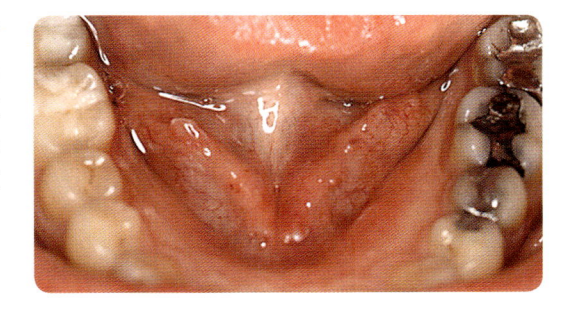

WAS SIND INLAYS UND ONLAYS?

Inlays und Onlays sind individuell angefertigte „Füllungen" aus Komposit, Keramik oder Gold. Onlays decken meist die gesamte Kaufläche des Zahnes ab, während Inlays in begrenzte Kavitäten eingesetzt werden. Der Hauptnachteil von Inlays und Onlays ist der im Vergleich zu direkten Füllungen relativ hohe Preis.

WAS SIE WISSEN MÜSSEN

GOLD
Gold ist langlebig und verfärbt die Zähne im Gegensatz zu Amalgam nicht. Es eignet sich für den ästhetisch weniger empfindlichen Bereich der oberen Molaren. Gold und Keramik sollten einander nicht gegenübergestellt werden, da die härtere Keramik Goldversorgungen rasch abnutzen kann.

KERAMIK
Untersuchungen haben gezeigt, dass adhäsiv befestigte Keramik-Inlays und -Onlays die Festigkeit natürlicher Zähne erreichen. Trotzdem kann Keramik, wie natürliche Zähne auch, bei zu großer Belastung brechen.

KOMPOSIT
Auch wenn sie nicht so langlebig sind wie Gold oder Keramik, stellen Inlays und Onlays aus Komposit eine kostengünstige Alternative dar.

Lösung 3 — Keramik-Veneers sind

WARUM KERAMIK WÄHLEN?

Keramik-Veneers eignen sich vor allem für Frontzähne mit Verfärbungen oder defekten Füllungen. Keramik verfärbt sich kaum und ist sehr langlebig. Besonders wenn Sie auch die Form und Farbe Ihrer Zähne dauerhaft verändern wollen, sind Keramik-Veneers deshalb eine gute Wahl.

> Wie wird's gemacht?
> Siehe Seiten 218–219.

Experten Tipp: Erst Bleichen!
Wenn Sie hellere Zähne wünschen, dann bleichen Sie diese vor der geplanten Behandlung, damit der Zahnarzt die neuen Versorgungen an die hellere Farbe anpassen kann.

KERAMIK-VENEERS ETWAS FÜR MICH?

Keramik-Veneers sind eine hervorragende Möglichkeit zur Versorgung von Frontzähnen. Allerdings sind sie teurer als Kompositfüllungen, und die Zähne müssen (leicht) beschliffen werden. Keramik-Veneers sind die beste Lösung für Sie, wenn Sie

- stark verfärbte Frontzähne oder alte, defekte Füllungen haben,
- kleine Lücken zwischen den Frontzähnen schließen möchten,
- Füllungen leid sind, die sich immer wieder störend verfärben,
- ein neues Lächeln mit einer schöneren Form und Farbe wünschen.

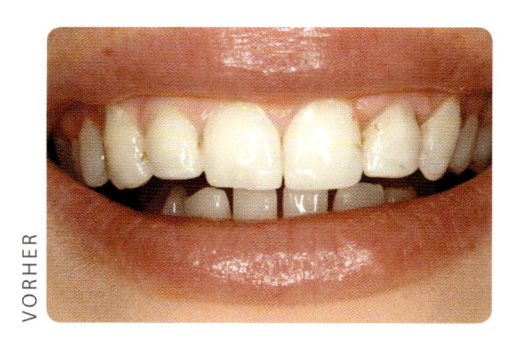

VORHER | NACHHER

Zeigen Sie ein strahlendes Lächeln! Diese Schauspielerin störten die verfärbten Füllungen an ihren oberen Zähnen ebenso wie die Lücken zwischen den unteren. Um ihrem Lächeln eine hellere Farbe und eine schönere Form zu geben, wurden zehn Keramik-Veneers eingegliedert. Ein selbstbewusstes Lachen ist nicht nur für Models und Schauspieler ein gutes Aushängeschild.

Lösung 4 Kronen sind

KRONEN ETWAS FÜR MICH?

Kronen ermöglichen ein nahezu perfektes ästhetisches Ergebnis. Der erhöhte Aufwand an Geld und Zeit hält manche Patienten jedoch von einer solchen Behandlung ab. Kronen sind die beste Lösung für Sie, wenn Sie

- stark verfärbte Zähne mit großen insuffizienten Füllungen haben,
- das bestmögliche und langlebigste Resultat suchen,
- für einen größeren Zeit- und Geldaufwand bereit sind,
- zusätzliche ästhetische und funktionelle Korrekturen wünschen.

Kronen für das gewisse Extra ... Alte verfärbte Füllungen und eine hohe Lippenlinie raubten dieser Patientin ihr attraktives Lächeln. Auch wenn die Füllungen und Verfärbungen nicht so umfangreich waren, dass sie unbedingt mit Kronen behandelt werden mussten, führten die zusätzlichen ästhetischen Ansprüche der Patientin zur Wahl einer Kronenversorgung. Nach einer chirurgischen Zahnfleischkorrektur wurden zwölf vollkeramische Kronen eingegliedert. Längere Frontzähne, die dem Lippenverlauf folgen, verhelfen der Patientin zu einem jüngeren und attraktiveren Lächeln.

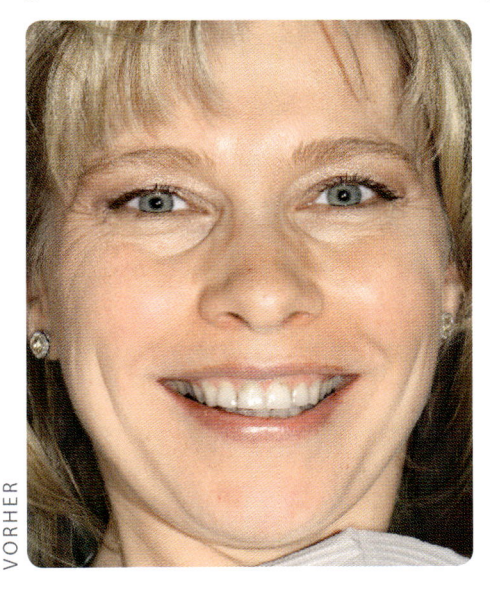

VORHER

NACHHER

WANN SIND KRONEN SINNVOLL?

Eine Krone ist eine langlebige Versorgung, für die der Zahn beschliffen und mit einer individuell gefertigten Rekonstruktion abgedeckt wird. Auch wenn ein weniger invasives Vorgehen wünschenswert ist, kann bei stark gefüllten und verfärbten Zähnen eine Überkronung die beste Behandlungsmethode darstellen.

> Wie wird's gemacht?
> *Siehe Seiten 220–225.*

DREI POPULÄRE WEGE, ZÄHNE AUFZUBAUEN

KOMPOSITFÜLLUNG

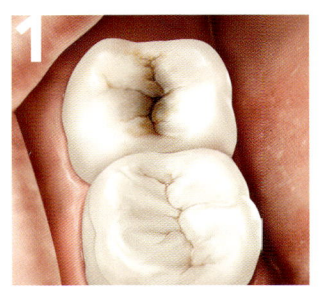

1 Der zweite Molar ist von Karies befallen.

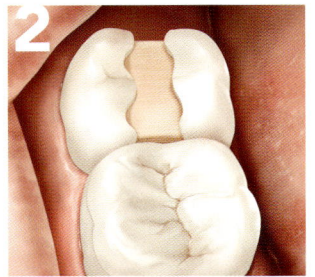

2 Die Karies wird entfernt und der Zahn für die Aufnahme einer Kompositfüllung präpariert.

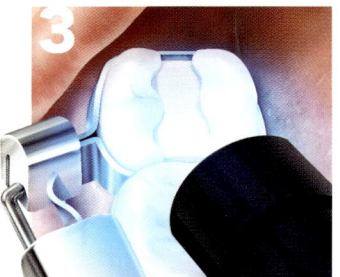

3 Zur Formgebung wird eine Matrize um den Zahn gelegt. Das zahnfarbene Kompositmaterial wird schichtweise eingebracht und mit Licht ausgehärtet.

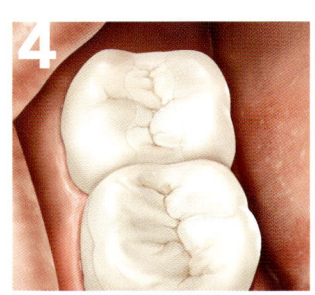

4 Die fertige Füllung fügt sich optisch in die Umgebung ein.

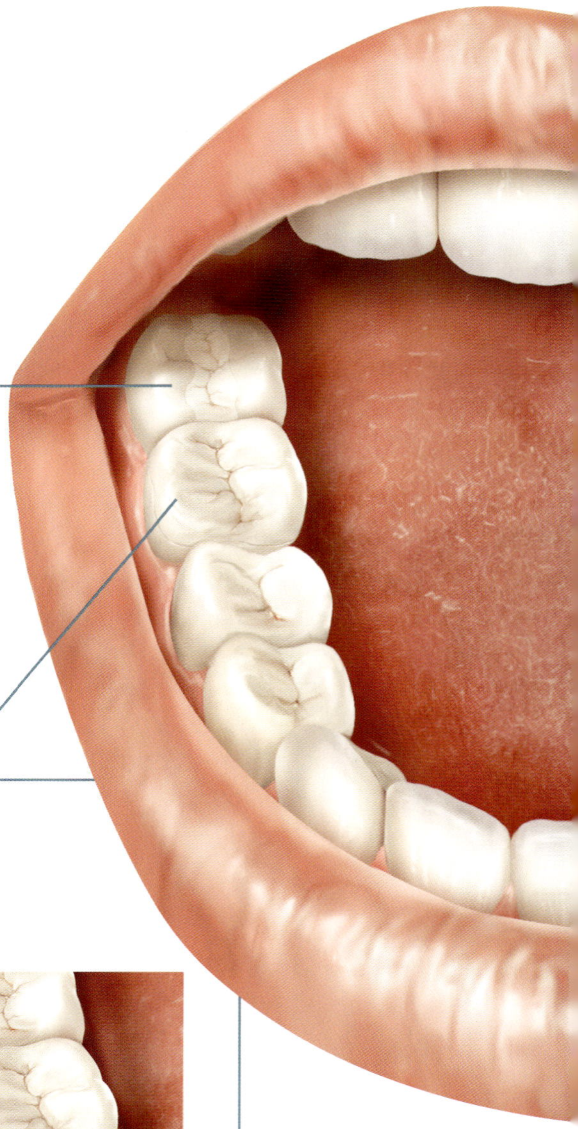

KERAMIK-ONLAY

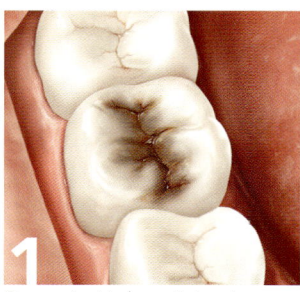

1 Der erste Molar zeigte eine ausgedehnte Karies.

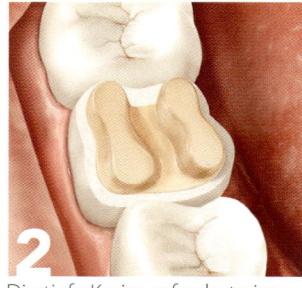

2 Die tiefe Karies erfordert eine umfangreiche Präparation. Der Zahn wird abgeformt und ein Onlay im Labor hergestellt.

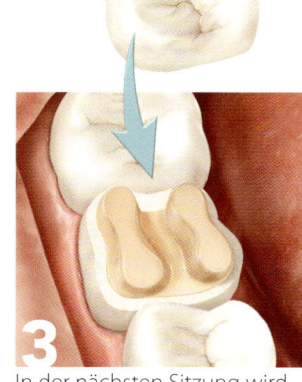

3 In der nächsten Sitzung wird das Keramik-Onlay adhäsiv auf dem Zahn befestigt.

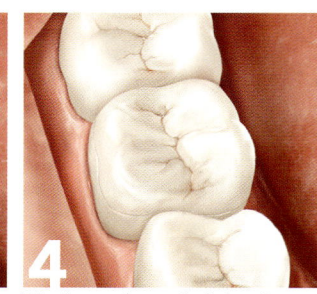

4 Die Keramik ermöglicht eine natürlich wirkende optische Integration.

KRONEN

Der erste Molar ist stark zerstört und muss überkront werden.

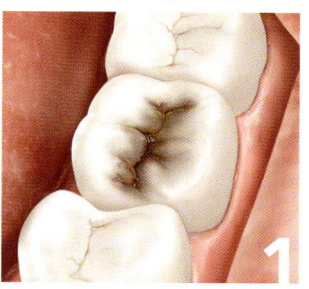

1

Der Zahn wird beschliffen, falls nötig aufgebaut, abgeformt und provisorisch versorgt.

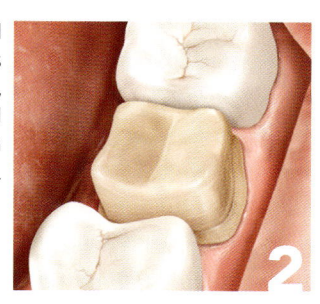

2

Eine Keramik-Krone wird im Labor hergestellt und in der nächsten Sitzung eingegliedert.

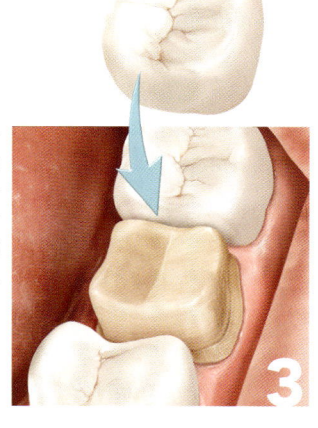

3

Die definitive Krone wird mit einem Zement auf dem Zahn befestigt.

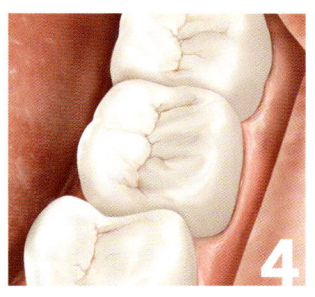

4

WAS SIE WISSEN MÜSSEN

LANGE FREUDE AN VERSORGUNGEN

Nichts hält ewig, auch die Versorgungen Ihrer Zähne nicht. Dentale Materialien können brechen und durch den täglichen Einsatz abgenutzt werden. Nicht wenige Menschen knirschen, andere putzen zu eifrig. Sogar normales Kauen führt zur Abnutzung. Auch die Materialien mit denen die Restaurationen am Zahn befestigt werden, können durch den Kontakt mit Speichel und anderen Flüssigkeiten im Mund über die Zeit nachgeben.

Wenn Sie dentale Versorgungen haben, vermeiden Sie Süßigkeiten wie Bonbons, Kaugummis und andere klebrige-süße Nahrungsmittel. Achten Sie auch darauf, ob Sie knirschen oder pressen, denn nichts ist schädlicher für Kronen oder Füllungen. In der Regel tritt dies nachts auf, doch kann es bei Anspannung und Belastung unbewusst auch tagsüber vorkommen. Fragen Sie Ihren Zahnarzt, ob Sie eine Nacht- oder eine Tagschiene benötigen, um Ihr neues Lächeln zu schützen.

WELCHE LÖSUNG IST DIE BESTE FÜR SIE?

	KOMPOSITFÜLLUNG	INLAYS oder ONLAYS
BEHANDLUNGSZEIT	Ungefähr 1 Stunde pro Zahn	In der Regel 2 Sitzungen à 1 bis 2 Stunden pro Zahn
UNTERHALT	• Zahnbürste und Zahnseide täglich • Nutzen Sie die vom Zahnarzt empfohlene Fluoridzahnpasta und Mundspülung. • Beißen auf Eis und harte Gegenstände vermeiden	• Zahnbürste und Zahnseide täglich • Nutzen Sie die vom Zahnarzt empfohlene Fluoridzahnpasta und Mundspülung. • Reduzieren Sie Ihren Zuckerkonsum und den Genuss von Süßigkeiten.
ERGEBNIS	• Ästhetischer Ersatz für alte Amalgamfüllungen oder Versorgung kleinerer und mittlerer kariöser Defekte • Nicht immer perfekte Farbe, aber viel besser als metallische Füllungen	• Konservativer als eine Krone • Gold ist die langlebigste funktionelle Versorgung, aber weniger ästhetisch als Keramik. • Keramik ist eine sehr ästhetische Möglichkeit zum Ersetzen unschöner Füllungen an den Seitenzähnen. • Komposite zeigen eine gute optische Integration.
LEBENSDAUER DER BEHANDLUNG*	5 bis 8 Jahre	*Gold:* 6 bis 20 Jahre *Keramik:* 5 bis 15 Jahre *Komposit:* 5 bis 12 Jahre
KOSTEN†	450 bis 1300 Euro pro Zahn	*Gold:* 600 bis 1200 Euro pro Zahn *Keramik:* 550 bis 1500 Euro pro Zahn *Komposit:* 450 bis 1300 Euro pro Zahn
VORTEILE	• Ästhetik (zahnfarben) • Isolierend • In einer Sitzung fertig • Sehr guter Verbund mit dem Zahn • Günstiger als Kronen oder Veneers • Konservativer (substanzschonender) als Kronen oder Veneers	• Geeignet für große Versorgungen *Gold:* • Langlebigste Versorgung • Nutzt sich stärker ab als die Zahnsubstanz • Bricht nicht *Keramik:* • Ästhetik (zahnfarben) • Festigkeit höher als bei Komposit • Sehr guter adhäsiver Verbund mit den Zähnen • Verfärbt sich nicht • Isolierend *Komposit:* • Kostengünstigste Lösung
NACHTEILE	• Teurer als Amalgam • Relativ rasche Abnutzung • Kann sich verfärben oder brechen • Lebenszeit gegenüber Keramik und Gold reduziert • Für große Versorgungen weniger geeignet	• Teurer als Amalgam *Gold:* • Metall sichtbar • 2 Sitzungen nötig • Nicht isolierend (leitet Wärme und Kälte) *Keramik:* • Kann brechen • 2 Sitzungen (außer direkte CAD CAM Verfahren) • Evtl. höhere Abrasion *Komposit:* • Raschere Abnutzung

*Die Schätzungen beruhen auf den Erfahrungen des Autors, den Ergebnissen dreier an Universitäten durchgeführter Studien sowie Versicherungsstatistiken. Abhängig von verschiedenen Faktoren, die weder Sie noch Ihr Zahnarzt beeinflussen können, ist eine Abweichung von diesen Werten in Ihrem Fall möglich.

†Die Behandlungskosten können je nach Land, Zahnarzt (Erfahrung, Technik, Geschick), Art und Schweregrad der Behandlung (Probleme, Erwartungen, Anamnese usw.) abweichen.

‡Ästhetische Provisorien kosten in der Regel extra.

KERAMIK-VENEERS	KRONEN
2 Sitzungen à 4 Stunden	2 bis 3 Sitzungen à 1 bis 2 Stunden pro Zahn
• Vermeiden Sie den Einsatz von Utraschall- oder Luft-Abrasion bei der Dentalhygiene. • Zahnbürste und Zahnseide täglich • Nutzen Sie die vom Zahnarzt empfohlene Fluoridzahnpasta und Mundspülung. • Reduzieren Sie Ihren Zuckerkonsum und den Genuss von Süßigkeiten.	• Zahnbürste und Zahnseide täglich • Nutzen Sie die vom Zahnarzt empfohlene Fluoridzahnpasta und Mundspülung. • Reduzieren Sie Ihren Zuckerkonsum und den Genuss von Süßigkeiten.
• Sehr ästhetisch, können aber bei Verfärbung der darunter liegenden Zahnsubstanz mit der Zeit dunkler wirken	• Ermöglichen hinsichtlich Form, Farbe und Funktion die besten Resultate
5 bis 12 Jahre	5 bis 15 Jahre
550 bis 2300 Euro pro Zahn†	650 bis 2300 pro Zahn†
• Sehr guter Verbund mit dem Zahn • Weniger invasiv als Kronen • Bieten die Möglichkeit zur farblichen Veränderung der Zähne • Weniger Verfärbungen als Bonding	• Die Zahnform kann optimiert werden. • Kleine Stellungskorrekturen sind möglich. • Können vollkeramisch ausgeführt werden • Diese Option bietet die größten Veränderungsmöglichkeiten.
• Reparatur bei Frakturen schwirig • Irreversibel, wenn viel Schmelz entfernt werden muss • Verfärbungen am Übergang zwischen Veneer und Zahn möglich • Können nicht aufgehellt oder gebleicht werden	• Können brechen • Anästhesie erforderlich • Zahnform wird verändert (Schmelz wird oft vollständig entfernt). • Kronenränder können auswaschen (Sekundärkaries) • Teuer

4

ERFAHREN SIE ...

MÖGLICHKEITEN, EINEN ABGEBROCHENEN ZAHN ZU REPARIEREN

DIE **GEHEIMNISSE** SCHÖNER KRONEN

WIE MAN ZAHNFRAKTUREN VORBEUGEN KANN

Wenn Zähne brechen

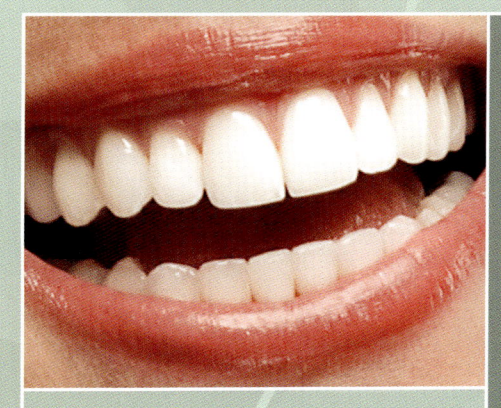

Wozu einen abgebrochenen Zahn reparieren?

Viele Menschen, die sich nicht darüber im Klaren sind, welche Folgen es haben kann, abgebrochene Zähne unversorgt zu lassen, oder die befürchten, dass die Restaurationen sich schlecht anfühlen oder unschön aussehen könnten, lassen beschädigte Zähne unbehandelt. Dieses Kapitel klärt Sie über die wichtigsten Fragen hierzu auf.

Ein gebrochener Zahn kann gerettet und so versorgt werden, dass er natürlich aussieht – oder sogar besser! Hierzu gibt es verschiedene Behandlungsmöglichkeiten. Je genauer Sie über diese Möglichkeiten informiert sind, umso eher können Sie die für Sie beste Lösung auswählen.

NICHT ALLE FRAKTUREN SIND GLEICH!

Wenn ein Zahn bricht, muss zuerst abgeklärt werden, ob die Pulpa – der lebenserhaltende Anteil des Zahnes – geschädigt worden ist. Wenn ein abgebrochener Zahn schmerzt oder sich komisch anfühlt, liegt möglicherweise die Pulpa offen. Schlussendlich entscheiden die Tiefe der Fraktur und der Grad der Pulpaschädigung darüber, welche Behandlung nötig ist.

Lächeln ABC: Was für Frakturen haben Sie?

Abplatzungen

Kleine Frakturen an den Schneidekanten der Zähne lassen sich oft einfach reparieren. Ist der abgeplatzte Zahn ausreichend lang, genügt eine Rekonturierung. Dabei können auch die Nachbarzähne für eine „gerade Optik" leicht korrigiert werden. Eine andere Möglichkeit besteht darin, mithilfe der Adhäsivtechnik ein kleines Stück anzusetzen. Kronen sollten bei solchen geringfügigen Defekten vermieden werden: Vergessen Sie nicht, dass zunächst immer eine einfache, minimalinvasive Lösung anzustreben ist.

Fraktur von Keramik-Kronen

Auch Keramik-Kronen können brechen. Achten Sie darauf, ob sich bei Ihren Metallkeramik-Kronen dunkle Ränder am Zahnfleischrand zeigen. Solche Linien weisen entweder auf eine Fraktur oder auf einen Rückgang des Zahnfleischs hin. Im Fall einer Fraktur am Zahnfleischrand kann auch der Rest der Krone geschwächt sein und weiteren Schaden nehmen. In einigen Fällen muss dann die gesamte Krone ersetzt werden. Werden kleine Frakturen und Abplatzungen früh erkannt, können sie mittels Politur oder mit etwas Komposit repariert werden.

Tiefe Frakturen

Größere Frakturen sind oft die Folge von Unfällen. In diesem Fall sollten Sie Ihren Zahnarzt so rasch wie möglich aufsuchen, auch wenn Sie keine Schmerzen haben. Dieser kann die Zähne zunächst mit Komposit schienen oder aufbauen, besonders wenn nicht sofort ersichtlich ist, ob die Pulpa Schaden genommen hat. Oft ist eine allmähliche Verfärbung des Zahnes der einzige Hinweis auf eine Schädigung der Pulpa. In solchen Fällen kann eine Wurzelbehandlung notwendig sein. Da hierbei viel natürliche Zahnsubstanz verloren gehen kann, müssen die Zähne oft überkront werden. Wenn Ihr Zahn auf Höhe des Zahnfleischs abbricht, kann Ihr Zahnarzt versuchen, durch einen chirurgischen Eingriff am Zahnfleisch ein kurzes Stück der Wurzel freizulegen, um eine Überkronung des Zahnes zu ermöglichen und ihn so zu retten.

Vertikale Wurzelfrakturen

Bei solchen Frakturen ist der Zahn meist nicht mehr zu retten und muss gezogen werden. Trotzdem sollten vor jeder Extraktion mögliche Alternativen erwogen werden. Ziel ist immer der Erhalt der intakten Zahnreihe und des einzelnen Zahnes. Ist die Extraktion unumgänglich, sollten Sie den sofortigen Ersatz des Zahnes durch ein Implantat in Erwägung ziehen.

Sofort wieder schön ... Diese 45-jährige Hausfrau brach sich ein Stück des rechten mittleren Schneidezahnes im Oberkiefer ab. Die schnellste und effektivste Reparatur ist in solchen Fällen die adhäsive Versorgung mit Komposit. Das Ergebnis besticht durch natürliche Form und natürlichen Glanz.

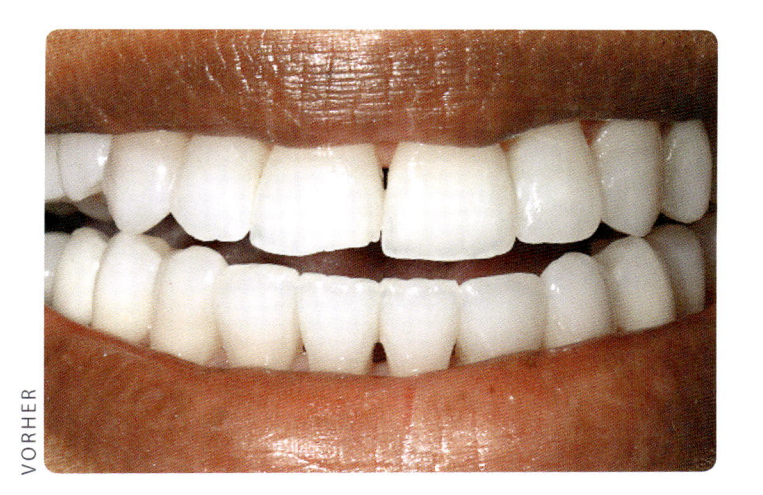

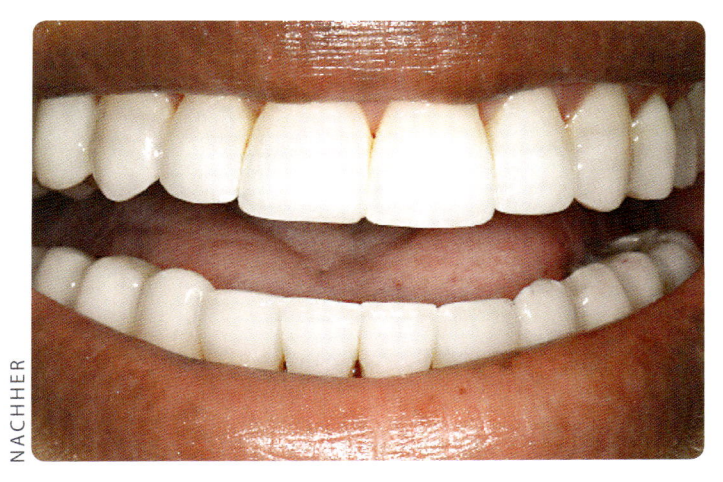

VORHER

NACHHER

Experten Tipp: Ein Quantum Prävention ...

Vergessen Sie nicht Ihren Zahnschutz!
Die meisten Unfälle mit Zahnfrakturen lassen sich nicht vorhersehen. Sport ist hier allerdings eine Ausnahme. Wenn Sie oder Ihre Kinder eine Risiko-Sportart betreiben, sollten Sie Ihren Zahnarzt nach einem Zahnschutz fragen. Ein individuell gefertigter Schutz kann das Risiko von Zahnverletzungen deutlich reduzieren.

Achten Sie auf Risse!
Bitten Sie Ihren Zahnarzt, Ihre Zähne gründlich auf feine Risse zu untersuchen (Licht, Kamera). Finden sich Risse im Bereich alter Füllungen, sollten diese ersetzt werden, wobei die Risse zur Stabilisierung in die neue Füllung einbezogen werden. Bis zu dieser Behandlung sollten Sie vermeiden, mit dem geschwächten Zahn kräftig zu kauen. Allzu häufig frakturieren Zähne mit feinen Rissen beim Beißen auf Obstkerne oder harte Nahrung.

Lösung 1: Rekonturierung

WÜNSCHEN SIE EINE EINFACHE LÖSUNG?

Eine Rekonturierung ist bei kleinen Frakturen die ideale Lösung. Eine Anästhesie ist hierzu nicht erforderlich und die betroffenen Zähne müssen nur minimal beschliffen werden – die scharfen Kanten werden einfach geglättet. Nach Abschluss der Behandlung sind eventuell kleine Korrekturen und Anpassungen nötig. Die Kosten und der zeitliche Aufwand für eine solche Behandlung sind minimal.

ist REKONTURIERUNG ETWAS FÜR MICH?

Die Rekonturierung ist eine minimalinvasive, kostengünstige Methode zur Behandlung kleiner Frakturen. Rekonturierung ist die beste Lösung für Sie,

- wenn Ihre Zähne kleine Abplatzungen oder Frakturen haben,
- wenn Sie wenig Zeit und Geld investieren wollen,
- wenn Ihre Zähne lang genug sind, um nach der Rekonturierung nicht kurz, abgenutzt oder alt zu wirken.

Lächeln ABC: Rekonturierung als „letzter Schliff"

Rekonturierungen können auch im Anschluss an andere Behandlungen zur Optimierung des Resultats durchgeführt werden. Nach einem Bonding, einer Veneer- oder einer Kronenversorgungen kann der Zahnarzt benachbarte oder einander gegenüberliegende Zähne rekonturieren, um eine harmonische Lachlinie zu erzielen. Eine Rekonturierung wird oft auch nach Abschluss einer kieferorthopädischen Behandlung durchgeführt.

Ein kleiner Schliff genügt! Diese 23-jährige Patientin hatte sich an einem Gegenstand aus Metall ein Stück Zahn abgebrochen. Sie wollte den Defekt nicht mit einem Aufbau korrigieren lassen, da sie möglichst wenig Zahnsubstanz opfern wollte und eventuelle Reparaturen befürchtete. Die beiden mittleren Schneidezähne waren ausreichend lang, weshalb beschlossen wurde, sie leicht zu rekonturieren.

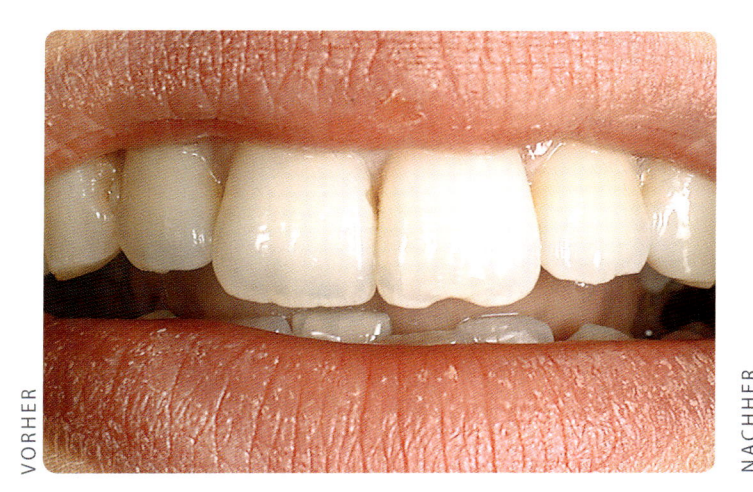

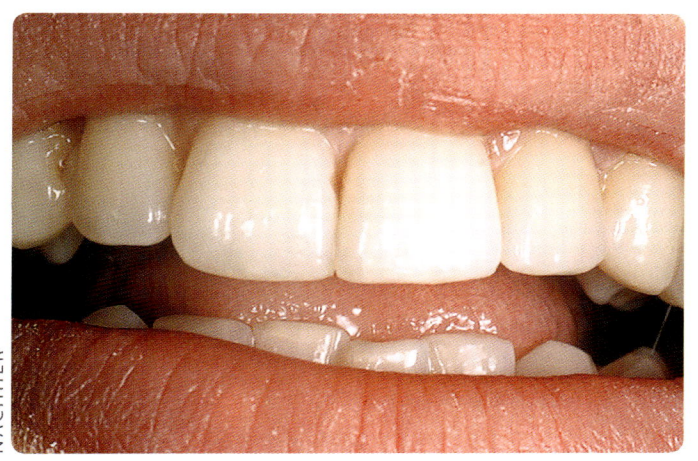

VORHER / NACHHER

WAS SIE WISSEN MÜSSEN

REKONTURIERUNG KANN IHR LACHEN ALTERN LASSEN

Bei kurzen Zähnen sind Rekonturierungen oft keine optimale Lösung. Wird ein abgeplatzter Zahn rekonturiert, müssen meistens auch die Nachbarzähne zum Ausgleich korrigiert werden. Dies führt zu einer Abflachung der Lachlinie – ähnlich wie sie sich mit zunehmendem Alter durch die natürliche Abnutzung der Zähne einstellt. Ihr Lächeln könnte älter wirken. In solchen Fällen sind Bonding oder Veneers die bessere Lösung. Warum soll man sein Lächeln unnötig älter aussehen lassen?

Lösung 2 Bonding

KANN BONDING MEIN LÄCHELN SCHÖNER MACHEN?

Früher wurden frakturierte Zähne oft gleich überkront. Mittels Bonding kann ein Zahn heute in vielen Fällen durch einfaches „Ankleben" von Komposit rekonstruiert werden. Damit wird der Zahn wieder natürlich aufgebaut, und er kann sogar besser aussehen! Die Behandlung ist außerdem im Verhältnis zu Kronen und Veneers kostengünstig und kann in einer Sitzung (maximal eine Stunde pro Zahn) durchgeführt werden.

> Wie wird's gemacht?
> Siehe Seite 217.

ist BONDING ETWAS FÜR MICH?

Bonding ist die Behandlung der Wahl, wenn durch den Aufbau des Zahnes die Lachlinie nicht beeinträchtigt wird. Der Nachteil dieser Methode ist, dass alle fünf bis acht Jahre das Bonding wegen Verfärbungen oder Abplatzungen erneuert werden muss. Wenn Ihre Zähne intakt sind, werden zukünftige Bonding-Materialien einen noch dauerhafteren und widerstandsfähigeren Aufbau ermöglichen. Sind Ihre Zähne einmal für eine Krone beschliffen worden, entfällt diese Option. Bonding ist die beste Lösung für Sie, wenn

- die Fraktur zu groß ist oder die Zähne für eine Rekonturierung zu kurz sind,
- eine komplexe Fraktur (Unfall) schnell versorgt werden muss,
- Sie den Zeit- und Geldaufwand sowie den Verlust gesunder Zahnsubstanz, den eine Kronenversorgung erfordern würde, vermeiden wollen.

Behalten Sie Ihr jugendliches Lachen! Dieses 18-jährige Model hatte sich den rechten mittleren Schneidezahn abgebrochen. In solchen Fällen gibt es zwei Alternativen: den Nachbarzahn rekonturieren (kürzen) oder den beschädigten Zahn mit Bonding aufbauen. Eine Kürzung des längeren Zahnes hätte in diesem Fall das jugendliche Erscheinungsbild negativ beeinflusst. Ein Komposit-Aufbau ermöglichte die Wiederherstellung dieses jugendlichen Lachens.

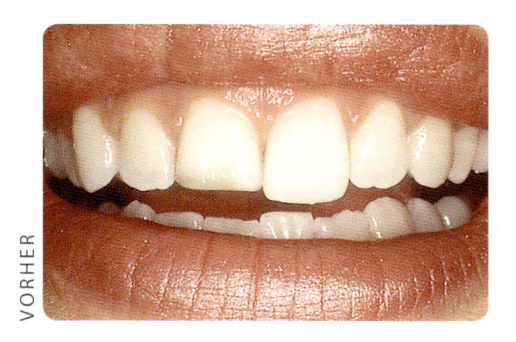

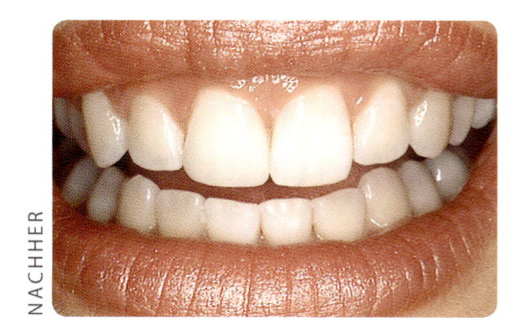

VORHER NACHHER

Bitte einfach! Bei einem Badeunfall hatte sich diese 17-jährige Studentin ihre beiden mittleren Schneidezähne abgebrochen. Die Zähne waren empfindlich, die Nerven aber intakt. Mithilfe von Komposit konnten die beiden Zähne ohne Anästhesie aufgebaut werden. Innerhalb der nächsten fünf Jahre wurden die Komposit-Aufbauten einmal erneuert, anderweitige Behandlungen waren nicht erforderlich.

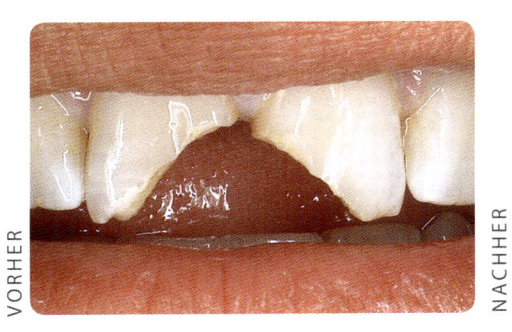

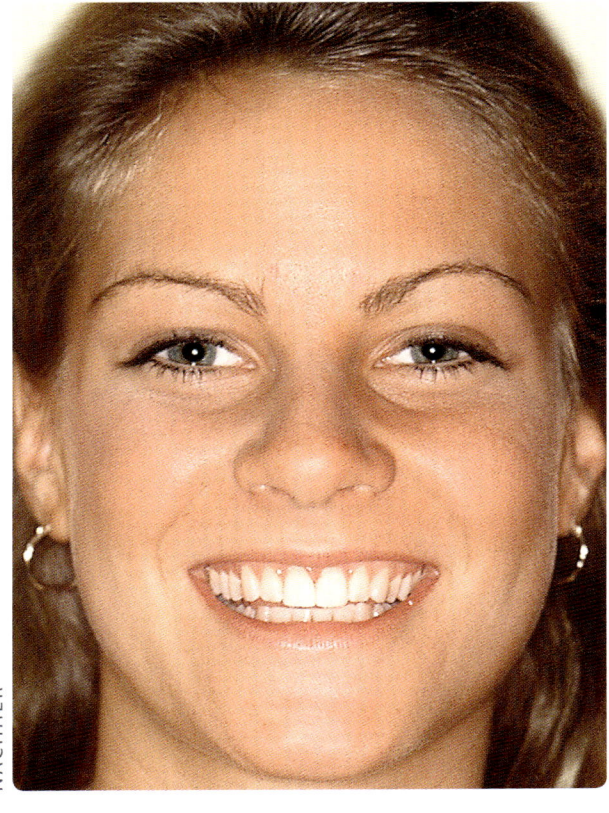

VORHER

NACHHER

Lächeln ABC Bonding: eine schonende Option

Das Schöne am Bonding ist, dass für den Aufbau der Zähne keine invasive Präparation oder Reduktion der Zahnsubstanz nötig ist. Aus diesem Grund wird Bonding oft zur ästhetischen Korrektur von Zähnen eingesetzt.

WAS SIE WISSEN MÜSSEN

BONDING KANN IHRE ZÄHNE RETTEN

Bonding kann auch bei komplexen Frakturen (Unfall) eingesetzt werden. Durch die medikamentöse Abdeckung eines eventuell offenliegenden Nervs und die Versiegelung bzw. den Aufbau mit Bonding kann nicht nur der Zahn rekonstruiert, sondern auch die Vitalität der Pulpa erhalten werden. Diese Technik sollte einer Überkronung, wann immer möglich, vorgezogen werden – vor allem an den Frontzähnen.

Lösung 3 Keramik-Veneers

UND WIE STEHT'S MIT VENEERS?

Auch wenn der Aufbau mit Komposit kostengünstiger ist als eine Veneer-Versorgung, sollte neben einem bereits mit Keramik versorgten Zahn wieder Keramik zum Einsatz kommen. Die Verwendung desselben Materials ermöglicht eine bessere optische Anpassung. Veneers oder Kronen aus Keramik sind auch bei der gleichzeitigen Versorgung mehrerer Zähne von Vorteil.

> Wie wird's gemacht?
> *Siehe Seiten 218–219.*

Schöne Zähne mit Keramik-Veneers ... Bei einem Autounfall brachen mehrere Zähen dieses 21-jährigen Studenten ab. Die provisorische Notfallversorgung mit Komposit wurde zur Überwachung der Vitalität der Frontzähne für ein Jahr belassen. Dann wurden die unteren Zähne gebleicht und anschließend im Oberkiefer die Kompositaufbauten gegen die hier abgebildeten Keramik-Veneers ausgetauscht. Eine Nachtschiene hilft dabei, die Versorgung vor Schäden durch nächtliches Knirschen und Pressen zu schützen.

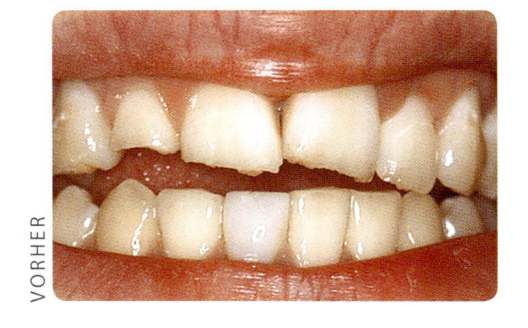

VORHER

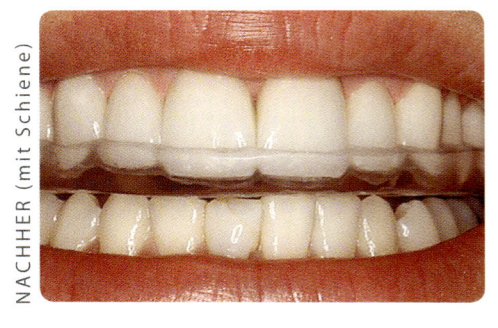

NACHHER (mit Schiene)

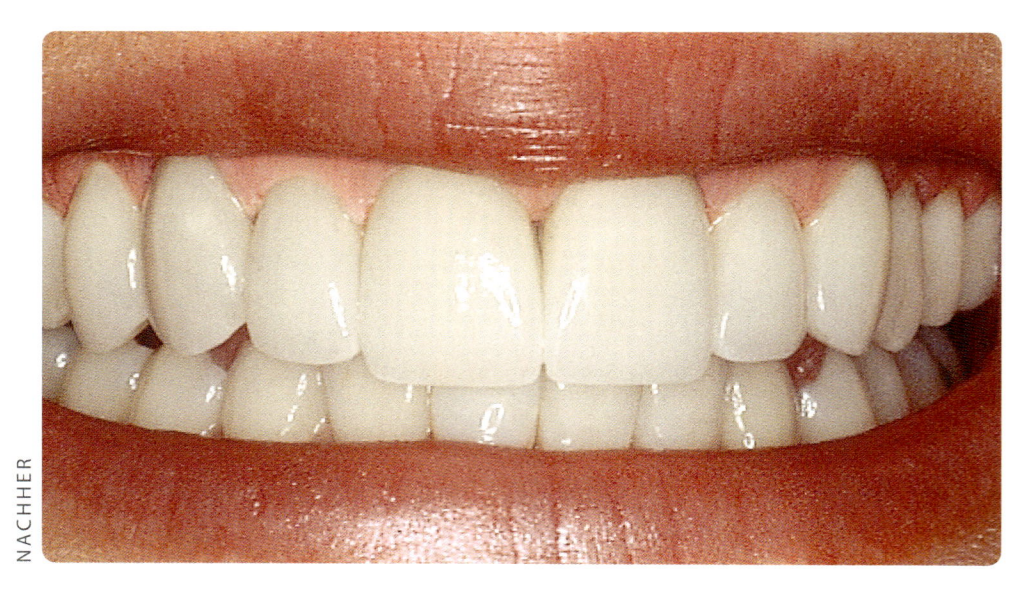

NACHHER

Lösung 4 Kronen sind

KRONEN ETWAS FÜR MICH?

Kronen stellen eine ästhetische Lösung dar, wenn nach der Fraktur zu wenig Zahnsubstanz erhalten bleibt. Kronen sind die beste Lösung für Sie, wenn Sie

- zu viel Zahnsubstanz verloren haben, als dass eine Rekonturierung oder ein Bonding möglich wären,
- bereit sind, mehr Zeit und Geld zu investieren,
- eine ästhetische Korrektur von Form und Farbe wünschen.

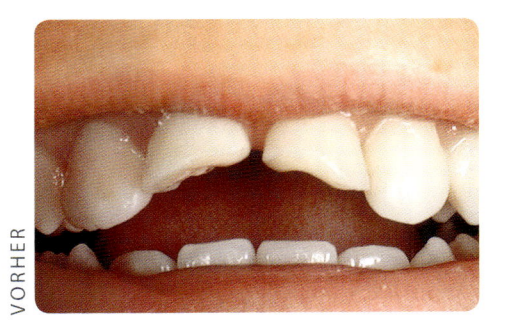

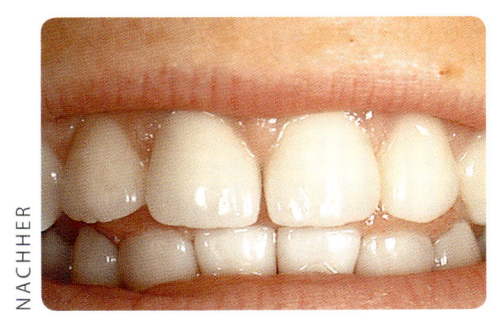

Setzen Sie Ihre Zähne nicht auf's Spiel! Dieses 12-jährige Mädchen wurde zwecks Extraktion der beiden abgebrochenen Schneidezähne zu einem Chirurgen überwiesen. Glücklicherweise hielt dieser es für besser, die Zähne zu erhalten. Zwei Metallstifte wurden eingesetzt und die Zähne überkront. Auch tief frakturierte Zähne können gerettet werden. – Ein Versuch lohnt sich in jedem Fall!

Können Kronen natürlich aussehen? ... Nach einer tiefen Fraktur mussten bei dieser 19-jährigen Patientin die Nerven entfernt werden. Stifte wurden eingesetzt und beide Zähne überkront. Beachten Sie die natürliche Erscheinung und die gute Anpassung an die natürlichen Nachbarzähne.

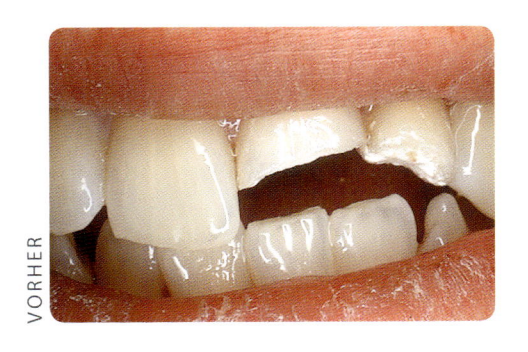

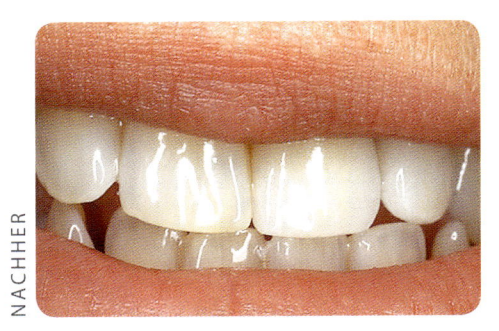

WANN IST EINE KRONE DIE BESTE LÖSUNG?

Ist Ihr Frontzahn so tief abgebrochen, dass nur wenig Zahnstruktur übrig bleibt, ist eine Krone meist die beste Lösung. Auch bei frakturierten Seitenzähnen bieten sich Kronen an. Die Versorgung sollte sofort erfolgen, vor allem wenn die Pulpa frei liegt und der Nerv ungeschützt ist.

> Wie wird's gemacht?
> *Siehe Seiten 220–225.*

WELCHE LÖSUNG IST DIE BESTE FÜR SIE?

	REKONTRURIERUNG	BONDING
BEHANDLUNGSZEIT	15 bis 60 Minuten	1 Stunde pro Zahn
ERHALTUNG UND PFLEGE	Zahnbürste und Zahnseide täglich	• Professionelle Zahnreinigung 3- bis 4-mal pro Jahr • Beißen auf Eis und harte Gegenstände vermeiden, Vorsicht bei der Pflege der Zahnzwischenräume • Eventuelle „Reparaturen" führt Ihr Zahnarzt durch. • Fluoridierung einmal pro Jahr
ERGEBNIS	Zähnen können sofort gerader aussehen	Die meisten Frakturen und Abplatzungen lassen sich einfach behandeln.
LEBENSDAUER DER BEHANDLUNG*	Unbegrenzt	5 bis 8 Jahre, mit Polituren durch Ihren Zahnarzt im Abstand von einigen Jahren
KOSTEN†	100 bis 1600 Euro pro Kiefer	200 bis 1000 Euro pro Zahn
VORTEILE	• Keine Anästhesie nötig • Permanentes Ergebnis • Kein Nachsorge • Schonendste Lösung • Schnellste Methode	• Schmerzlos • Ergebnis nach 1 Sitzung • Keine oder geringe Präparation des Zahnes • Normalerweise keine Anästhesie • Günstiger als Veneers oder Kronen
NACHTEILE	• Zu starke Reduktion kann die Lachlinie negativ beeinträchtigen • Ihre Bisssituation kann den Umfang der Arbeit einschränken. • In seltenen Fällen können Empfindlichkeiten entstehen.	• Kann sich verfärben oder brechen • Hat eine begrenzte „ästhetische Lebensdauer" • Bei größeren Frakturen nicht geeignet

*Die Schätzungen beruhen auf den Erfahrungen des Autors, den Ergebnissen dreier an Universitäten durchgeführter Studien sowie Versicherungsstatistiken. Abhängig von verschiedenen Faktoren, die weder Sie noch Ihr Zahnarzt beeinflussen können, ist eine Abweichung von diesen Werten in Ihrem Fall möglich.

†Die Behandlungskosten können je nach Land, Zahnarzt (Erfahrung, Technik, Geschick), Art und Schweregrad der Behandlung (Probleme, Erwartungen, Anamnese usw.) abweichen.

‡Ästhetische Provisorien kosten in der Regel extra.

KERAMIK-VENEERS	KRONEN
2 Sitzungen; 1 Stunde oder länger pro Zahn	2 Behandlungssitzungen à 1 bis 4 Stunden bei maximal 4 Zähnen (größerer Zeitbedarf bei größeren Arbeiten, ästhetischen Provisorien usw.)
• Professionelle Zahnreinigung 3- bis 4-mal pro Jahr • Vermeiden Sie den Einsatz von Utraschall- oder Luft-Abrasion bei der Dentalhygiene. • Vorsicht beim Kauen harter Nahrungsmittel! Vermeiden Sie eine übermäßige Belastung der Veneers. • Fluoridierung einmal pro Jahr	• Beißen auf Eis und harte Gegenstände vermeiden • Fluoridierung einmal pro Jahr • Zahnbürste und Zahnseide täglich • Achten Sie auf Ihre Zahnputztechnik, um eine Freilegung des Kronenrandes durch Rückgang des Zahnfleischs zu vermeiden.
Frakturierte Zähne können versorgt und ästhetisch optimiert werden.	Tief frakturierte Zähne können behandelt und in die gewünschte Form, Farbe und Stellung gebracht werden.
5 bis 12 Jahre	5 bis 15 Jahre (hängt ab von Frakturen, Zahnfleischproblemen und Karies)
600 bis 2300 Euro pro Zahn[‡]	Ungefähr 600 bis 2300 Euro pro Zahn[‡]; bei individuellen Farbanpassungen in der Front eventuell teurer
• Geringere Frakturgefahr als Bonding • Optimaler Halt, wenn auf Schmelz geklebt • Minimale Verfärbung, Glanz bleibt dauerhaft erhalten • Zahnfleisch verträgt Keramik sehr gut • Können das ganze Lächeln verändern	• Zahnarzt kann den frakturierten Zahn reparieren • Zahnfarbe „frei wählbar" • Kleine Stellungs- und Formkorrekturen möglich
• Teurer als Bonding • Reparatur bei Frakturen schwierig • Irreversibel, wenn zu viel Schmelz abgetragen wird • Je nach Präparation der Zähne sind Verfärbungen zwischen den Zähnen möglich. • Meist Anästhesie erforderlich	• Können frakturieren • Anästhesie erforderlich • Zahnform wird verändert (Schmelz wird oft vollständig entfernt) • Kronenränder können bei Zahnfleischrückgang sichtbar werden • Viel teurer als Bonding

5

ERFAHREN SIE ...

WIE EIN LÜCKENSCHLUSS ALLES VERÄNDERN KANN

WARUM BRACKETS NICHT NUR ETWAS FÜR KINDER SIND

WANN KRONEN DIE BESTE LÖSUNG SIND

Vorsicht, Lücke!

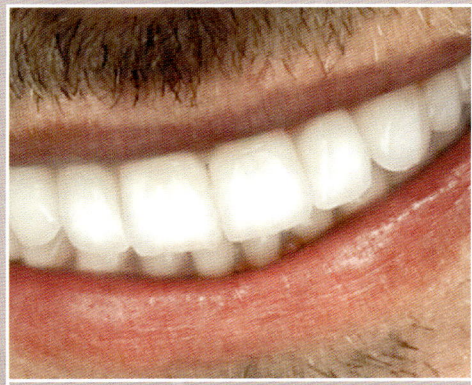

Schließen Sie Lücken zwischen Ihren Zähnen für ein perfektes Lächeln.

Vielen ist der Einfluss von Lücken zwischen den Frontzähnen auf die Gesamterscheinung eines Menschen nicht bewusst. Als Beispiel die Geschichte eines 40-jährigen Patienten, bei dem eine Lücke geschlossen worden war: Eine Woche nach der Eingliederung seiner neuen Kronen erzählte er: „Ein paar Freunde fragten mich, ob ich eine neue Frisur hätte. Andere dachten, ich hätte mir mein Gesicht liften lassen! Niemand bemerkte, dass die Lücke zwischen meinen Frontzähnen weg war." Solche Geschichten spielen sich immer wieder ab. Warum? Weil man zunächst nicht auf Lücken zwischen den Zähnen achtet, sondern auf das Gesicht als Ganzes.

Wenn Sie eine unschöne Lücke haben und man Ihnen gesagt hat, dass diese nur durch mehrere Jahre Kieferorthopädie korrigiert werden könne, dann ist dieses Kapitel für Sie. Außer durch Kieferorthopädie kann eine Lücke auch mit Bonding, Keramik-Veneers oder Vollkeramik-Kronen geschlossen werden. Aber seien Sie nicht überrascht, wenn niemand darauf kommt, was sich an Ihnen verändert hat. Freuen Sie sich einfach auf Bemerkungen wie: „Du siehst toll aus!"

WOHER KOMMEN LÜCKEN?

Lücken zwischen den Zähnen sind oft angeboren. Sie können aber auch durch Angewohnheiten wie Zungenpressen oder durch eine unnormale Zungen- und Schluckmotorik entstehen. Der Verlust von Knochen unter dem Zahnfleisch kann ebenso zu Lücken führen, wie der Verlust von Backenzähnen, der oft eine stärkere Kaubelastung der Frontzähne bedeutet. Die Behandlung einer Lücke hängt stark von deren Ursache ab.

VORSICHT, LÜCKE!

Lächeln ABC: Dreimal Lückenschluss

Es gibt viele Möglichkeiten, unschöne Lücken zu schließen. Die Methode wird je nach Art, Größe und Ort der Lücke sowie nach dem Zustand der angrenzenden Zähne gewählt. Die Kosten spielen dabei eine ebenso wichtige Rolle wie Ihre persönlichen Wünsche. Der Lückenschluss wird normalerweise mit einer der drei folgenden Möglichkeiten herbeigeführt:

- Stellungskorrektur der Zähne durch Kieferorthopädie. Bei gesunden Zähnen ist diese Methode ideal, da keine Zahnsubstanz geopfert werden muss. Einige Alternativen, wie z. B. Kronen, sind wesentlich invasiver und sollten in diesem Fall vermieden werden.

- Rekonstruktion der Zähne mit Bonding, Veneers und Kronen. Patienten wollen oft ein Sofortergebnis. In solchen Fällen sind Bonding oder dünne Keramikschalen eine Lösung. In anderen Fällen ist eine Kombination verschiedener Optionen sinnvoll.

- Extraktion der Zähne und Ersatz durch Brücke oder Implantat. Die Extraktion von Zähnen ist der letzte Ausweg und wird in diesem Kapitel nicht behandelt. Im nächsten Kapitel finden Sie mehr Informationen zum Ersatz fehlender Zähne.

Nach der Lektüre dieses Kapitels werden Sie mit Ihrem Zahnarzt besser über die Wahl einer dieser Optionen diskutieren können. Denken Sie daran, dass die Behandlung einerseits den Lückenschluss zum Ziel hat, andererseits aber möglichst viel gesunde Zahnsubstanz erhalten soll.

Experten Tipp: Eins nach dem anderen!

Sind Ihre Lücken durch eine Entzündung von Zahnfleisch und Knochen verursacht worden, muss dieses Problem zuerst behandelt werden.

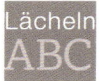

Suchen Sie eine temporäre Lösung für Ihr Lächeln?

Eine dünne Kunststoffschiene, die einfach auf die Zähne gesetzt wird, kann als temporäre Lösung dienen. Sie schnappt über die Zähne und wird durch Spannung in Position gehalten. Solche Provisorien wurden vor der Einführung des Bondings häufig eingesetzt. Sie waren bei Models, Schauspielern und anderen Leuten sehr beliebt, die ihre Lücken nur für bestimmte Anlässe verstecken wollten.

Aus der Distanz sehen solche Lösungen gut aus, nicht aber aus der Nähe. Um die Zähne nicht bauchig erscheinen zu lassen, werden die Schienen so dünn wie möglich gestaltet und sind entsprechend fragil. Außerdem verfärben sie sich relativ rasch und man kann nur sehr schlecht mit ihnen kauen.

In bestimmten Fällen sind solche Provisorien trotzdem eine denkbare Alternative. Sie sind kostengünstig und für den Einsatz bei einem Fotoshooting gut geeignet. Wenn Sie zu einem speziellen Anlass oder auch nur aus Neugier Ihr neues Lächeln Probe tragen wollen, fragen Sie Ihren Zahnarzt nach einer abnehmbaren Kunststoffschiene.

Ein Lächeln für den besonderen Anlass ... Diese 52-jährige Patientin wollte ihre Lücken für spezielle Anlässe (z. B. Fotografien) schließen können, ohne die Zähne weiter behandeln zu lassen.

Die Patientin erhielt eine passende Kunststoffschiene und damit ein sofortiges Ergebnis, ohne gesunde Zahnsubstanz opfern zu müssen. Diese Methode hält alle Möglichkeiten für eine spätere Korrektur offen. Nachteilig ist, dass die Schiene sehr dünn ist, leicht bricht und sich rasch verfärbt.

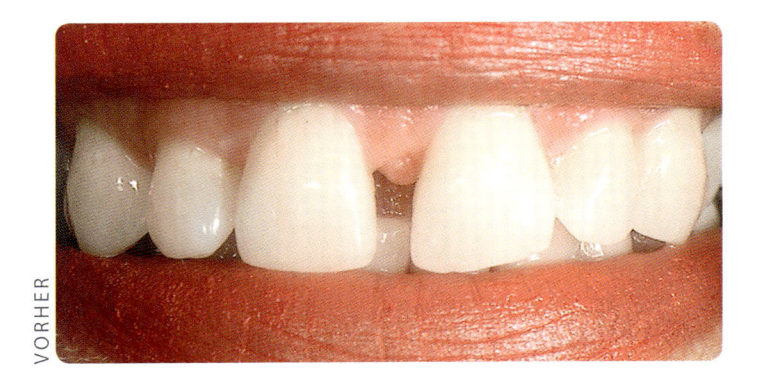

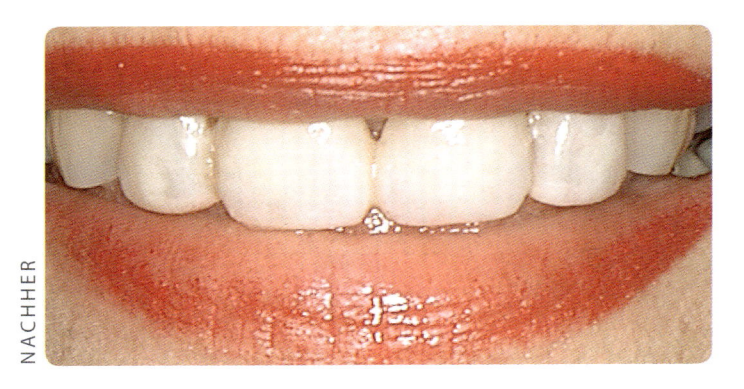

Lösung 1 Orthodontie

AUCH ERWACHSENE TRAGEN SPANGEN!

Heute tragen nicht nur Kinder Brackets. Inzwischen sind mehr als 20 % der Patienten in kieferorthopädischer Behandlung Erwachsene. Die Behandlung erfolgt in manchen Fällen mit herausnehmbaren Apparaten oder Retainern. In anderen kommen Brackets zum Einsatz, die heute nicht mehr aus Metall bestehen müssen, sondern zahnfarben sein können. Einige Patienten entscheiden sich auch für Systeme mit durchsichtigen Schienen (z. B. Invisalign) oder Brackes, die von innen auf die Zähne geklebt werden.

> Wie wird's gemacht?
> Siehe Seite 231.

ist ORTHODONTIE ETWAS FÜR MICH?

Orthodontie ist eine nachhaltige Methode um Lücken langfristig zu schließen. Neue „unsichtbare" Methoden haben der Orthodontie ihren Schrecken etwas genommen. Allerdings dauert eine orthodontische Behandlung gewöhnlich länger als jede andere Option. Orthodontie ist die beste Lösung für Sie, wenn Sie

- eine nichtinvasive, nachhaltige Lösung suchen,
- bereit sind, die nötige Zeit zu investieren,
- für die Dauer der Behandlung ästhetische Kompromisse eingehen können,
- einen Retainer (evtl. Nachtschiene) für unbestimmte Zeit zu tragen bereit sind,
- ansonsten gesunde und schöne Zähne haben.

Experten Tipp: Sie müssen nicht warten!

Eine Kompromisslösung besteht darin, die Zähne in wenigen Monaten in eine günstigere (evtl. nicht ideale) Position zu bewegen und mit Bonding oder Veneers versorgen. So lassen sich außerdem bessere Proportionen erreichen als ohne Stellungskorrektur.

WAS SIE
WISSEN MÜSSEN

ORTHODONTIE IST IDEAL

Langfristig ist eine orthodontische Behandlung für die meisten Patienten die beste Lösung. Selbst wenn Kronen geplant sind, ist es ratsam, die Zahnstellung vorher zu optimieren. Wenngleich eine orthodontische Behandlung viele Kontrollen und Anpassungen erfordert – in der Regel dauert sie sechs Monate bis zwei Jahre – hat diese Art der Behandlung den Vorteil, dass die Zähne intakt bleiben und das Ergebnis beständig ist (auch wenn in den meisten Fällen ein Retainer zur Fixierung des Behandlungsergebnisses getragen werden muss). Bonding, Keramik-Veneers oder Kronen andererseits bedürfen regelmäßiger Kontrollen oder Reparaturen.

Keine Kinder-Zahnspange ... Dieser Mitarbeiter eines Fernsehsenders hatte eine große Lücke zwischen den mittleren oberen Schneidezähnen. Da solche Lücken auf Fernsehbildern besonders deutlich erscheinen, hatte der Patient den Wunsch, die Lücke zu schließen. Außerdem waren die Zähne nicht korrekt ausgerichtet: Die Mittellinie war verschoben. Mithilfe durchsichtiger Brackets wurde eine Spange nahezu unsichtbar an den Zähnen befestigt. Die Fernsehzuschauer bemerkten nichts! Nach etwa 18 Monaten war die Behandlung abgeschlossen. Um die neue Zahnstellung zu stabilisieren, wurden die Zähne durch Bonding mit Komposit miteinander verbunden. Die leichte Verschiebung der Mittellinie fällt nun kaum noch auf. Die orthodontische Korrektur verbesserte nicht nur das Aussehen dieses Patienten, sondern auch seine Bisssituation.

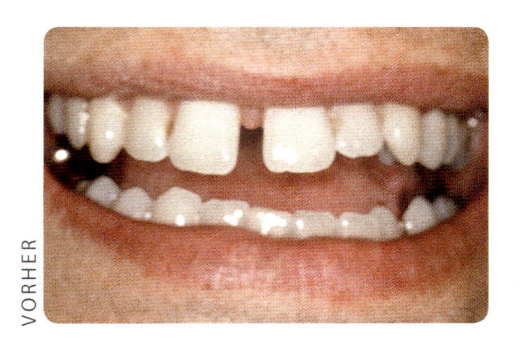

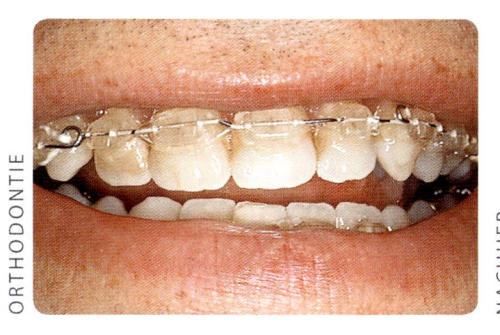

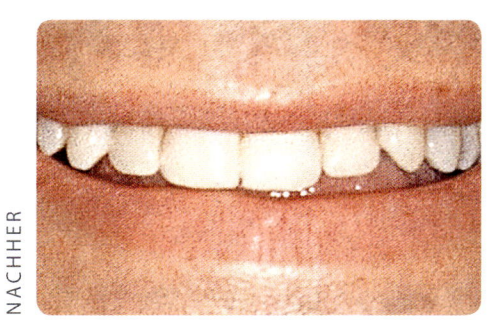

VORHER | ORTHODONTIE | NACHHER

Lösung 2 Bonding

WIE FUNKTIONIERT BONDING?

Komposit, ein Kunststoffmaterial, wird zum Aufbau auf die geätzte Schmelzoberfläche geklebt. Bonding kann auch zum provisorischen Lückenschluss vor einer Kronenversorgung verwendet werden. Die Behandlung lässt sich ohne Anästhesie in einer Sitzung durchführen.

> Wie wird's gemacht?
> *Siehe Seite 217.*

Einfache Lösungen mit großer Wirkung ... Dieser 29-jährige Verkaufsberater hatte einen unteren Schneidezahn verloren. Die übrigen Zähne verschoben sich, und die entstehenden Lücken störten ihn. Auch die oberen Zähne waren unregelmäßig und abgeplatzt.

In einer Behandlungssitzung konnte mittels Bonding und Rekonturierung der unteren und oberen Frontzähne ein ansprechendes Resultat erzielt werden. Auch wenn nur drei Frontzähne vorhanden sind, ist der Eindruck harmonisch und ausgewogen. Sein neues Lächeln half dem Patienten bei der Suche nach einer besseren Anstellung. Untersuchungen haben gezeigt, dass selbstbewusste Menschen erfolgreicher durchs Leben gehen.

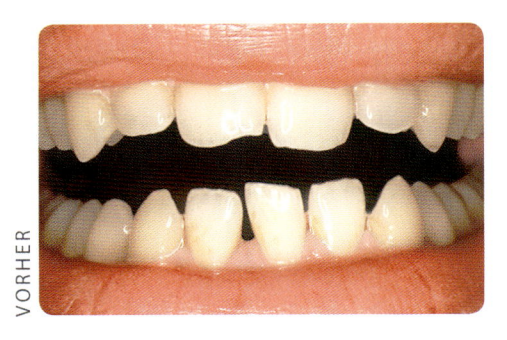

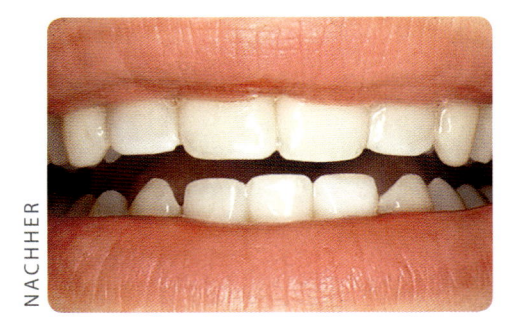

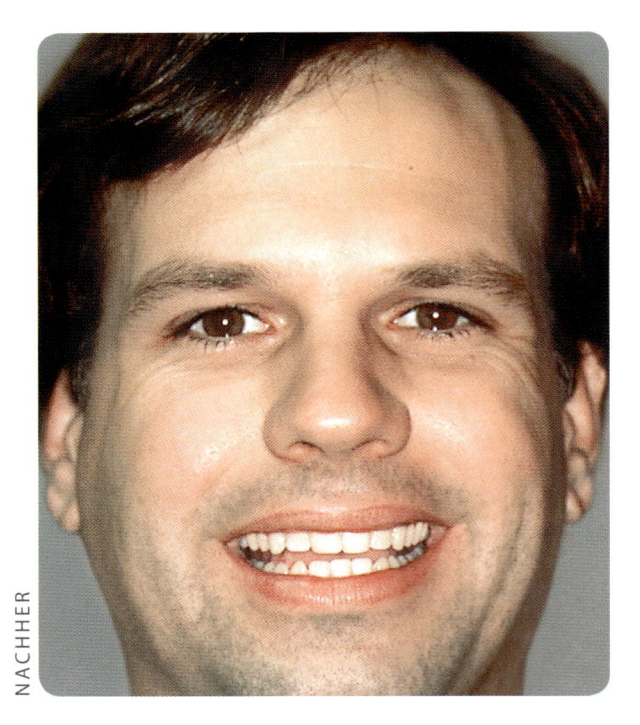

VORHER

NACHHER

NACHHER

ist BONDING ETWAS FÜR MICH?

In den letzten Jahren hat sich Bonding zur Versorgung von Lücken bewährt. Bonding ist die beste Lösung für Sie, wenn Sie

- sofort ein Ergebnis möchten,
- eine günstige Alternative zu Veneers oder Kronen suchen,
- weitere ästhetische Probleme haben, die sich mit Bonding lösen lassen,
- eine reversible Lösung bevorzugen.

> **Experten Tipp: Lücken und mehr!**
>
> Wenn Sie sich Lücken schließen lassen, vergessen Sie nicht rotierte oder schräge Zähne. Diese und auch verfärbte Zähne können mit Bonding aufgehellt bzw. optisch korrigiert werden.

Bonding für ein neues Lächeln ...

Diese Journalistin hatte große Lücken zwischen den vorstehend wirkenden Frontzähnen. Dadurch entstand eine umgekehrte Lachlinie: Die Spitzen der Eckzähne lagen tiefer als die der mittleren Schneidezähne. Die einzelnen Zähne hatten unterschiedliche Farben, einige waren stark gelblich verfärbt. Außerdem überlappte der obere rechte Eckzahn den hinter ihm stehenden Zahn.

Zum Lückenschluss und zur Aufhellung wurde an allen Frontzähnen ein Bonding durchgeführt. Eine Verlängerung der Zähne führte zu einer Korrektur der Lachlinie. Mittels Rekonturierung wurde ein harmonischer Gesamteindruck erreicht. Die gesamte Behandlung konnte in einer Sitzung abgeschlossen werden.

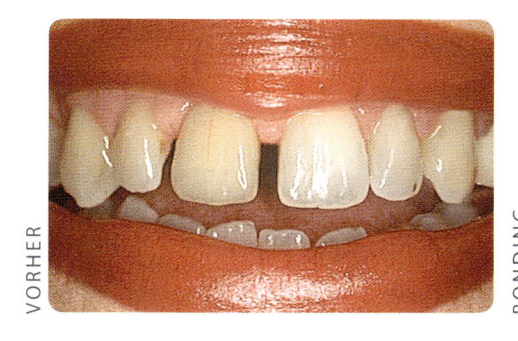

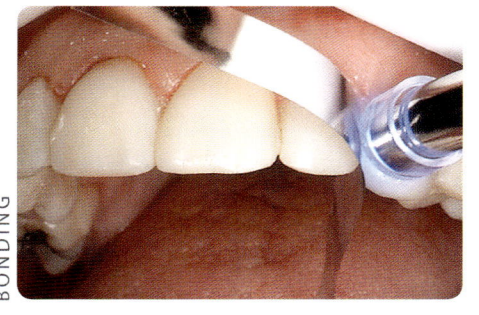

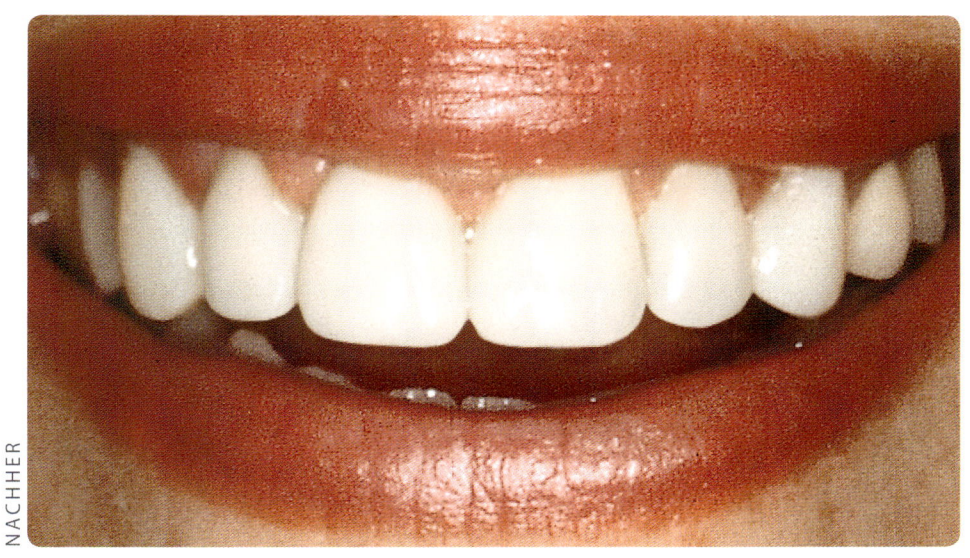

Eine Vorschau auf Ihr neues Lächeln ... Diese 28-jährige attraktive Zahnärztin störte sich an den Lücken zwischen ihren Frontzähnen. Ein Wax-up zeigte ihr vorab, wie ihr Lächeln nach dem Bonding aussehen würde. Mithilfe von Kompositversorgungen konnte in einer einzigen Behandlungssitzung ein ganz neues Lächeln kreiert werden, mit dem diese Zahnärztin nun andere zu einem neuen Lächeln inspiriert.

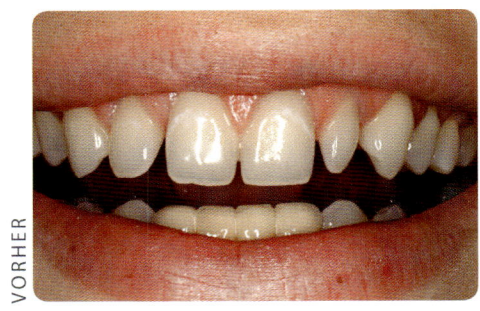

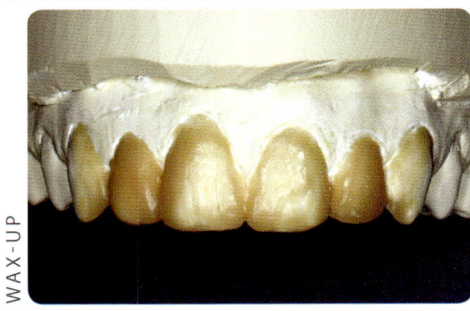

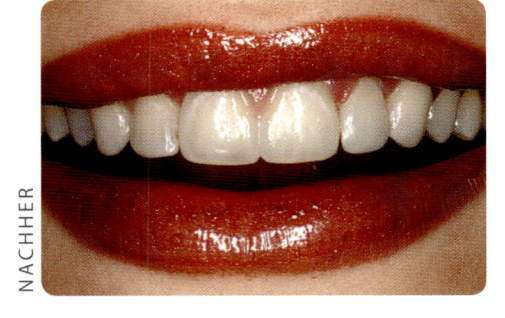

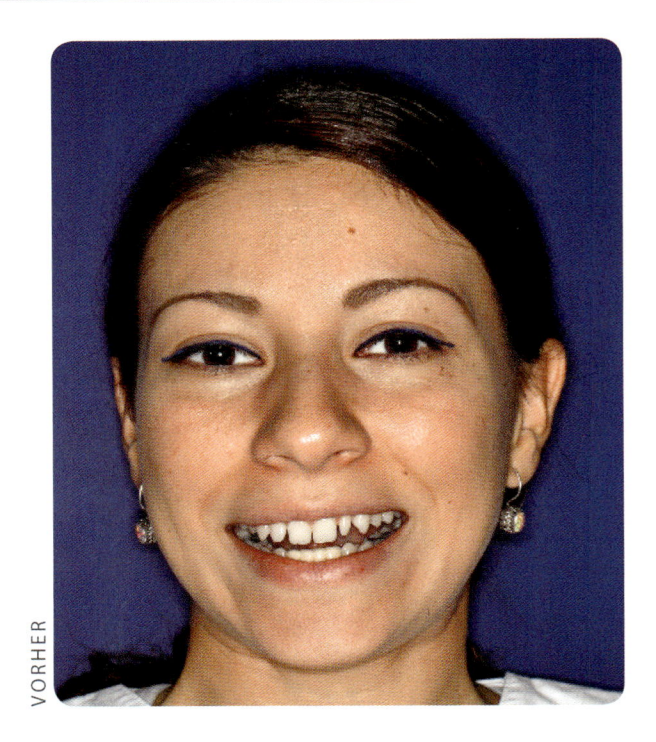

VORHER

NACHHER

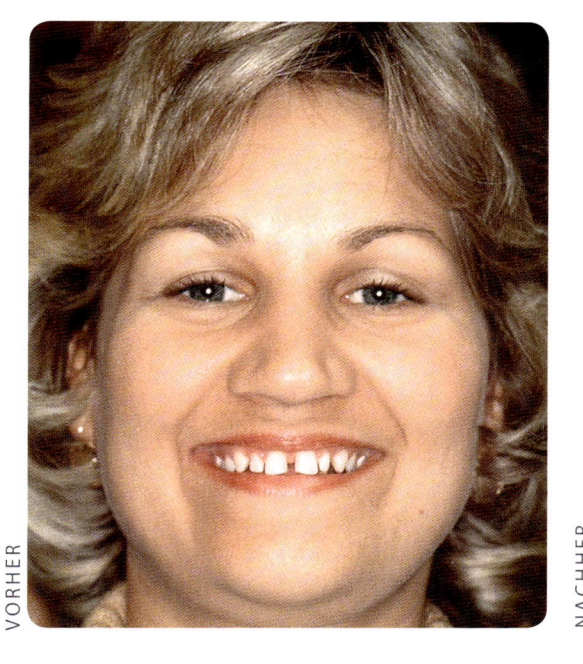

Kleine Zähne – große Lücken ... Auch wenn man die Lücken dieser Patientin mithilfe einer orthodontischen Behandlung hätte schließen können, wäre ein zufriedenstellendes Ergebnis damit nicht zu erreichen gewesen, denn die Zähne waren im Verhältnis zum Gesicht zu klein. In einer Sitzung wurden mittels Bonding die Lücken geschlossen und die Proportionen der Zähne verbessert. Bonding kann bei Lücken und kleinen Zähnen die ideale Lösung sein. Um ein harmonisches Ergebnis zu erreichen, müssen bei der Behandlung jedoch oft auch Zähne einbezogen werden, die nicht unmittelbar an die Lücken grenzen. Andernfalls könnten die Zähne zu bauchig wirken. Dieser Effekt kann durch eine leichte Verlängerung der Zähne und eine Korrektur der Kanten zusätzlich reduziert werden.

Lächeln ABC Gibt es eine Vorschau auf mein Lächeln?

Mithilfe einer Computer-Simulation kann Ihr Zahnarzt Ihnen einen Eindruck des möglichen Ergebnisses vermitteln. Ist Ihnen das Computerbild nicht aussagekräftig genug, kann Ihr Zahnarzt mit zahnfarbenem Wachs auf einem Gipsmodell eine „Vorschau" aufbauen. Ein solches „Mock-up" vermittelt Ihnen eine gute Vorstellung von dem zu erwartenden Endergebnis, auch wenn ein Aufbau mit Wachs wegen der unterschiedlichen Lichtreflexion der Materialien etwas anders wirkt als das Bonding. Ihr Zahnarzt kann das Mock-up auch direkt auf Ihren Zähnen mit temporär befestigtem Kunststoff durchführen, was Ihnen erlaubt, Ihr neues Lächeln auszuprobieren.

WAS SIE WISSEN MÜSSEN

BONDING NUR FÜR GESUNDE ZÄHNE

Zahnfleischentzündungen oder Lockerungen der Zähne im Knochen müssen behandelt werden, bevor die Zähne mit Bonding aufgebaut werden können. Eine Ausnahme von dieser Regel kann Ihr Zahnarzt dann machen, wenn gelockerte Zähne zur Stabilisierung mit einander verbunden werden müssen.

was erwartet Sie

BONDING BRAUCHT PFLEGE

Bonding kann sowohl an den oberen als auch an den unteren Zähnen erfolgreich eingesetzt werden. Zähne mit Bonding sind aber anfälliger für Abplatzungen, Frakturen und Verfärbungen. Vor allem die Frontzähne im Unterkiefer, die beim Kauen besonders beansprucht werden, sind gefährdet. Das bedeutet, dass gelegentliche Reparaturen an mit Bonding versorgten Zähnen zur normalen Nachsorge gehören. Außerdem ist eine professionelle Zahnreinigung drei- bis viermal pro Jahr erforderlich. Auch bei guter Pflege müssen Bondings alle fünf bis acht Jahre erneuert werden.

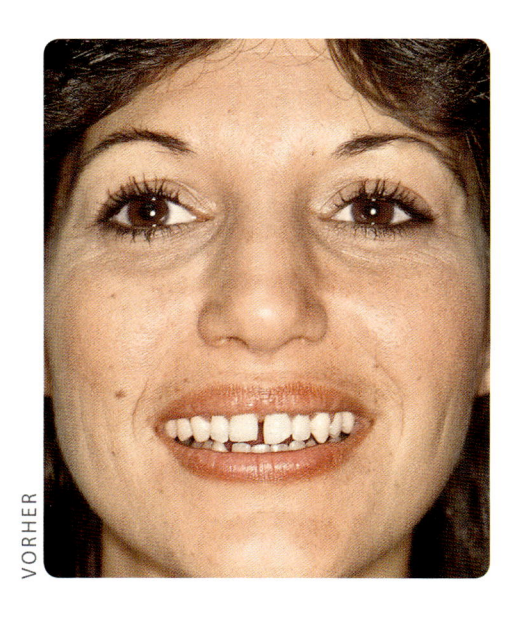

Ideale Ergebnisse mit Kombibehandlung ... Diese 33-jährige Kosmetikerin störten ihre vorstehenden, lückigen Fronzähne. Eine orthodontische Behandlung mit Kuntsstoff-Brackets führte zum Lückenschluss. Auch wenn das Lächeln damit bereits natürlicher aussah, konnten eine Rekonturierung und Bonding das Ergebnis zusätzlich verbessern. Das beste Aussehen ist oft durch eine Kombination verschiedener Behandlungen zu erreichen.

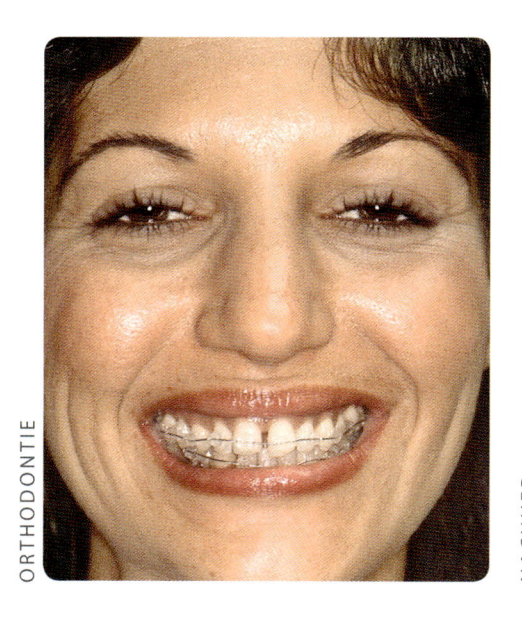

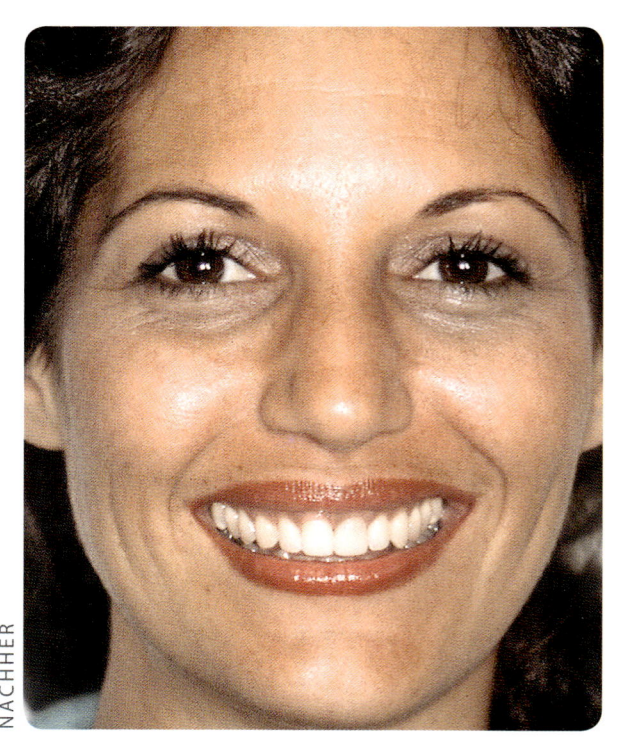

Lösung 3 Keramik-Veneers sind

KERAMIK VENEERS ETWAS FÜR MICH?

Keramik-Veneers bieten ein ästhetisch besseres Ergebnis als Bonding. Keramik-Veneers sind die beste Lösung für Sie,

- wenn Ästhetik Ihnen wichtiger ist als der Preis,
- wenn Sie mit dem notwendigen Beschleifen der Zähne einverstanden sind,
- wenn Sie einerseits die Frakturgefahr bei Bonding und andererseits die Mehrkosten und die höhere Invasivität bei Kronen vermeiden wollen.

Mehr als nur ein neues Lächeln ... Diese 22-jährige Kellnerin genierte sich zu lachen und war dadurch sozial und in ihrer beruflichen Entwicklung eingeschränkt. Zur Korrektur wurden Keramik-Veneers und eine Klebebrücke eingesetzt, ohne dass die Zähne beschliffen werden mussten. (Dies lässt sich am besten durchführen, wenn Zähne aufgebaut oder mehrere Lücken geschlossen werden müssen.) Das Ergebnis bedeutete für diese Patientin nicht nur ein neues Lächeln, sondern ein neues Leben: Inzwischen schreibt Sie eine Doktorarbeit und strebt eine Karriere als Geschäftsfrau an.

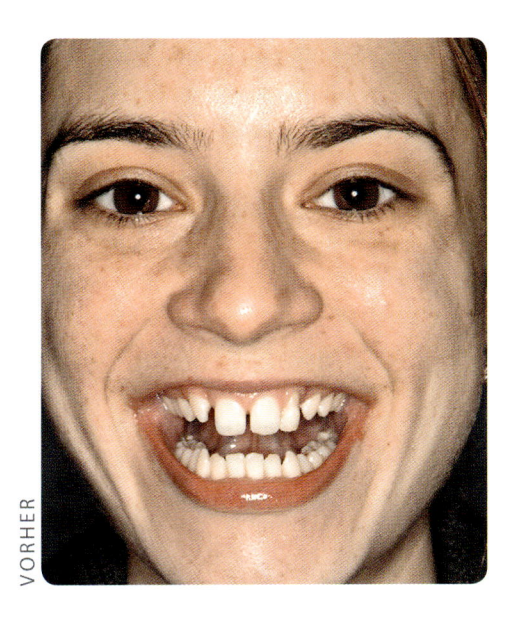

VORHER

NACHHER

WARUM MEHR FÜR KERAMIK VENEERS AUSGEBEN?

Auch wenn mit Bonding Lücken einfacher und schneller geschlossen werden können, sind Veneers eine echte Alternative. Der zusätzliche Geld- und Zeitaufwand (mindestens zwei Sitzungen) wird durch eine bessere Optik belohnt. Besonders bei unregelmäßigen Lücken sind Veneers gut geeignet. Ein weiterer Pluspunkt gegenüber Bonding ist die Resistenz der Keramik gegen Verfärbungen.

> Wie wird's gemacht?
> *Siehe Seiten 218–219.*

Lösung 4 Kronen sind

WANN SIND KRONEN DIE LÖSUNG?

Obwohl sich mit Kronen wunderbare Ergebnisse erzielen lassen, sind sie normalerweise nicht das Mittel der Wahl um Lücken zu schließen, denn sie erfordern ein umfangreiches Beschleifen der Zähne. Ideal ist eine Versorgung mit Kronen dann, wenn die Zähne bereits stark zerstört sind.

> Wie wird's gemacht?
> Siehe Seiten 220–225.

KRONEN ETWAS FÜR MICH?

In den meisten Fällen können Lücken durch Orthodontie und Bonding korrigiert werden. Es gibt aber Fälle, in denen sich die Probleme mit Kronen besser lösen lassen. Kronen sind die beste Lösung für Sie, wenn Sie

- stark zerstörte Zähne haben,
- eine größere Korrektur der Zahnform und -stellung benötigen,
- kein Problem mit dem größeren Verlust an Zahnsubstanz und mit den höheren Kosten haben.

was erwartet Sie

KRONEN

Kronen sind zeit- und kostenintensiver als Bonding oder Veneers. Dafür brechen sie nicht so schnell und neigen weniger zum Abplatzen. Trotzdem kann nach 5 bis 15 Jahren eine Neuanfertigung nötig werden.

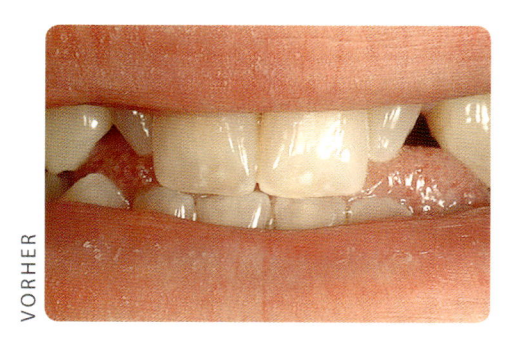

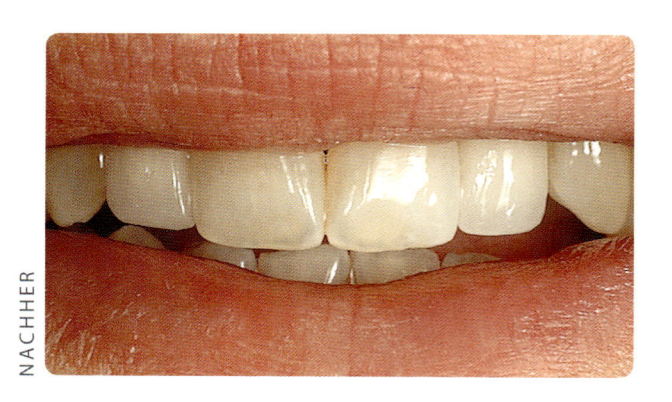

VORHER | NACHHER

Die Zahngröße spielt eine Rolle! Dieser 35-jährige Patient hatte zwei Zapfenzähne, die zu optischen Lücken in der Front führten. Er schämte sich deshalb zu lachen. Die Zapfenzähne wurden überkront und die Lachlinie verbessert. In ähnlichen Fällen stellen Bonding oder Veneers eine schonendere Alternative dar, die bevorzugt eingesetzt werden sollte.

WAS SIE WISSEN MÜSSEN

LIEBER EINE KLEINE LÜCKE ALS ZU GROSSE KRONEN

Manchmal ist die Lücke so groß, dass der Patient es vorzieht, wenn eine kleine Lücke zwischen den Zähnen bestehen bleibt. Würden in solchen Fällen die Kronen so groß gestaltet, dass sie die Lücke vollständig schließen, stünden sie nicht mehr in einem natürlichen Verhältnis zu den übrigen Zähnen und würden unnatürlich wirken. Es empfiehlt sich deshalb, die Lücken vor der Überkronung orthodontisch zu verkleinern. Eine andere Möglichkeit besteht darin, mehrere Zähne in die Behandlung einzubeziehen, um die Ungleichmäßigkeiten besser ausgleichen zu können.

Überkonturierte Kronen: mehr Schaden als Nutzen ... Das Lächeln dieser jungen Patientin wurde von zwei viel zu großen Kronen dominiert, die zum Lückenschluss eingesetzt worden waren. Die Kronen wurden zurückgeschliffen und für die Dauer der orthodontischen Behandlung belassen. Nach Abschluss der Behandlung wurden zwei neue, anatomisch korrekte Kronen eingegliedert.

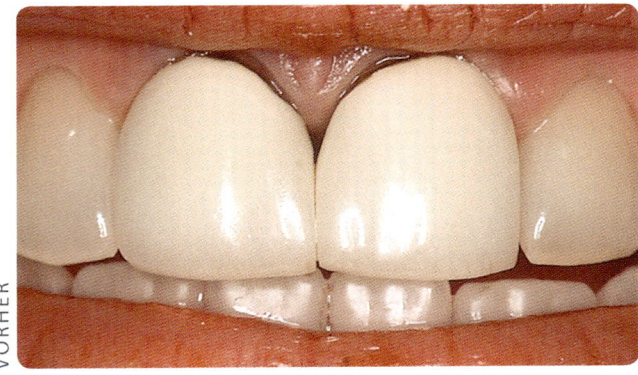

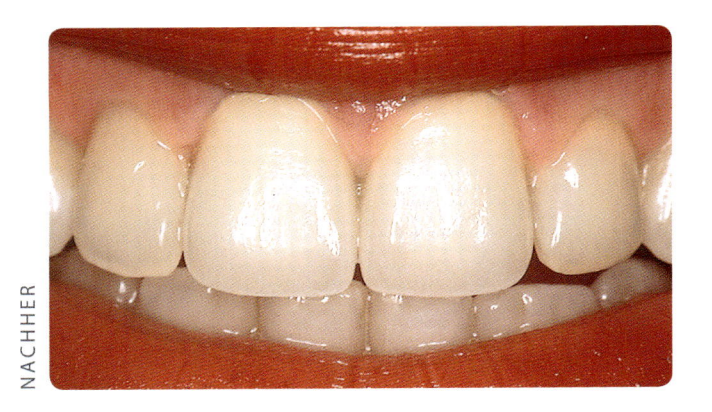

VORHER

NACHHER

WELCHE LÖSUNG IST DIE BESTE FÜR SIE?

ORTHODONTIE	BONDING
BEHANDLUNGSZEIT	
6 bis 24 Monate (in den meisten Fällen)	1 Sitzung à 1 bis 2 Stunden pro Zahn
ERHALTUNG UND PFLEGE	
• Zahnbürste und Zahnseide täglich • Professionelle Zahnreinigung 3- bis 4-mal pro Jahr • Retainer (mindestens nachts) für immer • Eine Munddusche kann die Zahnpflege erleichtern.	• Professionelle Zahnreinigung 3- bis 4-mal pro Jahr • Harte Nahrung nicht mit den Frontzähnen abbeißen • Zahnbürste und Zahnseide täglich • Anfallende „Reparaturen" führt Ihr Zahnarzt durch.
ERGEBNIS	
Lücken zwischen Zähnen werden geschlossen.	Die meisten Lücken können natürlich wirkend geschlossen werden.
LEBENSDAUER DER BEHANDLUNG*	
Permanente Lösung, wenn ein Retainer getragen wird	5 bis 8 Jahre; evtl. Reparatur oder Ersatz nötig
KOSTEN†	
1000 bis 5000 Euro, je nach der Zahl der Zähne und der verwendeten Apparatur	200 bis 1000 Euro pro Zahn
VORTEILE	
• Lückenschluss • Permanente Lösung (wenn ein Retainer getragen wird) • Keine Präparation der Zähne • Kann je nach Situation die kostengünstigste Lösung sein	• Keine oder geringe Präparation des Zahnes • Keine Anästhesie nötig • Reversible Behandlung • Weniger teuer als Veneers oder Kronen • Farbanpassungen möglich
NACHTEILE	
• Zeitintensiv • Ohne Retainer hält das Ergebnis eventuell nicht. • Zahnpflege während der Behandlung erschwert	• Kann sich verfärben oder brechen • Begrenzte „ästhetische Lebensdauer" • Zur Wahrung der Proportionen müssen eventuell weitere Zähne in die Behandlung einbezogen werden. • Zähne können bauchig (überkonturiert) wirken

*Die Schätzungen beruhen auf den Erfahrungen des Autors, den Ergebnissen dreier an Universitäten durchgeführter Studien sowie Versicherungsstatistiken. Abhängig von verschiedenen Faktoren, die weder Sie noch Ihr Zahnarzt beeinflussen können, ist eine Abweichung von diesen Werten in Ihrem Fall möglich.

†Die Behandlungskosten können je nach Land, Zahnarzt (Erfahrung, Technik, Geschick), Art und Schweregrad der Behandlung (Probleme, Erwartungen, Anamnese usw.) abweichen.

‡Ästhetische Provisorien kosten in der Regel extra.

KERAMIK-VENEERS	KRONEN
2 Sitzungen à 1 bis 4 Stunden (größerer Zeitbedarf bei größeren Arbeiten, ästhetischen Provisorien etc.)	2 Sitzungen à 1 bis 4 Stunden bei maximal 4 Zähnen (größerer Zeitbedarf bei größeren Arbeiten, ästhetischen Provisorien etc.)
• Professionelle Zahnreinigung 3- bis 4-mal pro Jahr • Vorsicht beim Beißen oder Kauen von harter Nahrung. Benutzen Sie hierzu Ihre Backenzähne, um Kaubelastungen der Veneers zu vermeiden.	• Beißen auf Eis und harte Gegenstände vermeiden • Fluoridierung einmal pro Jahr • Zahnbürste und Zahnseide täglich
Glasierte Oberfläche mit natürlichem Aussehen und effektivem Lückenschluss	Beste Möglichkeit, die Zahnform zu verbessern und Lücken zu schließen
5 bis 12 Jahre	5 bis 15 Jahre (hängt von Frakturen, Zahnfleischproblemen und Karies ab)
600 bis 2300 Euro pro Zahn‡	600 bis 2300 Euro pro Zahn‡
• Geringere Frakturgefahr als bei Bonding • Harmonischer Lückenschluss einfacher • Geringe Verfärbung, dauerhafter Glanz • Weniger invasive Präparation als bei Kronen • Halten länger als Bonding • Zahnfleisch verträgt Keramik sehr gut. • Meist keine Anästhesie nötig • Farbanpassungen sind möglich.	• Können Lücken sehr ästhetisch schließen • Zahnfarbe kann beliebig aufgehellt werden • Zahnform und -stellung können optimiert werden • Halten doppelt so lange wie Bonding • Zahnfleisch verträgt Keramik sehr gut. • Farbanpassungen sind möglich.
• Teurer als Bonding • Reparatur bei Frakturen schwierig • Irreversibel, wenn zuviel Schmelz abgetragen wird • In schwierigen Bisssituationen eventuell nicht die ideale Lösung	• Können frakturieren • Anästhesie erforderlich • Zahnform wird verändert (Schmelz wird oft vollständig entfernt) • Müssen nach 5 bis 15 Jahren durch neue ersetzt werden • Viel teurer als Bonding

6

ERFAHREN SIE . . .

WARUM ES WICHTIG IST FEHLENDE ZÄHNE ZU ERSETZEN

WIE SIE IHR JUGENDLICHES LÄCHELN WIEDERERLANGEN

OB IMPLANTATE DAS RICHTIGE FÜR SIE SIND

Verloren und wiedergefunden

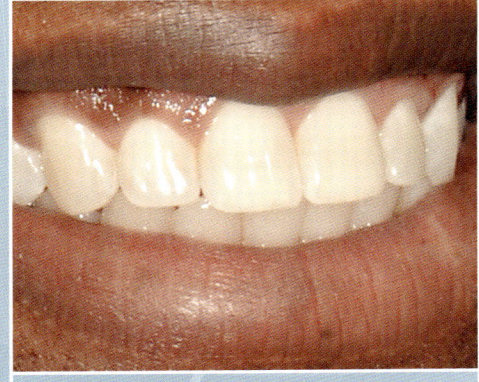

Ein fehlender Zahn kann ein Lächeln verderben.

Der negative ästhetische Einfluss fehlender Zähne – auch im hinteren Bereich der Zahnreihe – darf nicht unterschätzt werden. Auch wenn solche Lücken nicht immer sichtbar sind, können sie verschiedene Probleme verursachen: Die Verlagerung der Kaubelastung kann zu Verschiebungen der Frontzähne führen. Außerdem kann ein veränderter Biss das Gesicht einfallen lassen. Je mehr Zähne Ihnen fehlen, umso größer ist die Wahrscheinlichkeit, dass Falten entstehen, die Sie älter aussehen lassen. Nur fehlende Weisheitszähne müssen nicht ersetzt werden.

Wenn Ihnen einer oder mehrere Zähne fehlen, gibt es vier Möglichkeiten, Ihr Lächeln wieder vollständig zu machen: Brücke, Teilprothese, Vollprothese oder Implantate. Jede kann erfolgreich sein – abhängig von der individuellen Situation.

Lösung 1 Brücke

WAS IST EINE BRÜCKE?

Brücken dienen als festsitzender Ersatz für Zähne und fehlendes Zahnfleisch. Sie werden mit speziellen Zementen an den Nachbarzähnen befestigt. Das Gerüst kann aus Metall oder Keramik gefertigt werden. Die sichtbare Verblendung besteht in der Regel aus Keramik.

> Wie wird's gemacht?
> *Siehe Seiten 226–227.*

Experten Tipp: Körpergröße beachten!

Wenn Sie größer oder kleiner als der Durchschnitt sind, dann ist Vollkeramik für Sie die beste Wahl, denn die Metallanteile einer Brücke sind eher zu erkennen, wenn Ihr Gegenüber Sie von oben oder von unten betrachtet.

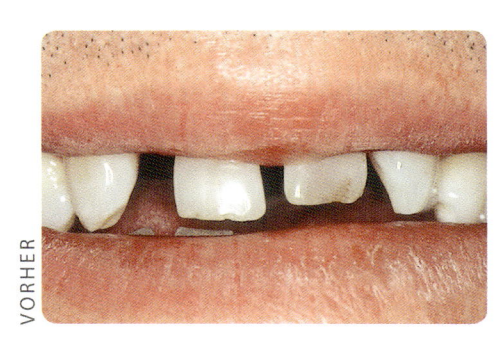

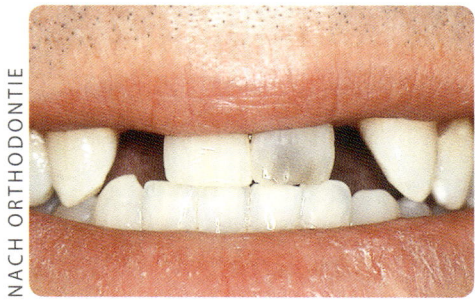

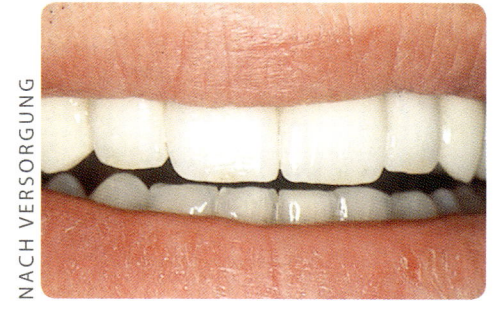

VORHER

NACH ORTHODONTIE

NACH VERSORGUNG

NACHHER

Manchmal genügt eine Brücke nicht ...

Dieser 50-jährige Patient wollte sein Aussehen verbessern. Da ihm beide seitlichen Schneidezähne fehlten und unregelmäßige Lücken entstanden waren, konnte das Problem mit Zahnersatz allein nicht gelöst werden. Deshalb erfolgte zuerst eine 16-monatige orthodontische Behandlung mit zahnfarbenen Brackets. Die harmonische Aufteilung der Lücken ermöglichte eine Versorgung mit Brücken und Veneers im Oberkiefer. Die Unterkieferzähne wurden mit einem In-office-Bleaching aufgehellt. Die kombinierte Therapie ermöglichte eine perfektes ästhetisches und funktionelles Ergebnis.

ist EINE BRÜCKE ETWAS FÜR MICH?

Wenn Sie einen fehlende Zahn ersetzen wollen und genügend Kieferknochen vorhanden ist, dann ist ein Implantat meist die beste Wahl. Dennoch kann eine Brücke die beste Lösung für Sie sein,

- wenn die hohen Kosten oder gesundheitliche Probleme ein Implantat unmöglich machen,
- wenn Sie ein schöneres und langlebigeres Ergebnis als mit einer abnehmbaren Prothese wünschen,
- wenn Sie einverstanden sind, dass Nachbarzähne als Anker für die Brücke beschliffen werden.

was erwartet Sie

BRÜCKEN BRAUCHEN EINE SPEZIELLE ZAHNSEIDE

Denken Sie daran, dass eine Brücke Zähne miteinander verbindet. Das bedeutet, dass Sie Ihre normale Zahnseide nicht mehr zwischen den Zähnen hindurchführen können. Statt ihrer benötigen Sie eine spezielle Zahnseide (Superfloss), die es Ihnen ermöglicht unter und zwischen den Brückengliedern zu reinigen.

Lächeln ABC — Wie natürlich kann eine Brücke aussehen?

Die größte Herausforderung für den Zahnarzt besteht darin, Brücken natürlich aussehen zu lassen. Es ist schwierig, die einzelnen Brückenglieder wie separate Zähne zu gestalten und „aus dem Zahnfleisch wachsen zu lassen". Auch die besten Zahnärzte und Zahntechniker können nicht in jedem Fall eine absolut natürlich wirkende Versorgung garantieren.

WAS SIE WISSEN MÜSSEN

METALL- VS. KERAMIK-GERÜST

Keramik kann auf edle und nicht edle Metalle gebrannt werden. Edelmetalle wie Gold sind in der Regel teurer als Nicht-Edelmetalle, haben aber bessere Eigenschaften. Um einen dunklen Rand am Zahnfleisch zu vermeiden, muss die Keramik das Metall ganz abdecken, was bei Gerüsten aus Edelmetall besser gelingt. Seit einigen Jahren wird Zirkonoxid (Keramik) als Alternative zu Metall eingesetzt. Solche vollkeramischen Brücken kombinieren hohe Festigkeit mit einer verbesserten Ästhetik.

WAS SIE WISSEN MÜSSEN

KONVENTIONELLE BRÜCKEN

VORTEILE
- Langlebig
- Einfach zu reinigen
- Kann Ihren Biss verbessern
- Verhindert eine Verschiebung der angrenzenden oder gegenüberliegenden Zähne

NACHTEILE
- Teurer als Teilprothese
- Stärkeres Beschleifen der Zähne nötig
- Bei Gewebsverlust (Knochen oder Zahnfleisch) ist das ästhetische Resultat eventuell beeinträchtigt

was erwartet Sie

KONVENTIONELLE BRÜCKE

Mit Brücken lassen sich hervorragende ästhetische Resultate erzielen, besonders dann, wenn die Ankerzähne bereits überkront sind oder große, unschöne Füllungen aufweisen. Allerdings muss zwischen den oberen und den unteren Zähnen genug Raum für die Keramik vorhanden sein. Falls nötig, kann eine chirurgische Zahnverlängerung oder eine orthodontische Behandlung den notwendigen Platz schaffen.

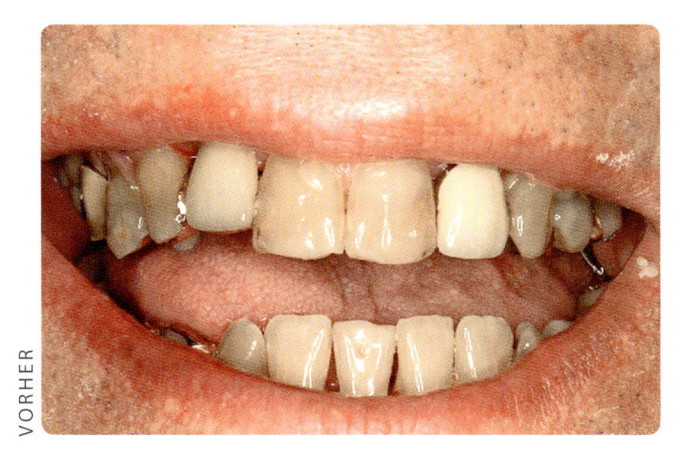

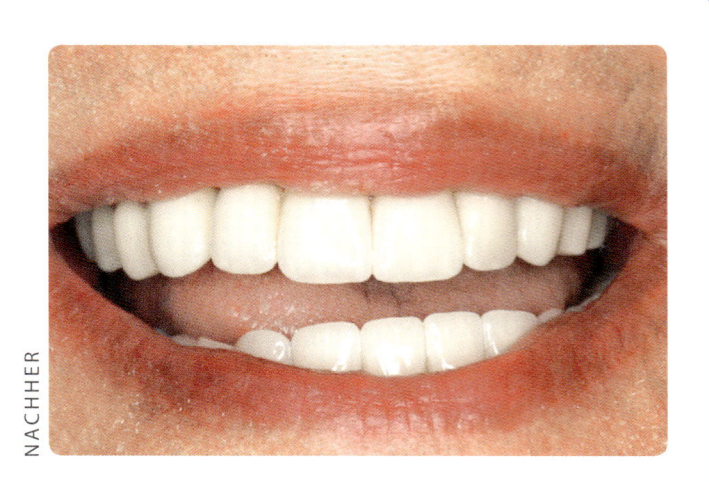

VORHER

NACHHER

Keine Zeit für den Zahnarzt ... Dieser sehr erfolgreiche Geschäftsmann hatte sich nie Zeit für seine Zähne genommen. Seine Frau bewegte ihn schließlich dazu, etwas für sein Lächeln zu tun. Kronen und Brücken verbesserten sein Aussehen dramatisch. Nicht selten sind es die Ehepartner, die den entscheidenden Anstoß zu der Entscheidung für ein neues Lächeln geben.

Lächeln ABC: Was ist eine „Fliegerbrücke"?

Eine Fliegerbrücke (bzw. Extensionsbrücke) wird im Gegensatz zu einer konventionellen Brücke nur auf einer Seite an den Zähnen verankert und kann verwendet werden, wenn nur auf einer Seite des zu ersetzenden Zahnes ein Ankerzahn zur Verfügung steht. Diese Form der Versorgung ist weniger invasiv, weil weniger Zähne beschliffen werden müssen. Außerdem sind Fliegerbrücken günstiger als konventionelle Brücken. Andererseits ist ihre Lebensdauer geringer.

WAS SIE WISSEN MÜSSEN

FLIEGER- ODER EXTENSIONSBRÜCKE

VORTEILE
- Weniger invasiv
- Weniger teuer als konventionelle Brücke
- Natürlichere Gestaltung der Zahnzwischenräume möglich

NACHTEILE
- Geringere Abstützung
- Bei ungünstiger Bisssituation können die Ankerzähne durch die Hebelwirkung in Mitleidenschaft gezogen werden

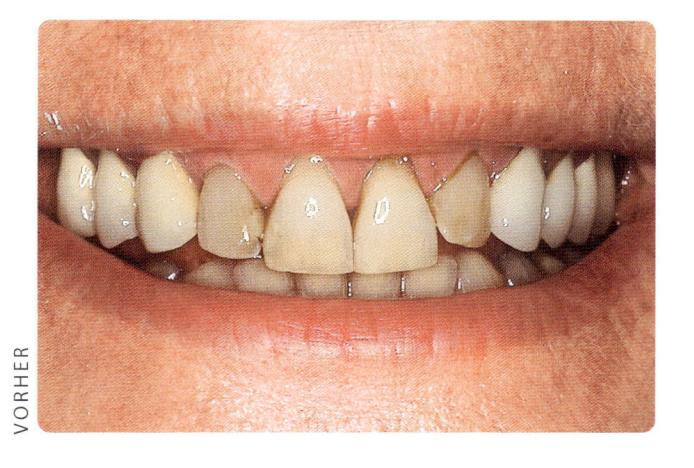

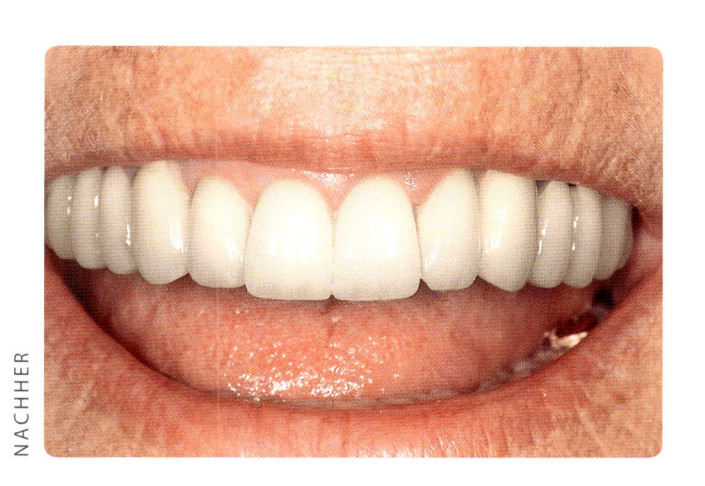

VORHER / NACHHER

Form und Funktion ... Die oberen Backenzähne dieser Patientin mussten wegen einer Parodontalerkrankung extrahiert werden. Auch die verfärbten Frontzähne gefielen ihr nicht mehr. Eine zwölfgliedrige Extensionsbrücke ersetzte nicht nur die extrahierten ersten Molaren, sondern verlieh der Patientin auch das Lächeln, das sie sich seit Langem gewünscht hatte.

WAS SIE WISSEN MÜSSEN

KLEBEBRÜCKE

VORTEILE

- Weniger teuer als eine konventionelle Brücke
- Keine Anästhesie nötig
- Kann Ihre Bisssituation verbessern
- Geringe oder keine Präparation der Zähne

NACHTEILE

- Bietet wenig Möglichkeiten, die Größe und Form der Zähne zu korrigieren
- Zahnfleisch kann sich im Bereich des ersetzten Zahnes zurückziehen
- Metallgerüst kann durchschimmern
- Ankerzähne müssen gesund und fest sein
- Kann sich leichter lösen
- Lebensdauer eventuell reduziert

Lächeln ABC: Was ist eine Klebebrücke?

Eine Klebebrücke, auch als *Maryland-Brücke* bezeichnet, ist eine Alternative zur konventionellen Brücke. Der zu ersetzende Zahn wird auf einem Metallgerüst platziert, das mit Kunststoffzement an die Nachbarzähne „geklebt" wird. Sind die Nachbarzähne gesund und fest, ist diese Versorgungsart sinnvoll. Bei ästhetischen Problemen der Ankerzähne, ist eine konventionelle Brücke aber oft die bessere Lösung.

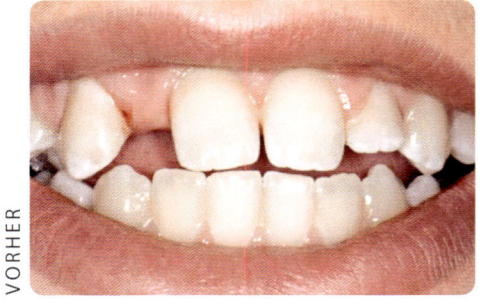

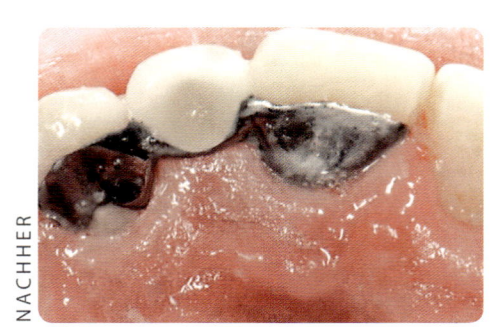

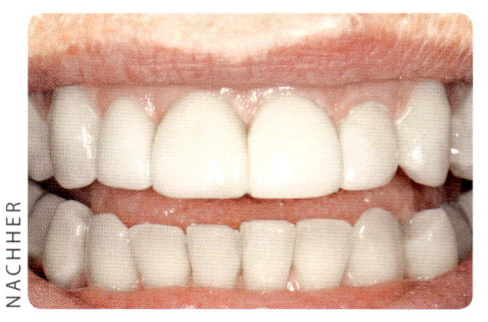

VORHER — NACHHER — NACHHER

Noch nicht bereit für ein Implantat? Dieser jugendliche Patient wünschte auf lange Sicht eine Implantatversorgung, hatte das geeignete Alter hierfür aber noch nicht erreicht. Um die Zeit zu überbrücken, wurde die bestehende Lücke mithilfe einer Klebebrücke geschlossen. Die Brücke wird an den Innenflächen der Nachbarzähne befestigt, die hierzu nicht oder kaum beschliffen werden müssen. Eine korrekt geplante und ausgeführte Klebebrücke stellt in solchen Fällen eine gute Möglichkeit zum Ersatz fehlender Zähne.

Lösung 2 Teilprothese

WAS IST EINE TEILPROTHESE?

Experten Tipp: Denken Sie langfristig!

Viele Patienten wählen aus Kostengründen eine teilprothetische Versorgung. Auf lange Sicht ist diese Entscheidung wegen der beschränkten Lebensdauer oft nicht sinnvoll. Außerdem können Teilprothesen die Pfeilerzähne abnutzen und die Mundhygiene erschweren.

Lächeln ABC: Sie müssen nie ohne Zähne sein!

Schon am Tag der Extraktion kann Ihr Zahnarzt Ihnen eine provisorische Brücke einsetzen! Eine solche Versorgung hat aber eine geringe Lebensdauer und sollte nach Abheilung der Gewebe durch eine definitive Arbeit ersetzt werden.

Wie festsitzende Brücken ersetzen auch Teilprothesen fehlende Zähne und Gewebe. Auch sie sind an vorhandenen Zähnen verankert. Sie werden aber nicht festzementiert, sondern können abgenommen werden. Es gibt zwei Arten von Teilprothesen: konventionelle und präzisionsverankerte. Beide Teilprothesenarten werden in diesem Kapitel besprochen.

> Wie wird's gemacht?
> *Siehe Seiten 226–227.*

was erwartet Sie

HERSTELLUNG EINER TEILPROTHESE

Das Gerüst einer Teilprothese wird aus speziellen, korrosionsresistenten Metalllegierungen gefertigt. Auf diesem Gerüst werden Zähne aus Kunststoff oder Keramik in zahnfleischfarbenem Kunststoff befestigt, um die fehlenden Strukturen möglichst natürlich zu ersetzen.

WAS SIE WISSEN MÜSSEN

KONVENTIONELLE TEILPROTHESE

VORTEILE
▶ Relativ günstiger Zahnersatz
▶ Verbessert die Bisssituation und die Kaufunktion
▶ Verhindert eine Verschiebung der benachbarten oder gegenüberliegenden Zähne

NACHTEILE
▶ Klammern können Zähne abnutzen
▶ Bei sichtbaren Metallklammern keine ästhetische Lösung

was erwartet Sie

KONVENTIONELLE TEILPROTHESE

Konventionelle Teilprothesen werden mit Metallklammern an den Zähnen befestigt. Werden diese Klammern beim Lächeln sichtbar, können sie den ästhetischen Gesamteindruck verderben. In solchen Fällen ist eine Verankerung mit Präzisionselementen (siehe nächste Seite) eine Alternative. Ist Ihnen diese Lösung zu teuer, kann eine Teilprotese mit zahnfarbenen Klammern angefertigt werden. Solche zahnfarbenen Klammern sind aber weniger fest und haben eine verkürzte Lebensdauer.

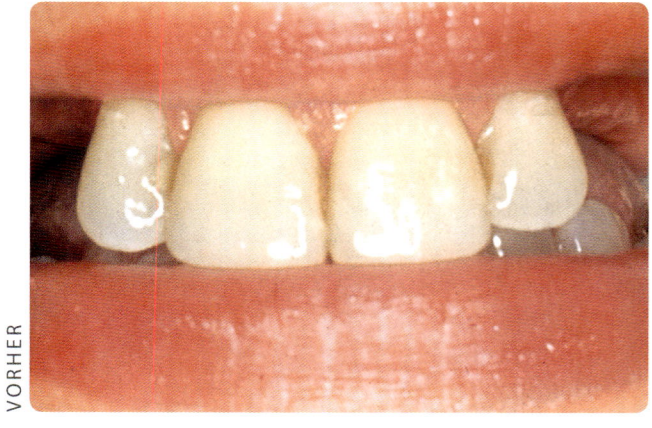

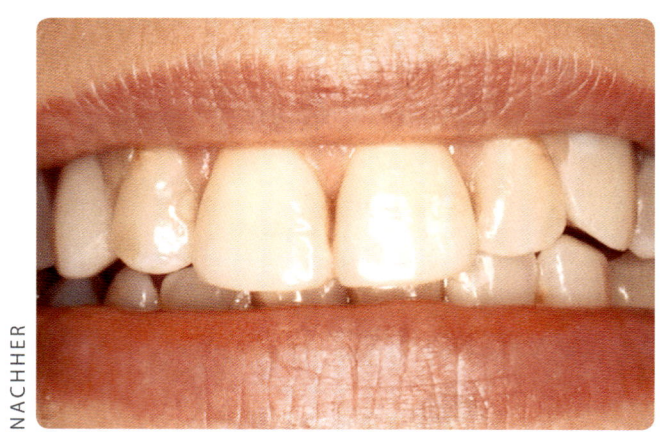

VORHER | NACHHER

Ein provisorisches Lächeln ... Diese Frau hatte mehrere Seitenzähne im Oberkiefer verloren und schämte sich, zu lachen. Eine festsitzende Lösung konnte sie sich zu diesem Zeitpunkt nicht leisten. Sie wollte aber auch nicht, dass beim Lächeln die Metallklammern einer Teilprothese sichtbar würden. Eine Teilprothese mit zahnfarbenen Klammern kann als Übergangslösung eingesetzt werden, wenn eine festsitzende (zahn- oder implantatgetragene) Versorgung vorübergehend nicht realisierbar ist.

Lächeln ABC: Was ist ein Präzisionselement?

Wenn Sie sich an den Metallklammern einer konventionellen Teilprothese stören, dann kommt eine Verankerung mit Präzisionselementen für Sie infrage. Dazu müssen die Nachbarzähne mit Kronen versorgt werden, die auf ihrer Rückseite mit speziellen Halteelementen versehen sind. Teilprothesen, die mit Präzisionselementen verankert sind, werden oft aus Goldlegierungen (Gerüst), Keramik (Zähne) und Kunststsoff (Zahnfleisch) gefertigt. Auch wenn sie um einiges teurer sind als konventionelle Teilprothesen, ist das ästhetische Ergebnis wesentlich besser.

WAS SIE WISSEN MÜSSEN

TEILPROTHESE MIT PRÄZISIONSELEMENTEN

VORTEILE
- Klammern nicht sichtbar
- Besserer Halt

NACHTEILE
- Höhere Kosten
- Befestigungselemente können brechen oder sich abnutzen
- Mehr Zahnsubstanz muss geopfert werden

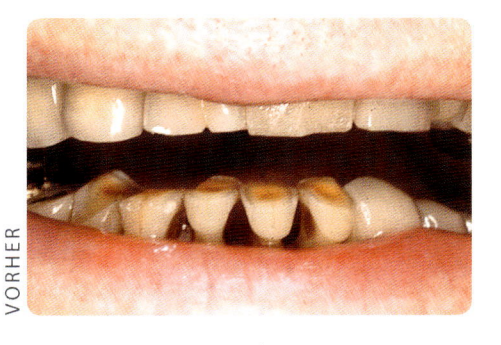

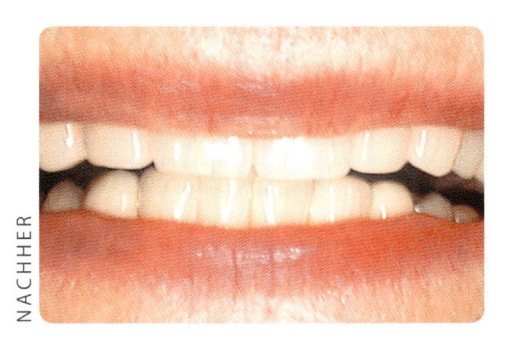

VORHER

NACHHER

NACHHER

Um genau zu sein ... Dieser 75-jährige Direktor eines großen Unternehmens hatte seine Zähne stark abgenutzt. Alle noch vorhandenen oberen und unteren Zähne wurden überkront und die fehlenden Zähne durch Teilprothesen ersetzt, die mit Präzisionselementen verankert sind. Die längeren Frontzähne wirken jugendlicher und attraktiver.

Lösung 3 Vollprothese

WAS IST EINE VOLLPROTHESE?

Eine Vollprothese ist ein abnehmbarer Zahnersatz, der alle Zähne eines Kiefers (oben oder unten) und alle übrigen fehlenden Strukturen (Zahnfleisch und Knochen) ersetzt. Die konventionelle Vollprothese ist für Patienten gedacht, die bereits alle Zähne verloren haben oder bei denen alle noch vorhandenen Zähne entfernt werden müssen. Außerdem gibt es Vollprothesen, die über Implantate oder noch vorhandene Zähne gesetzt werden (sogenannte „Overdentures" bzw. „Deckprothesen"). Auch sie werden in diesem Kapitel besprochen.

ist EINE VOLLPROTHESE ETWAS FÜR MICH?

Vollprothesen bieten eine ästhetische Lösung für Patienten, die alle eigenen Zähne verloren haben. Eine Vollprothese ist die beste Lösung für Sie, wenn Sie

- jünger aussehen wollen,
- nicht mit Implantaten versorgt werden können,
- eventuelle Unterfütterungen oder Neuanfertigungen der Prothese akzeptieren,
- die günstigste Möglichkeit suchen, alle Zähne ersetzen zu lassen.

was erwartet Sie

VOLLPROTHESE

Eine Vollprothese ist eine Lösung mit Vor- und Nachteilen. Einerseits gibt sie dem Zahnarzt die Freiheit, fast alle Aspekte Ihres Lächelns nach Ihren Wünschen zu gestalten. Andererseits sind mit dem Verlust der Zähne auch alle Anhaltspunkte für deren ursprüngliches Aussehen verschwunden. Haben Sie deshalb Geduld, bis Ihr Zahnarzt das gewünschte Ergebnis verwirklicht hat. Beachten Sie auch, dass Prothesenzähne sich wie natürliche Zähne abnutzen. Um das Behandlungsergebnis dauerhaft zu erhalten, müssen ihre Prothesen möglicherweise nach einer gewissen Zeit unterfüttert oder neu angefertigt werden.

Ein Facelifting ohne Chirurgie ... Vorhandene Zähne in korrekter Position unterstützen Lippen und Wangen. Bei Verlust der Zähne ist auch die Unterstützung nicht mehr gewährleistet. Mit einer Vollprothese kann diese Unterstützung von Lippen und Wangen aufrechterhalten oder wiederhergestellt werden. Beachten Sie, wie viel jünger das Gesicht dieser Patientin nach der Versorgung mit neuen Vollprothesen wirkt!

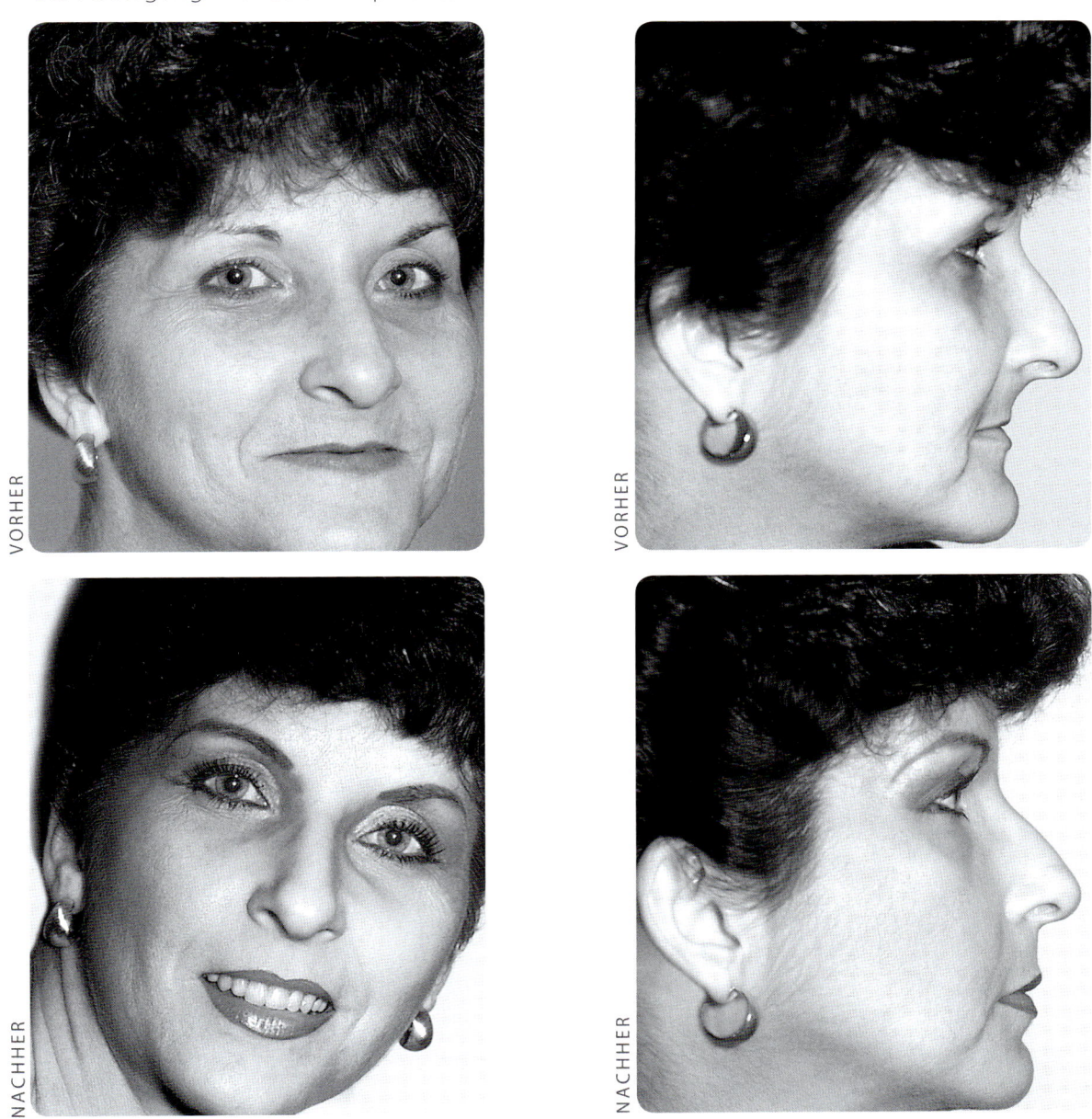

VORHER

VORHER

NACHHER

NACHHER

WAS SIE WISSEN MÜSSEN

OVERDENTURE

VORTEILE

- Wurzeln können erhalten werden
- Verbesserte Kaufähigkeit
- Besserer Halt als Vollprothese
- Weniger Belastung der Gewebe
- Stellt einen guten Übergang zur Vollprothese dar
- Erhält taktile Funktionalität

NACHTEILE

- Verankerung kann brechen
- Teurer als Vollprothese
- Kann (wegen des Haltesystems) etwas bauchiger sein, als eine Teilprothese oder Brücke

Lächeln ABC: Was ist eine Overdenture?

Eine Overdenture deckt – wie eine Vollprothese – den gesamten Kiefer ab. Im Unterschied zu dieser wird die Overdenture jedoch auf den Wurzeln der Restzähne oder auf Implantaten abgestützt und befestigt. Diese Lösung ist aufwendiger und teurer, bietet aber einen wesentlich besseren Sitz und Halt der Prothese, eine bessere Ästhetik und eine bessere Kaufunktion.

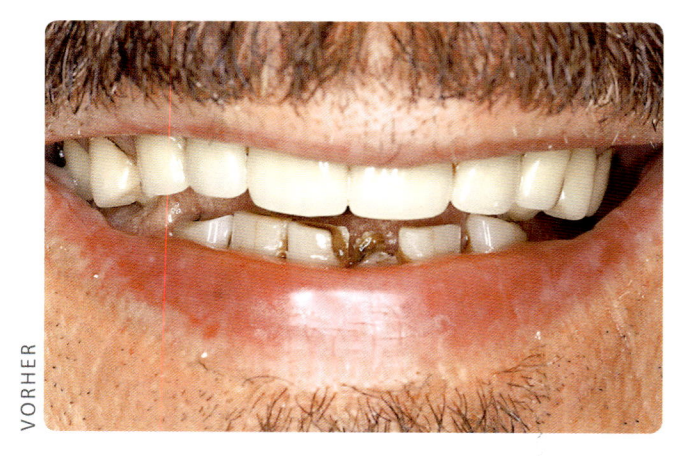

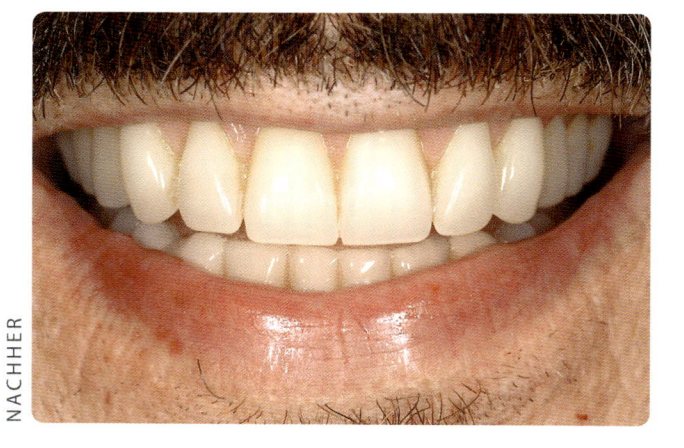

VORHER | NACHHER

Ein junges gesundes Lächeln fürs Geschäft ... Dieser 66-jährige Geschäftsmann wünschte sich „mehr Biss" in seinem Lächeln, um „wettbewerbsfähig" zu bleiben. Eine implantatgetragene Overdenture gab ihm ein jugendliches Lächeln und mehr Selbstvertrauen im Beruf.

> **Experten Tipp: Zeigen Sie sich nie ohne Zähne!**
>
> Wenn alle Ihre Zähne entfernt und durch eine Vollprothese ersetzt werden müssen, dann sollten Sie sich zunächst eine Immediatprothese einsetzen lassen. Auf diese Weise müssen Sie sich nicht ohne Zähne zeigen. Außerdem schützt diese Prothese den Kiefer, während er abheilt, und sie erleichtert den Übergang zur endgültigen Prothese.

was erwartet Sie

IMMEDIATPROTHESE

Für die Anfertigung einer Immediatprothese werden vor der Extraktion der Zähne in einer ersten Behandlungssitzung Abformungen der Kiefer genommen. Im Labor wird mithilfe dieser Abformungen eine Prothese mit einer idealisierten Form und Farbe vorgefertigt. In der zweiten Sitzung werden die Zähne gezogen, und die vorbereitete Prothese kann sofort eingesetzt werden. Da das Zahnfleisch bei der Heilung schrumpft, muss die Prothese später unterfüttert werden.

WAS SIE WISSEN MÜSSEN

EINEN ZAHN VERLIEREN

Verlorene oder ausgeschlagene Zähne können unter Umständen wieder eingesetzt werden, wenn bestimmte Maßnahmen ergriffen werden. Im Folgenden sind die wichtigsten Punkte aufgeführt, die nach einem Zahnunfall berücksichtigt werden müssen. Vor allem Eltern, Lehrer und Sporttrainer sollten diese Punkte kennen.

1. Bleiben Sie ruhig und suchen Sie den Zahn!
2. Halten Sie den Zahn vorsichtig, fassen Sie Ihn immer an der Krone und nie an der Wurzel!
3. Reinigen Sie den Zahn sehr vorsichtig von Schmutz (nicht abbürsten, keine Reinigungsmittel)!
4. Kontrollieren Sie, ob der Zahn ganz ist oder ob Wurzeln abgebrochen sind. Wenn die Wurzeln intakt sind, setzen Sie den Zahn wieder in den Kiefer ein oder legen Sie ihn in ein Glas H-Milch. Es werden auch spezielle „Zahnrettungsboxen" zur Aufbewahrung ausgeschlagener Zähne angeboten. Wenn keine Behälter zur Verfügung stehen, lagern Sie den Zahn im Mund (zwischen Wange und Zähnen). Legen Sie den Zahn nie in Wasser!
5. Suchen Sie schnellstmöglich einen Zahnarzt auf (innerhalb der nächsten 30 bis 60 Minuten)!

Lösung 4 Implantate

WAS IST EIN IMPLANTAT?

Ein Zahnimplantat ist kleiner Stift aus Metall oder Keramik, der als Ersatz für natürliche Zahnwurzeln in den Kieferknochen eingesetzt wird. Nach seiner Einheilung, wird ein Zahnersatz auf dem Implantat befestigt. Auf diese Weise lässt sich ein Zahn sehr natürlich ersetzen und die volle Kaufunktion wiederherstellen. Ob ein Implantat die richtige Lösung für Sie ist, hängt vom Zustand Ihres Kieferknochens, von der geplanten Position und von der gewünschten Art der Versorgung ab. Eine korrekte Planung ist entscheidend.

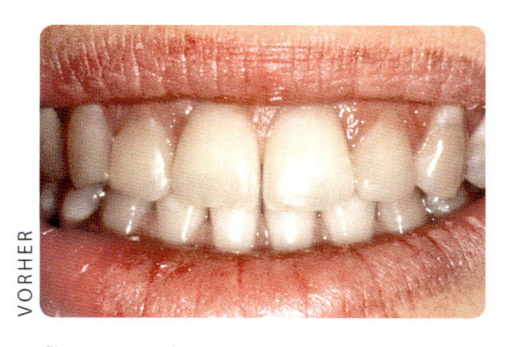

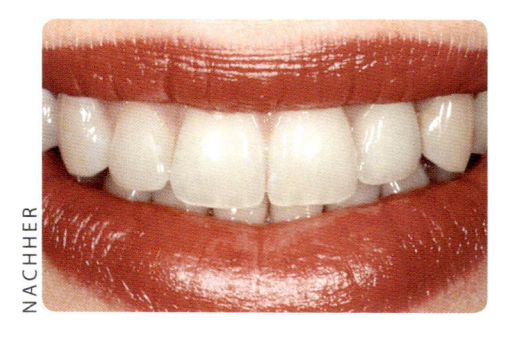

> Wie wird's gemacht?
> *Siehe Seiten 228–230.*

VORHER | NACHHER

So gut wie neu ... Diese Patientin brach sich bei einem Autounfall den oberen linken seitlichen Schneidezahn ab. Der Zahn musste gezogen werden. An seiner Stelle wurde ein Implantat eingesetzt und mit einer metallkeramischen Krone versorgt. Zusätzlich wurden die Zähne gebleicht und die restlichen oberen Frontzähne mit Keramik-Veneers verblendet. Das Ergebnis ist ein natürliches und frisches Lächeln.

Experten Tipp: Sind Sie lockere Prothesen leid?

Auch Patienten mit mehreren fehlenden Zähnen können von Implantaten profitieren, wenn der Zustand des Kieferknochens eine Implantation erlaubt. Und auch wenn Sie bereits eine Brücke, eine Teilprothese oder eine Vollprothese tragen, könnten Implantate für Sie interessant sein. Denn Implantate sind ideale Verankerungselemente für lockeren, schlecht sitzenden Zahnersatz.

SUCHEN SIE EINEN ZAHNARZT, DER ERFAHRUNG MIT IMPLANTATEN HAT

Wenn Sie eine Implantatversorgung ins Auge fassen, diskutieren Sie alle Optionen mit Ihrem Zahnarzt. Zögern Sie nicht, Fragen zu stellen oder eine Zweitmeinung einzuholen. Nicht alle Zahnärzte haben die notwendige Erfahrung. Suchen Sie einen Spezialisten – schließlich wollen Sie die beste Lösung für sich!

WAS SIE WISSEN MÜSSEN

MUNDHYGIENE IST WICHTIG

Auch wenn Implantate keine „echten" Zähne sind, müssen sie doch genauso intensiv gepflegt werden. Plaque um Implantate kann zu Zahnfleischentzündungen und zur Rückbildung des Kieferknochens führen. Deshalb ist eine gründliche Zahnpflege mindestens zweimal täglich unerlässlich. Ihr Zahnarzt kann Sie zur optimalen individuellen Pflege Ihrer Implantate beraten.

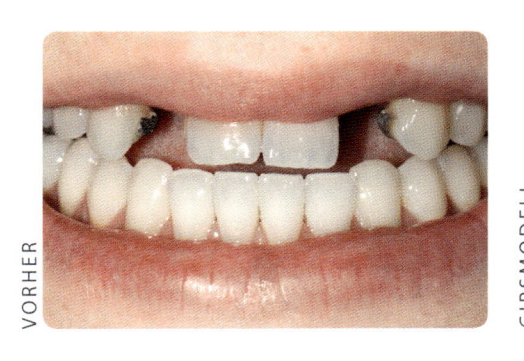

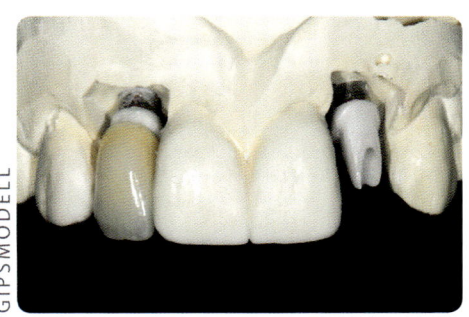

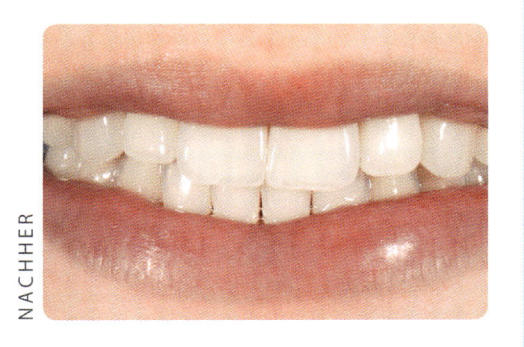

VORHER | GIPSMODELL | NACHHER

Schöne Implantate ... Diese Patientin hatte zwei obere Schneidezähne verloren, wünschte als Ersatz aber keine Brücke. In der Mitte sieht man die Verbindungselemente („Abutments") aus Zirkon und eine Keramik-Krone auf dem Gipsmodell. Die beiden Implantatkronen und Veneers auf den übrigen Frontzähnen ergeben ein sehr natürliches Erscheinungsbild.

WELCHE LÖSUNG IST DIE BESTE FÜR SIE?

*Die Schätzungen beruhen auf den Erfahrungen des Autors, den Ergebnissen dreier an Universitäten durchgeführter Studien sowie Versicherungsstatistiken. Abhängig von verschiedenen Faktoren, die weder Sie noch Ihr Zahnarzt beeinflussen können, ist eine Abweichung von diesen Werten in Ihrem Fall möglich.

†Die Behandlungskosten können je nach Land, Zahnarzt (Erfahrung, Technik, Geschick), Art und Schweregrad der Behandlung (Probleme, Erwartungen, Anamnese usw.) abweichen.

‡Ästhetische Provisorien kosten in der Regel extra.

BRÜCKE	TEILPROTHESE
BEHANDLUNGSZEIT 2 bis 4 Wochen	2 bis 4 Sitzungen
ERHALTUNG UND PFLEGE Tägliche Reinigung unter der Brücke mit Zahnseide (Superfloss)	• *Konventionell:* Nach dem Essen entfernen und reinigen • *Präzisionselement:* Täglich entfernen und reinigen
ERGEBNIS Ästhetischer Zahnersatz	• *Konventionell:* günstiger Zahnersatz • *Präzisionselement:* verbesserte Ästhetik
LEBENSDAUER DER BEHANDLUNG* *Konventionelle und Fliegerbrücke:* 5 bis 15 Jahre *Klebebrücke:* 5 bis 10 Jahre	5 bis 10 Jahre
KOSTEN† • *Konventionell und Extension:* 600 bis 2300 Euro pro Zahn • *Klebebrücke:* 400 bis 1600 Euro pro Zahn	• *Konventionell:* 600 bis 2300 Euro pro Kiefer, je nach Material und Design • *Präzisionselement:* 600 bis 3200 Euro pro Kiefer
VORTEILE • Fühlt sich eher wie eigener Zahn an • Ästhetische Lösung • Verhindert Zahnwanderungen • Verbessert Bisssituation • *Klebebrücke:* kein Beschleifen der Nachbarzähne	• Kostengünstige Lösung • Einfach zu reparieren
NACHTEILE • Wenn ein Ankerzahn ausfällt, ist die gesamte Brücke wertlos. • Reparatur von Abplatzungen und Frakturen schwierig • Anästhesie erforderlich	• Abnutzung und Belastung der Ankerzähne • Weniger ästhetisch als Brücke • *Präzisionselement:* Attachments können sich abnutzen oder brechen

VOLLPROTHESE	IMPLANTATE
2 bis 5 Sitzungen	• *Implantation:* ca. 1 Stunde pro Implantat • *Einheilung:* ca. 3 Monate im Unter- und 6 Monate im Oberkiefer • *Zweiter Eingriff (falls nötig):* 30 bis 60 Minuten • *Sofortbelastung:* 2 Stunden oder mehr pro Implantat
Nach dem Essen reinigen, um Verfärbungen zu vermeiden	• Zahnseide und Zahnbürste täglich • Alle 3 bis 4 Monate Kontrolle der Versorgung
Ästhetisch ansprechende Ergebnisse möglich	• Natürliches Aussehen möglich • Gute individuelle Funktion
5 bis 10 Jahre; Prothesenzähne können brechen (einfach zu reparieren), Unterfütterungen/Anpassungen notwendig	Unbegrenzt (außer bei Infektionen oder Brüchen); Lebenserwartungen der prothetischen Versorgungen siehe dort (z. B. Kronen: 5 bis 15 Jahre)
600 bis 1800 Euro pro Kiefer (Kosten für spezielle für „kosmetische" Lösungen können 2- bis 3-mal höher sein)	650 bis 1800 Euro pro Implantat (zusätzlich Kosten für Kronen)
• Exzellente Ästhetik möglich • Jüngeres Aussehen erreichbar • Lippen- und Wangenunerstützung • Kann Phonetik verbessern	• Sehr guter Ersatz der natürlichen Zähne • Kein Beschleifen der Nachbarzähne • Pflege wie bei natürlichen Zähne • Helfen, den Kieferknochen zu erhalten • Lebensdauer von bis zu 95 % über 40 Jahre möglich
• Kaueffizienz eventuell reduziert • Halt kann problematisch sein • Erfordert Nachsorge • Alle 5 bis 10 Jahre Neuanfertigung erforderlich • Kann beim Sprechen stören	• 3 bis 7 % Misserfolgsrate • Keramik-Implantate können eher brechen • Befestigungsschrauben können sich lockern oder brechen • Anästhesie erforderlich

7

ERFAHREN SIE ...

WIE MAN OHNE BRACKETS
EIN LÄCHELN KORRIGIERT

WANN ORTHODONTIE
DIE BESTE LÖSUNG IST

NEUE MÖGLICHKEITEN
FÜR DISKRETE ZAHNSPANGEN

Gerade Zähne lachen besser

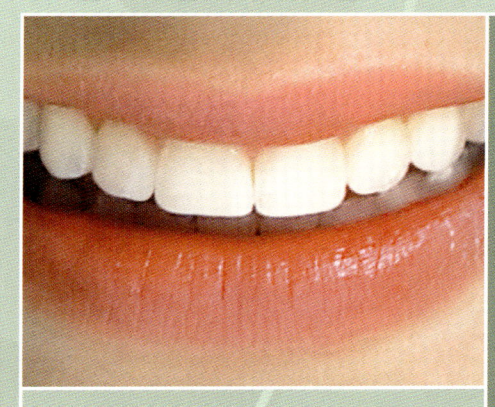

Es gibt keinen Grund, mit schiefen Zähnen durchs Leben zu gehen.

Mit schiefen, unschönen Zähnen leben zu müssen, kann sehr unglücklich machen. Wenn Ihre Zähne kreuz und quer stehen, sich überlappen oder nach vorn geneigt sind, dann erfahren Sie in diesem Kapitel, wie Sie zu einem geraden und attraktiven Lächeln gelangen können.

Eine orthodontische Behandlung ist häufig die beste Lösung zur Korrektur von Fehlstellungen, doch können bei kleinen Problemen günstigere und schnellere Methoden ausreichen. Auch wenn Zähne nicht perfekt ausgerichtet sind, kann man die Illusion einer geraden Zahnstellung erreichen.

Oft ist eine Kombination verschiedener Methoden erforderlich. Ihre ideale Behandlung könnte z. B. mit einer orthodontischen Korrektur der Zähne beginnen, nach deren Abschluss die Ästhetik zusätzlich mit Bonding, Veneers oder Kronen verbessert wird. Die Wahl der Behandlung hängt von Ihrem Aufwand an Zeit und Geld ebenso ab wie von der Ausgangssituation und von Ihren Wünschen.

Lösung 1 Rekonturierung

BRAUCHEN SIE SCHNELLE HILFE?

Eine Rekonturierung ist eine schmerzfreie Behandlung, bei der die Zähne mit feinen Diamantschleifern in Form gebracht werden. Durch die Korrektur der Form entsteht der Eindruck einer harmonischen Zahnstellung.

ist REKONTURIERUNG ETWAS FÜR MICH?

Auch wenn die Rekonturierung, weil sie sehr unkompliziert ist, die bevorzugte Behandlungsoption darstellt, ist sie nicht für jeden Patienten geeignet. Eine Rekonturierung ist die beste Lösung für Sie, wenn Sie

- nur leicht verschachtelte Zähne haben,
- keine Anästhesie wünschen,
- eine relativ günstige und rasche Lösung suchen,
- mit einer „Kompromisslösung" einverstanden sind.

Experten Tipp: Bringen Sie Ihr Lächeln in Form!

Eine Rekonturierung und Politur schräger Zähne erleichtert die Pflege und beugt Frakturen vor.

Gerade Zähne in einer Stunde ...

Diese Mitarbeiterin eines Fernsehsenders wünschte sich geradere Zähne ohne Spange. Eine einstündige Sitzung genügte, um die Illusion gerader Zähne und eines neuen Lächelns zu erzeugen.

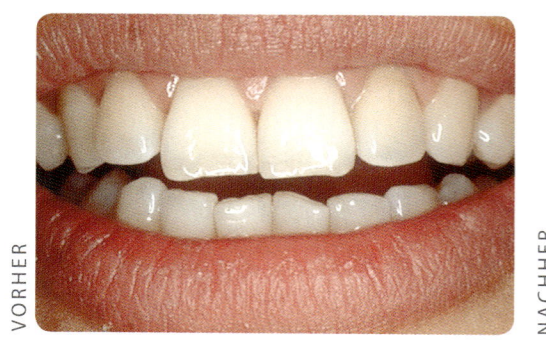

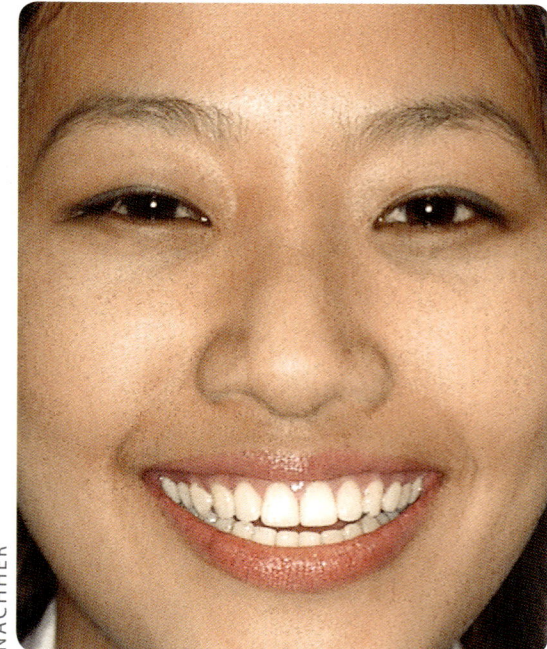

VORHER

NACHHER

WAS SIE
WISSEN MÜSSEN

BEVOR SIE SICH FÜR EINE REKONTURIERUNG ENTSCHEIDEN

▶ Ihr Zahnarzt muss den Effekt einer Rekonturierung auf Ihr Lächeln vorab beurteilen. Zur Wahrung einer guten Kaufunktion und zur Vermeidung von Fehlbelastungen darf die Bisssituation nicht verändert werden.

▶ Die Dicke des Zahnschmelzes muss berücksichtigt werden. Bei zu starkem Beschleifen kann das Dentin freigelegt werden, was in der Regel zu Verfärbungen und Überempfindlichkeiten führt.

▶ Die Balance zwischen Ästhetik und Funktion sollte erhalten bleiben. In Grenzfällen muss ein Kompromiss zwischen Ästhetik, Funktion und Zahngesundheit gefunden werden.

▶ Ihr Zahnarzt kann ein Gipsmodell herstellen, an dem Sie die Möglichkeiten und Grenzen ihres Falles studieren können.

▶ Rekonturierungen sollten bei Kindern nicht durchgeführt werden, da bei diesen aufgrund der relativ großen Pulpa – nicht nur während des Beschleifens – Empfindlichkeiten entstehen.

Gerades Lächeln – glückliches Lächeln ... Diese Sekretärin war mit ihren schräg stehenden Zähnen unglücklich. Obwohl eine orthodontische Korrektur die ideale Lösung gewesen wäre, bevorzugte die Patientin eine Rekonturierung. In einer sorgfältig geplanten Sitzung von ca. einer Stunde konnte die Illusion eines geraden, glücklichen Lächelns hergestellt werden, das zu ihrem fröhlichen Charakter bestens passt.

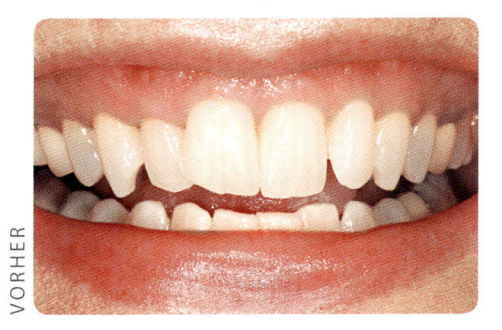

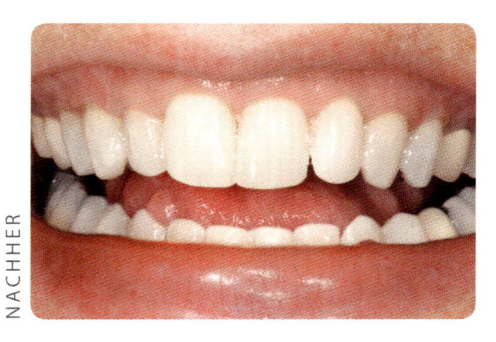

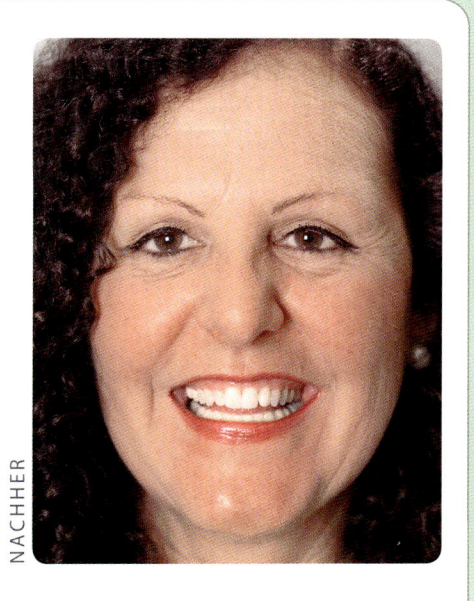

Lösung 2 Bonding

BRAUCHT IHR LÄCHELN EIN BISSCHEN MEHR?

Wenn eine Rekonturierung allein nicht ausreicht, können die Vorder- oder Rückseiten der Zähne zusätzlich mit Kunststoff „aufgebaut" werden, um sie in eine Reihe mit den Nachbarzähnen zu bringen. Die so erzeugte Illusion eines geraden Lächelns ist oft erstaunlich überzeugend.

> Wie wird's gemacht?
> *Siehe Seite 217.*

Lächeln ABC Bonding an unteren Zähnen?

Ihre individuelle Bissituation kann einen Aufbau der unteren Frontzähne stark einschränken. Andererseits ist es manchmal möglich, die Belastung der unteren Zähne zu verringern, indem man die oberen Zähne im Bereich des Kontaktes anpasst.

Experten Tipp Brackets – die beste Lösung!

Wenn Ihre Zähne sehr eng stehen und einen schmalen Bogen beschreiben, sollten Sie eine orthodontische Korrektur als beste Lösung in Betracht ziehen. Kommt dies für Sie nicht infrage, kann eine Kombination aus Rekonturierung und Bonding die Fehlstellung korrigieren helfen.

Ein schönes Lächeln ohne Brackets ... Diese Patientin störte sich an ihren schrägen Zähnen, lehnte aber jede orthodontische Behandlung ab. Mehrere Zahnärzte hatten sich geweigert, sie anders als mittels Orthodontie zu behandeln. Trotzdem gelang es nach sorgfältiger Planung mithilfe eines Wachsmodells, durch eine Kombination aus Rekonturierung und Bonding in zwei Behandlungssitzungen ein attraktives neues Lächeln zu kreieren.

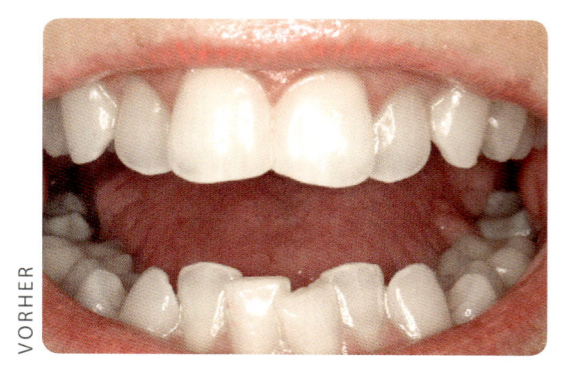

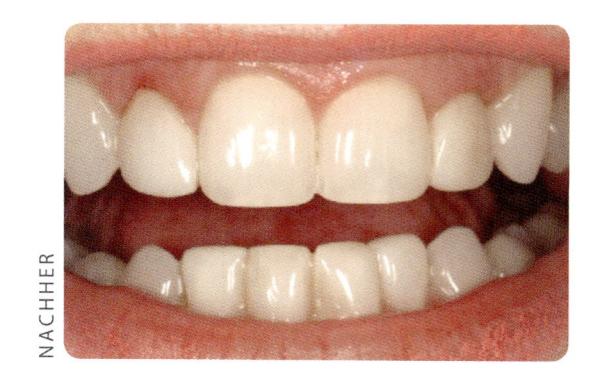

VORHER | NACHHER

Kein Überlappen mehr ... Diese 30-jährige Patientin störte sich an ihren einander überlappenden Frontzähnen. Die mittleren oberen Schneidezähne wurden rekonturiert, um schmaler zu erscheinen und um die Überlappung zu reduzieren. Die seitlichen Schneidezähne wurden mit Komposit aufgebaut. So konnte der Zahnbogen harmonisiert werden. Die gesamte Behandlung erfolgte in einer einzigen Sitzung ohne Anästhesie.

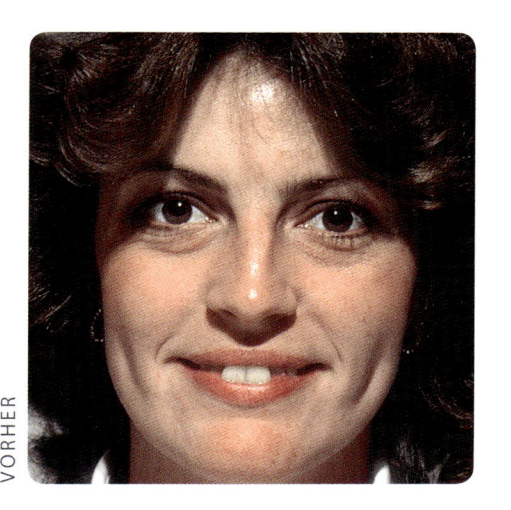

Experten Tipp: Aufhellen!

Bonding kann auch zur Aufhellung eng stehender Zähne eingesetzt werden. Alle Zähne, die nicht behandelt werden müssen, sollten vor der Behandlung gebleicht werden, da ansonsten ästhetisch unschöne Helligkeitsunterschiede entstehen.

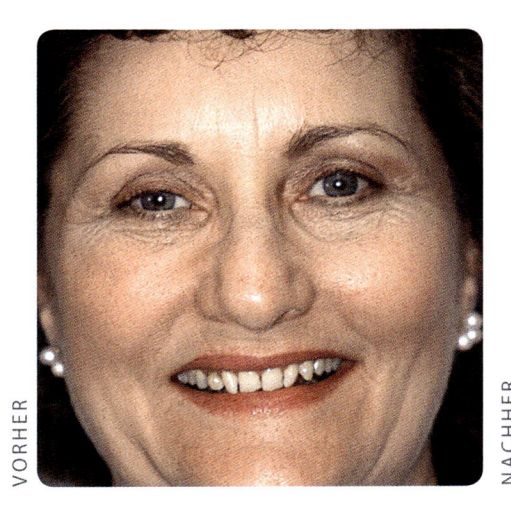

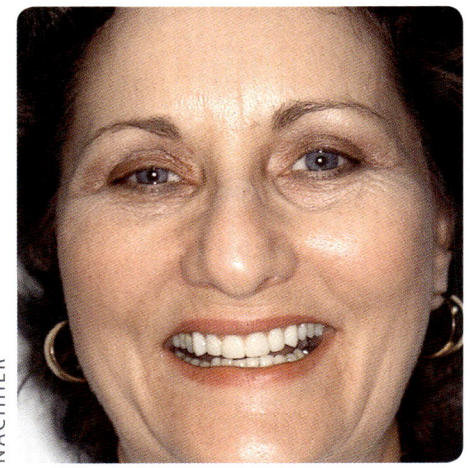

Die Proportionen wahren ... Die seitlichen Schneidezähne dieser Patientin überlappten mit den mittleren, was nicht nur die Proportionen veränderte, sondern auch zu Lücken führte. Außerdem war ein Milchzahn nicht durch einen bleibenden ersetzt. Die Frontzähne wurden in einer Behandlungssitzung leicht rekonturiert und mit Komposit aufgebaut. Die Verbesserung der Zahnproportionen ist beeindruckend.

Lösung 3 Keramik-Veneers

MÖCHTEN SIE IHREM LÄCHELN EINEN NEUEN LOOK GEBEN?

In vielen Fällen sind Keramik-Veneers eine Alternative, wenn eine orthodontische Behandlung für Sie nicht infrage kommt. Schräge und eng stehende Zähne können mit Veneers in ein harmonisches und attraktives Lächeln verwandelt werden.

> Wie wird's gemacht?
> *Siehe Seiten 218–219.*

Gerade Zähne – ohne Brackets ... Dieser international bekannte Tennisprofi wollte sein Lächeln verbessern. Das Anfangsbild (aus einer Werbebroschüre der Firma Swatch) zeigt schräge, unproportionierte Zähne und eine hohe Lippenlinie. Mit einer chirurgischen Zahnfleischkorrektur und keramischen Veneers konnte ein seinem Gesicht und Typ angepasstes Lächeln erzielt werden.

VORHER

NACHHER

Ein konservativer Weg schräge Zähne zu versorgen ... Diese Patientin hatte ihre schrägen, verfärbten Zähnen und die alten Amalgamfüllungen satt. Sie wollte keine Zeit in eine orthodontische Behandlung investieren, aber trotzdem so viel Zahnsubstanz wie möglich erhalten. Keramik-Veneers und spezielle „Veneer-Overlays", die außer der Vorderseite auch einen Teil der Kaufläche überdecken, wurden zur Versorgung und Wiederherstellung eingesetzt.

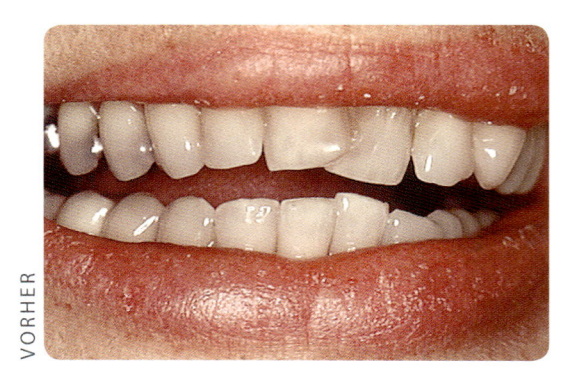

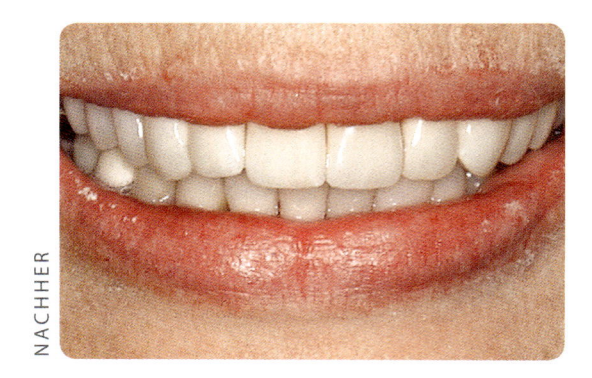

VORHER

NACHHER

Lösung 4 Kronen

Geradlinige Lösung ... Das Lächeln dieses 38-jährigen Geschäftsmannes wurde durch schräge, verfärbte und lückige Zähne ruiniert. Obwohl eine Zahnstellungskorrektur empfohlen wurde, entschied sich der Patient für ein Bonding der unteren und eine Überkronung der oberen Zähne. Das Ergebnis ist ein viel ansprechenderes Lachen.

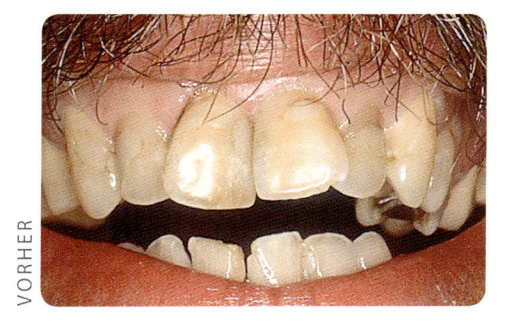

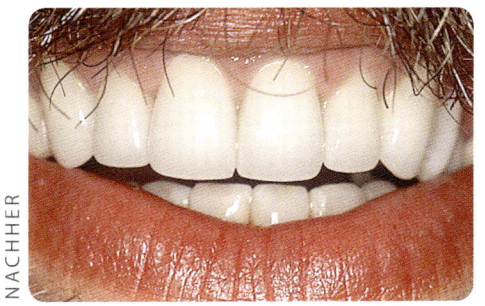

WÜNSCHEN SIE RADIKALE KORREKTUREN?

Kronen sind eine weitere Option, um verschachtelt oder schräg stehende Zähne zu korrigieren. Sie stellen eine zeit- und kostenintensivere Lösung dar, als die zuvor beschriebenen Versorgungsarten, doch kann mithilfe von Kronen oft eine deutlichere Veränderung erzielt werden, insbesondere bei stark verlängerten, beschädigten oder extrem schräg stehenden Zähnen.

Ein guter Fall für Kronen ... Diese 58-jährige Anwältin war mit ihren verfärbten und verschachtelten Zähnen unglücklich. Einige Frontzähne waren stark abgenutzt und die Lachlinie war invertiert. Mit vollkeramischen Kronen konnte ein attraktives Lächeln erreicht werden.

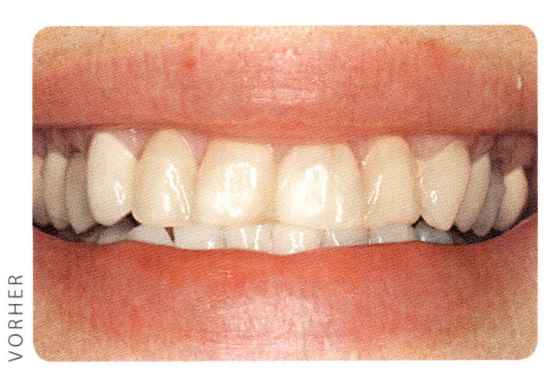

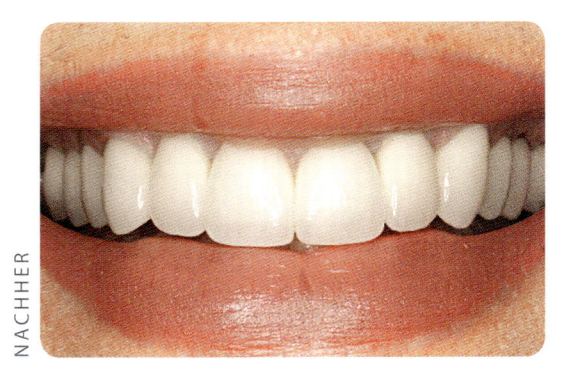

> Wie wird's gemacht?
> *Siehe Seiten 220–225.*

VORHER

NACHHER

NACHHER

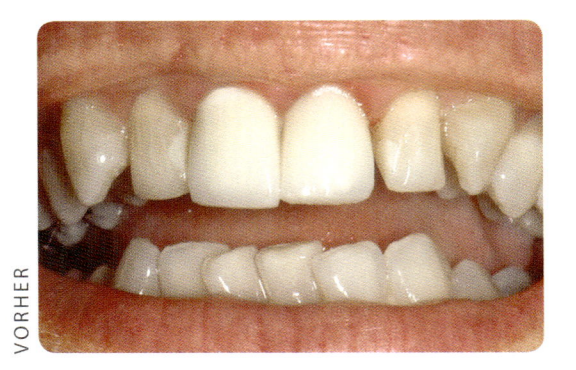

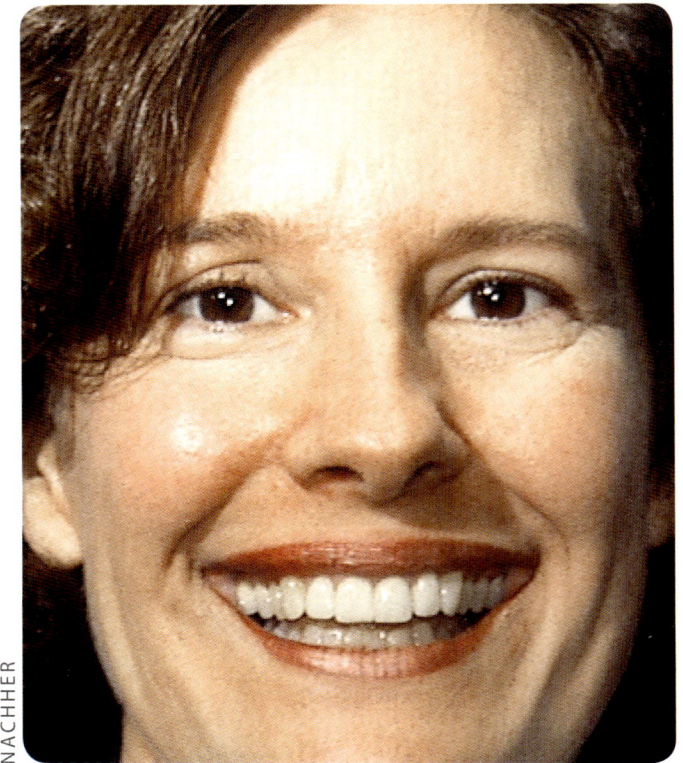

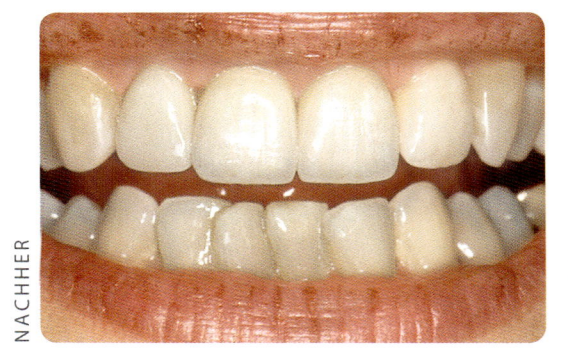

Wählen Sie einen ganzheitlichen Ansatz ... Ein anderer Zahnarzt hatte bei der Überkronung der mittleren Schneidezähne seine Mühe mit den Proportionen gehabt. Nach einer Reduktion der seitlichen Schneidezähne für Veneers und einer Verschlankung der Eckzähne genügten neue Kronen auf den mittleren Schneidezähnen, um die Lachlinie zu verbessern. Keramik-Veneers auf den seitlichen Schneidezähnen und Bonding der Eckzähne vervollständigten das Ergebnis eines dem Gesicht angepassten, harmonischen Lächelns.

Experten Tipp: Nehmen Sie sich Zeit!

Wenn Sie beabsichtigen, Ihre schrägen Zähne durch Kronen korrigieren zu lassen, sollten Sie sich die Zeit für ein Wachsmodell oder ein „Probelächeln" nehmen. So können Sie vor dem Beschleifen der Zähne eine Vorstellung vom Endergebnis bekommen. Es wäre ein verhängnisvoller Irrtum anzunehmen, dass überkronte schräge Zähne in jedem Fall perfekt aussehen. Nicht selten wirken die Kronen unproportioniert und das Ergebnis ist alles andere als zufriedenstellend. In diesem Fall haben Sie nicht nur Zahnsubstanz und Geld verloren, sondern stehen schließlich genau vor der Behandlung, mit der Sie hätten beginnen sollen: Orthodontie.

WAS SIE WISSEN MÜSSEN

SEIEN SIE VORSICHTIG MIT KRONEN

Auch die Verwendung von Kronen bei der Korrektur schräg und eng stehender Zähne hat ihre Grenzen. Wenn die zu überkronenden Zähne zu sehr „aus der Reihe tanzen", können selbst Kronen die Abweichungen nicht mehr ausgleichen. Mit anderen Worten: Das Problem, das Sie korrigieren wollten, bleibt auch nach der Überkronung bestehen.

Die Größe der Zähne ist ein weiterer wichtiger Faktor, der unbedingt beachtet werden sollte, den jeder Zahn muss im Verhältnis zu den übrigen proportioniert sein (oder wirken). Je mehr Zähne in die Korrektur einbezogen werden, umso weniger auffällig sind kleine Verschiebungen der Proportionen. Wenn nur einer oder zwei Zähne überkront werden, kann der Unterschied zu den natürlichen Nachbarzähnen deutlich sein. Eine vorsichtige Rekonturierung sowohl der zu überkronenden als auch der angrenzenden Zähne kann in diesem Fall für eine harmonischeres Endergebnis sorgen.

Lösung 5 Orthodontie

MUT ZUR SPANGE!

Orthodontie ist die Behandlung der Wahl, wenn die natürlichen Zähne nicht verändert werden sollen. Sie stellt ohne Zweifel die beste Lösung zur Stellungskorrektur schräg und eng stehender Zähne dar. Eine orthodontische Zahnkorrektur bringt wieder Ordnung in Ihre Zähne! Sie ist der sicherste Weg zu einem ästhetischen, langzeitbeständigen Ergebnis – und gar nicht so teuer.

> Wie wird's gemacht?
> *Siehe Seite 231.*

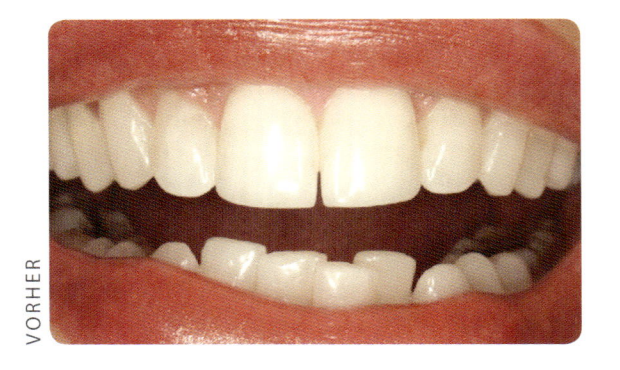

Unsichtbare Schienen: eine transparente Lösung! Diese attraktive 50-jährige Maskenbildnerin war mit ihren verschachtelten unteren Frontzähnen unzufrieden. In wenigen Monaten konnte mit durchsichtigen Schienen eine Korrektur herbeigeführt werden. Die Behandlung ist schmerzlos und für andere unsichtbar.

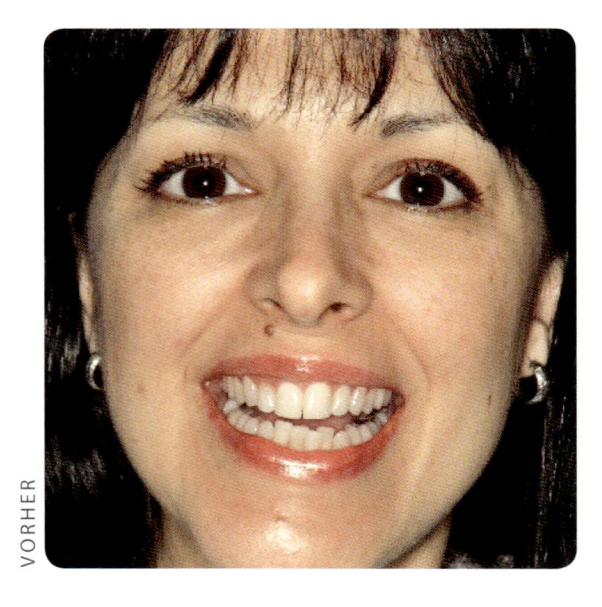

VORHER

VORHER

NACHHER

Lächeln ABC Sind Sie zu alt für Spangen?

Mehr als 20 % der Patienten in kieferorthopädischer Behandlung sind Erwachsene, viele von ihnen über 50 Jahre alt!

VORHER

INVISALIGN

NACHHER

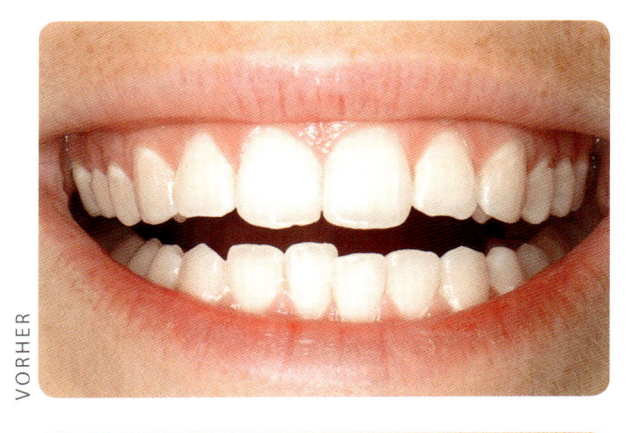

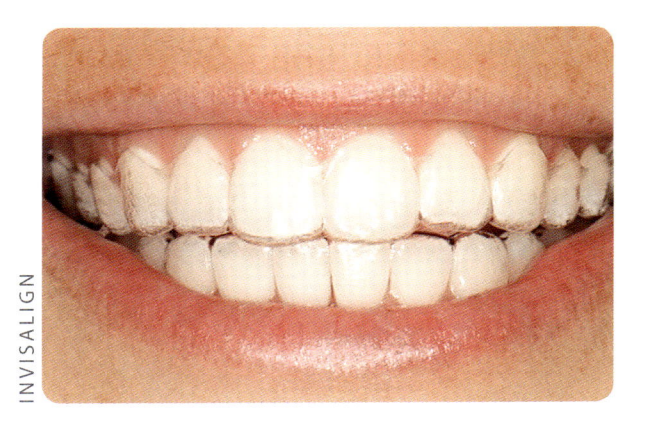

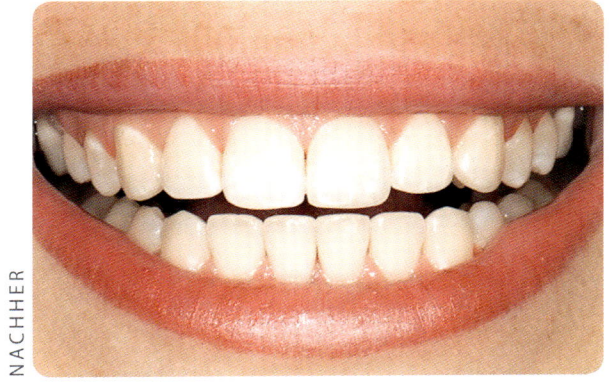

Zeit für eine Neuausrichtung? Diese Patientin hatte als junges Mädchen eine orthodontische Behandlung erhalten. Da sie ihren Retainer nicht trug, kam es zu einer erneuten Verschiebung der Zähne. Die Patientin wählte Invisalign zur diskreten Korrektur. Nach vier Monaten war die Behandlung bereits abgeschlossen. Eine leichte Rekonturierung beseitigte die Zeichen der Abnutzung. Das Ergebnis ist ein dauerhaftes natürliches Lächeln.

WAS SIE WISSEN MÜSSEN

ORTHODONTIE HAT SICH WEITER ENTWICKELT

Früher vermieden viele Erwachsene eine Zahnstellungskorrektur, da die Behandlung langwierig war und oft mit unschönen und störenden Apparaturen aus Metall in Verbindung gebracht wurde. Neue Entwicklungen, wie zahnfarbene Brackets, linguale Spangen („hinter den Zähnen") und abnehmbare Apparaturen, haben das Bild verändert. Eine ganz neue Möglichkeit sind „unsichtbare Spangen" (z. B. Invisalign), eine Serie abnehmbarer durchsichtiger Kunststoffschienen, die alle zwei Wochen gewechselt werden. Jede Schiene bewegt die Zähne in eine neue, am Computer berechnete Position, bis die Endposition erreicht ist. Geringe Engstände können in vier bis zwölf, größere in 18 bis 30 Monaten korrigiert werden. Für den Erfolg ist Ihre Mitarbeit entscheidend (die Schienen müssen 22 Stunden pro Tag getragen werden!). Solche unsichtbaren Schienen sind für erwachsene Patienten ideal, da die Pflege einfach ist und die häufigen Kontrollen und Nachjustierungen beim Kieferorthopäden entfallen. Ein zusätzlicher Vorteil ist die Möglichkeit, Bleichmittel in die Schienen einzubringen und so gleichzeitig mit der Stellungskorrektur die Zähne aufzuhellen.

was erwartet Sie

MANCHMAL MÜSSEN ZÄHNE GEZOGEN WERDEN

In bestimmten Fällen – vor allem wenn Engstände zu einem Verlust von Knochensubstanz zwischen den Zähnen geführt haben – kann es sein, dass der Kieferorthopäde die Extraktion eines oder mehrerer Zähne empfiehlt.

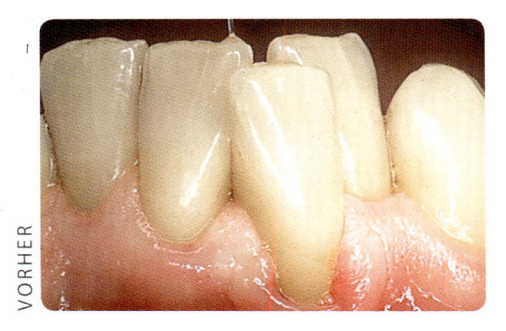

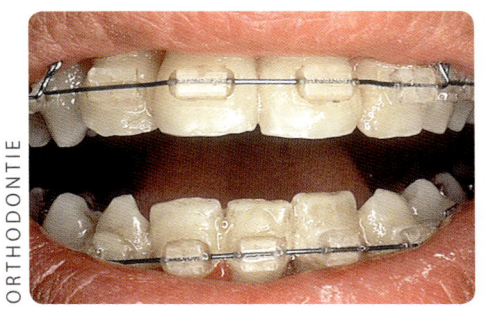

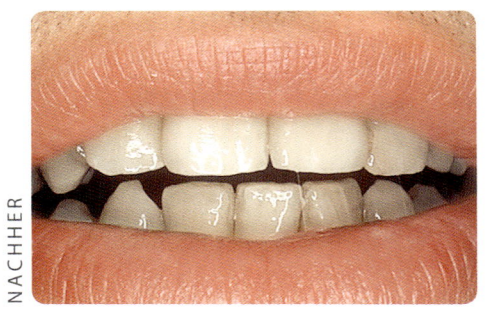

VORHER | ORTHODONTIE | NACHHER

Platz schaffen! Bei diesem 36-jährigen Vertreter hatten sich über die Jahre die unteren Frontzähne in einander geschoben. Der aus dem Zahnbogen gedrängte untere Schneidezahn wurde gezogen und die Zahnstellung mit zahnfarbenen Brackets korrigiert. Es dauerte weniger als zwölf Monate, bis das abgebildete Ergebnis erreicht war.

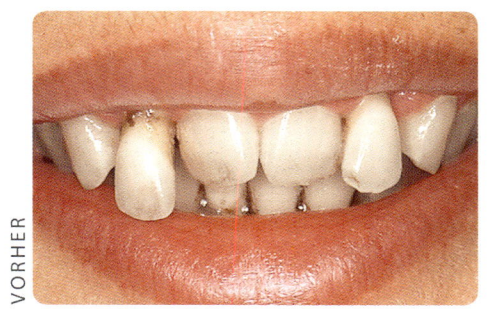

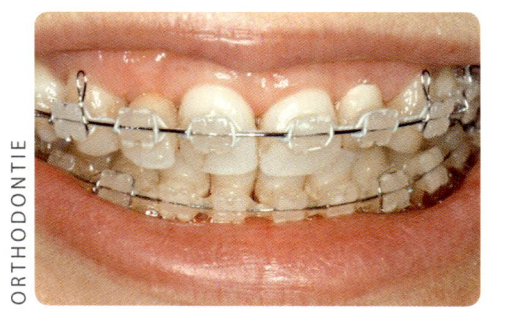

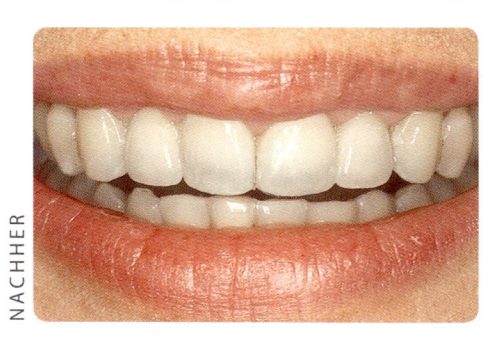

VORHER | ORTHODONTIE | NACHHER

Für ein Foto-Lächeln ... Egal wie schlecht Ihre Zähne stehen, es gibt immer einen Weg zu einem schönen Lächeln. Diese 48-jährige Patientin hatte schräg stehende Zähne, fehlende Zähne und parodontale Probleme. Zunächst wurden die beiden seitlichen Schneidezähne gezogen. Anschließend wurde die Zahnstellung orthodontisch korrigiert, die fehlenden Seitenzähne wurden durch implantatgetragene Kronen und die beiden seitlichen Schneidezähne durch Klebebrücken ersetzt. Auch wenn die Behandlung einige Jahre dauerte, hat die Patientin nun das Lächeln, das sie sich immer wünschte.

Ihre Zähne an der richtigen Stelle ... Stark verschachtelte und verfärbte Zähne verunstalteten das Lächeln dieser Geschäftsfrau. Auf den ersten Blick scheinen Kronen eine schnelle Lösung für dieses Problem zu bieten, aber die Zähne standen zu stark nach vorn, um durch eine Überkronung allein korrigiert werden zu können. Kronen könnten die Zähne besser aussehen lassen, die Fehlstellung würde aber bleiben. Deshalb wurde zuerst eine orthodontische Behandlung durchgeführt. Die Zähne wurden eingereiht und vier Kronen eingesetzt. Auch die Lippenlinie konnte so verbessert werden, und die Muskulatur ist nun weniger verspannt. Abgenutzte und verfärbte Zähne machen älter – diese Patientin sieht mit ihren neuen Zähnen viel jünger aus.

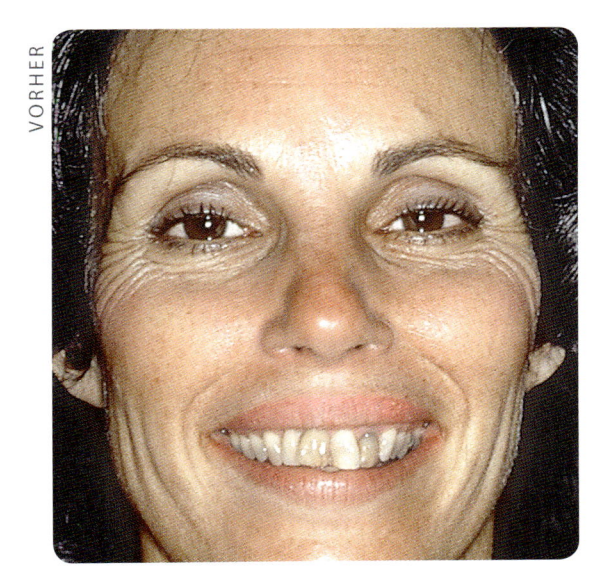

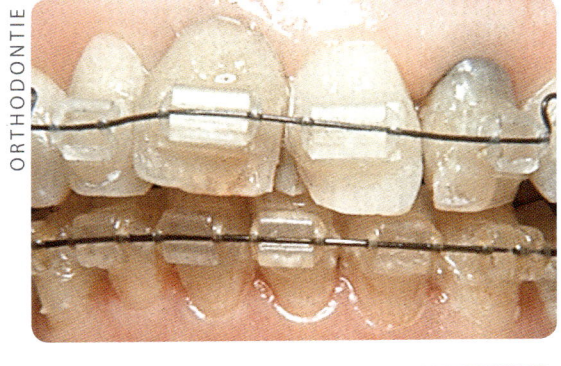

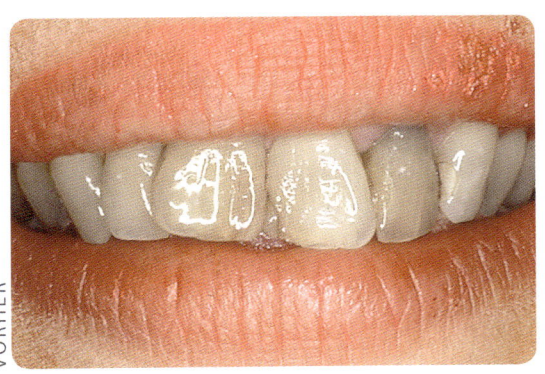

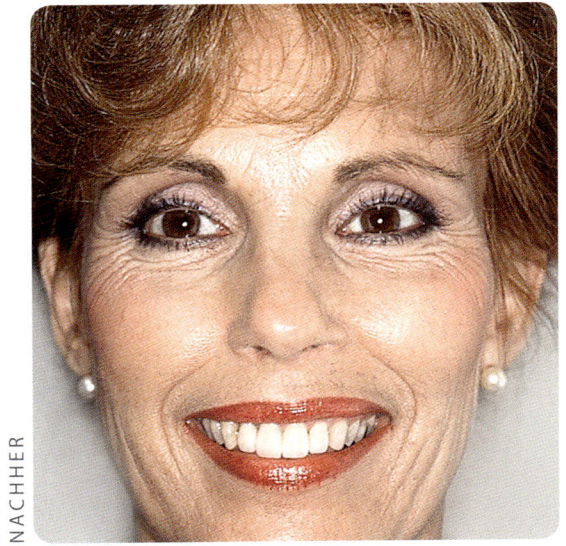

WELCHE LÖSUNG IST DIE BESTE FÜR SIE?

	REKONTURIERUNG	BONDING
BEHANDLUNGSZEIT	Maximal 1 Stunde	1 bis 2 Stunden pro Zahn
UNTERHALT	Zahnbürste und Zahnseide täglich	• Professionelle Zahnreinigung 3- bis 4-mal pro Jahr • Beißen auf harte Gegenstände oder Nahrungsmittel vermeiden • Zahnseide seitlich entfernen • Anfallende „Reparaturen" führt Ihr Zahnarzt durch.
ERGEBNIS	Sofortergebnis; lässt Zähne gerader und weniger verschachtelt aussehen	Geradere Zähne in einer Sitzung
LEBENSDAUER DER BEHANDLUNG*	Unbegrenzt	5 bis 8 Jahre
KOSTEN†	250 bis 1600 Euro pro Kiefer	150 bis 350 Euro pro Zahn (Reparaturen 100 bis 300 Euro)
VORTEILE	• Kostengünstigste Form ästhetischer Korrektur • Dauerhaftes Resultat • Sofortige Korrektur • Minimale Behandlungszeit • Weitgehend schmerzfrei; keine Anästhesie erforderlich	• Keine oder geringe Präparation des Zahnes • Oft reversibel • Schmerzlos; keine Anästhesie erforderlich • Zähne fühlen sich gerader an • Günstiger als Veneers oder Kronen
NACHTEILE	• Korrigiert Zahnstellung nicht • Verbesserung durch Funktionsprobleme evtl. beeinträchtigt • Bei Kindern nicht geeignet (große Pulpa) • Verbessert Farbe nicht	• Korrigiert Zahnstellung nicht • Keine Verbesserung des Zahnfleisches bei Engstand • Verfärbungen und Abplatzungen häufiger als bei Veneers und Kronen • Häufigere Reparaturen nötig • Zähnen können überkonturiert werden

*Die Schätzungen beruhen auf den Erfahrungen des Autors, den Ergebnissen dreier an Universitäten durchgeführter Studien sowie Versicherungsstatistiken. Abhängig von verschiedenen Faktoren, die weder Sie noch Ihr Zahnarzt beeinflussen können, ist eine Abweichung von diesen Werten in Ihrem Fall möglich.

†Die Behandlungskosten können je nach Land, Zahnarzt (Erfahrung, Technik, Geschick), Art und Schweregrad der Behandlung (Probleme, Erwartungen, Anamnese usw.) abweichen.

‡Ästhetische Provisorien kosten in der Regel extra.

KERAMIK VENEERS	KRONEN	ORTHODONTIE
2 Sitzungen à 1 bis 4 Stunden (größerer Zeitbedarf bei größeren Arbeiten)	2 Sitzungen à 1 bis 4 Stunden bei max 4 Zähnen (größerer Zeitbedarf, bei größeren Arbeiten, ästhetischen Provisorien etc.)	6 bis 30 Monate, je nach Fehlstellung und verwendeter Methode
• Professionelle Zahnreinigung 3- bis 4-mal pro Jahr • Vorsicht beim Beißen auf harte Nahrung • Jährliche Fluoridierung • Zahnbürste und Zahnseide täglich • Fragen Sie den Zahnarzt nach der geeigneten Zahnpasta und Mundspülung.	• Beißen auf Eis und harte Gegenstände vermeiden. • Jährliche Fluoridierung • Zahnbürste und Zahnseide täglich. • Fragen Sie Ihren Zahnarzt nach der geeigneten Zahnpasta und Mundspülung.	• Zahnbürste und Zahnseide täglich mit besonderer Sorgfalt. • Professionelle Zahnreinigung 3- bis 4-mal pro Jahr. • Kontrollsitzungen alle 3 bis 4 Wochen • Retainers müssen auf unbestimmte Zeit getragen werden.
Natürlich wirkendes Ergebnis, weniger anfällig für Verfärbungen als Bonding	Bestes ästhetisches Ergebnis in Bezug auf die Form der Zähne	Schräge und verschachtelte Zähne können korrigiert werden
5 bis 12 Jahre	5 bis 15 Jahre (abhängig von Frakturen, Zahnfleischproblemen und Karies)	Im Allgemeinen dauerhaft, wenn die Retainer getragen werden
600 bis 2300 Euro pro Zahn‡	600 bis 2300 Euro pro Zahn‡	1000 bis 5000 Euro, je nach Anzahl Zähne und Technik; linguale Brackets kosten bis 1300 Euro extra pro Kiefer
• Geringere Frakturgefahr als Bonding • Optimaler Halt wenn auf Schmelz geklebt • Geringe Verfärbung, Glanz bleibt dauerhaft erhalten • Zahnfleisch verträgt Keramik sehr gut • Bessere Proportionen durch Konstruktion im Labor	• Die Zahnfarbe ist „frei wählbar" • Weniger Zeitaufwand als Orthodontie • Weniger Verfärbungen als Bonding • Langlebiger als Bonding oder Veneers • Zahnform kann optimal korrigiert werden	• Korrektur der Zahnposition • Dauerhafte Lösung, wenn Retainer getragen werden • Zähne werden nicht oder nur leicht beschliffen • Je nach Anzahl behandelter Zähne günstiger als Bonding, Veneers oder Kronen • Bessere Mundhygiene durch optimale Zahnstellung (gesundes Zahnfleisch)
• Teurer als Bonding • Reparatur bei Frakturen schwierig • Ränder können „auswaschen" und müssen repariert werden	• Können brechen • Anästhesie nötig • Keine dauerhafte Lösung • Teurer als Bonding oder Veneers • Irreversibel • Pulpa kann gereizt werden • Empfindliche Zähne häufiger	• Zeitaufwendig • Ohne Retainer können Zähne in ursprüngliche Position zurückwandern • Einige Wochen Gewöhnung an die Apparatur • Sieht vorübergehend unschön aus • Brackets können Weichgewebe irritieren • Zahnpflege erschwert

8

ERFAHREN SIE ...

WELCHEN BISSTYP SIE HABEN

WELCHE BEHANDLUNG FÜR IHREN BISS DIE RICHTIGE IST

WIE EINE VERLÄNGERUNG DER FRONTZÄHNE IHR LÄCHELN SCHÖNER MACHT

Der richtige Biss

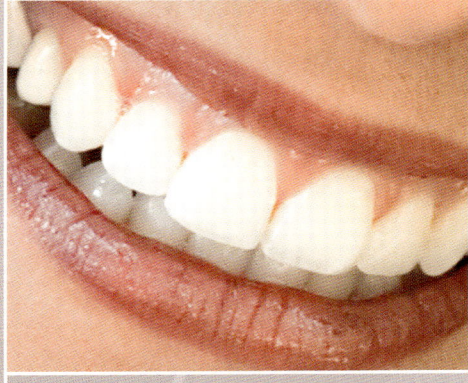

Lassen Sie sich Ihr Lächeln nicht durch einen schlechten Biss verderben!

Die Zähne und der Kieferknochen sind das Grundgerüst des Mundes und seiner Weichgewebe. Ist dieses Gerüst falsch ausgerichtet, kann eine Malokklusion (falscher Biss) die Folge sein. Oberflächlich betrachtet erscheint dies als ästhetisches Problem, aber eine Fehlstellung der Zähne kann viel weiter reichende Auswirkungen haben: Ein Fehlbiss kann zu Problemen wie Kopf- und Ohrenschmerzen führen und sogar Verdauungsstörungen verursachen, die das körperliche Wohlbefinden beeinträchtigen – ganz zu schweigen vom psychischen.

Viele Erwachsene und Kinder haben solche Bissprobleme mit ihren gesundheitlichen und sozialen Folgen. Zum Glück steht der modernen Zahnmedizin eine breite Palette an Möglichkeiten zur Verfügung, einen Fehlbiss zu behandeln. Dieses Kapitel beschreibt verschiedene Bissprobleme sowie Optionen, diese zu korrigieren.

WOHER KOMMT EIN FEHLBISS?

Ein Fehlbiss ist oftmals vererbt. Beispielsweise kann es sein, dass die Zähne nicht ausreichend Platz im Kiefer finden oder nicht zum übrigen Gesicht passen. Auch destruktive Angewohnheiten wie Lippen- oder Nägelkauen, Knirschen und Pressen können zu einem Fehlbiss führen. Nicht zuletzt können nicht ersetzte verlorene Zähne zu einem Zusammenbruch der Bisssituation und einem eingefallenen Gesicht führen, das älter und unattraktiv aussieht.

Experten Tipp: Fehlende Zähne rasch ersetzen!

Wenn ein Zahn verloren geht oder gezogen wird, können die übrigen Zähne sich verschieben. Die Folge sind Fehlstellungen, die unter Umständen nur mit größerem Aufwand korrigiert werden können. Es ist deshalb ratsam, fehlende Zähne so rasch wie möglich ersetzen zu lassen. Mehr Informationen hierzu finden Sie in Kapitel 6.

Stoppen Sie Ihr Knirschen ... Dieser 28-jährige Computerspezialist hatte durch seinen Bruxismus (Zähneknirschen) so viel Zahnsubstanz verloren, dass an den Kanten der unteren Zähne das Dentin freilag und sich verfärbt hatte. Die abgenutzten Zähne wurden mit Komposit wiederaufgebaut. Um die Lachlinie zu verbessern wurde zusätzlich eine Rekonturierung durchgeführt.

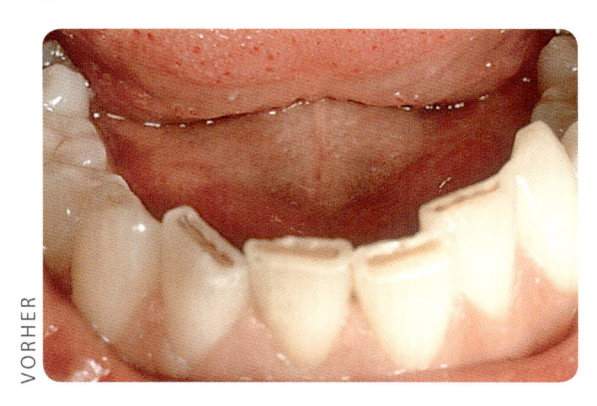

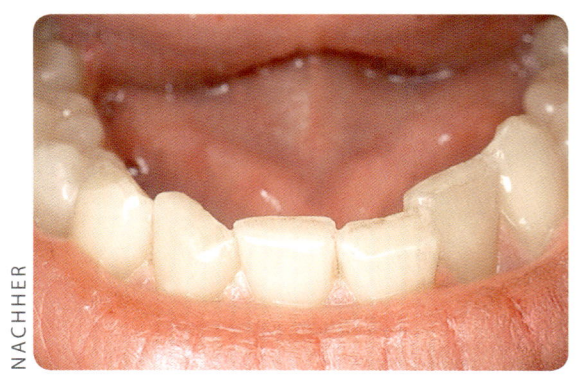

VORHER

NACHHER

was erwartet Sie

SCHIENENTHERAPIE

- Bei Patienten mit Bruxismus und Kiefergelenksproblemen häufig empfohlen.

- Reduziert die Abnutzung der Zähne und kann bei Kopf-, Hals-, Ohren- oder Rückenschmerzen helfen.

- Kann angepasst werden, um den Biss zu korrigieren. Es kann zusätzlich nötig sein, die Zähne neu aufzubauen, um die neue Bisslage zu stabilisieren.

- Die Behandlung dauert normalerweise drei bis zwölf Monate, kann aber je nach Problem länger mehr Zeit erfordern.

- Die Schienen müssen nachts oder ganztägig getragen werden.

- Die Kosten liegen bei 600 bis 3500 €, je nach Aufwand und Dauer der Behandlung.

Lächeln ABC Was ist Bruxismus?

Als „Bruxismus" wird das unbewusste Knirschen oder Pressen der Zähne bezeichnet. Bruxismus führt in der Regel zu einer Abnutzung der Zähne und in der Folge zu Problemen mit dem Biss, dem Kiefergelenk und der Ästhetik. Abgenutzte Zähne wirken kleiner, sind oft verfärbt und machen älter.

Experten Tipp In ganz schweren Fällen Chirurgie!

Bei schweren Bissproblemen, besonders dann, wenn auch das Gesicht deformiert ist, kann orthognathe Chirurgie die Lösung der Wahl sein. Diese Therapieoption wird häufig mit einer orthodontischen Behandlung kombiniert, mit der die Kiefer in ein besseres Verhältnis zueinander gebracht werden. Die orthognathe Chirurgie wird in Kapitel 11 im Detail beschrieben.

FEHLBISS UND KIEFERGELENK

Zahnfehlstellungen können zu Verkrampfungen der Kaumuskulatur und damit zu Fehlhaltungen der Kiefer führen. Die Folge sind Kiefergelenkprobleme, deren Symptome Kopf-, Hals-, Rücken- und Ohrenschmerzen umfassen können. Die Behandlung von Kiefergelenkproblemen reicht – je nach Schweregrad – von Muskelentspannung bis hin zu orthognather Chirurgie. Solange Kiefergelenkprobleme fortbestehen, sollten keine ästhetischen Korrekturen durchgeführt werden.

WAS SIE WISSEN MÜSSEN

IST IHR NEUER BISS GUT ODER SCHLECHT?

Selbst gut ausgeführte Rekonstruktionen können zu Bissproblemen führen. Das passiert meistens dann, wenn schon zuvor eine Disharmonie im Mund bestand, denn in solchen Fällen können bereits kleine Eingriffe – Veneers, Kronen, Zahnstellungskorrekturen – Muskelverspannungen und Kiefergelenkprobleme auslösen. Der Zahnarzt kann solche Probleme nicht immer vorhersehen. Sie sollten in jedem Fall rasch behandelt werden, da die Behandlung mit der Zeit immer schwieriger wird.

WELCHEN BISSTYP HABEN SIE?

Es gibt verschiedene Arten von Fehlbissen mit von Fall zu Fall sehr unterschiedlich starker Ausprägung. In diesem Kapitel werden die verschiedenen Bisssituationen und die Möglichkeiten zu ihrer Behandlung beschrieben.

SIEHT DAS WIE IHR BISS AUS?

Die folgenden Illustrationen zeigen die in diesem Kapitel beschriebenen Bisssituationen. Wenn Sie Ihren Biss in einer der Zeichnungen wiedererkennen, können Sie im entsprechenden Abschnitt erfahren, welche Möglichkeiten es gibt, um Ihre Kaufunktion und Ästhetik zu verbessern.

TIEFBISS

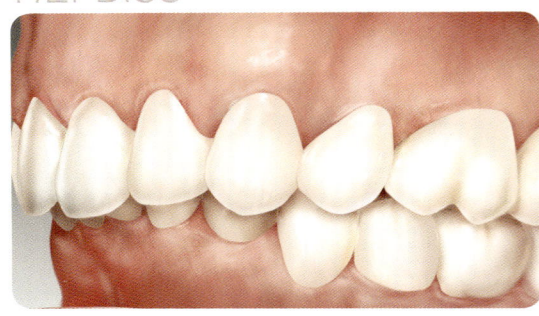

KOPFBISS

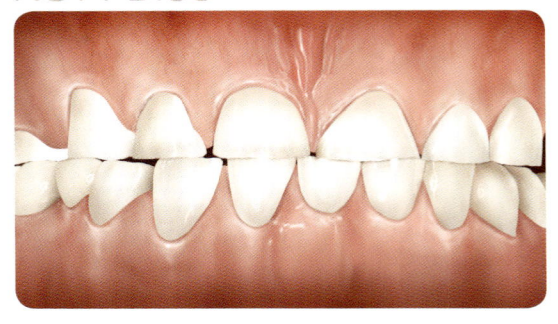

KREUZBISS

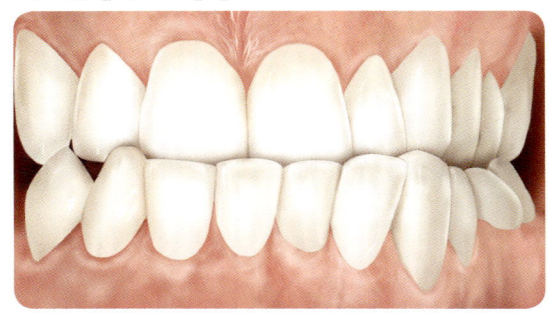

OFFENER BISS

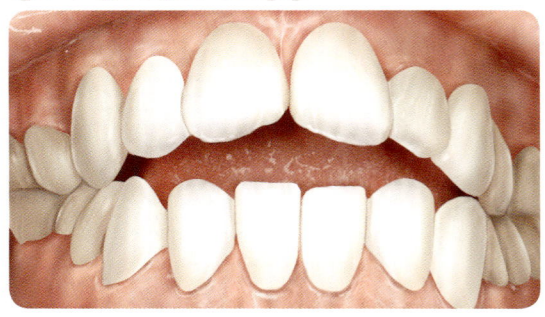

PROTRUSION

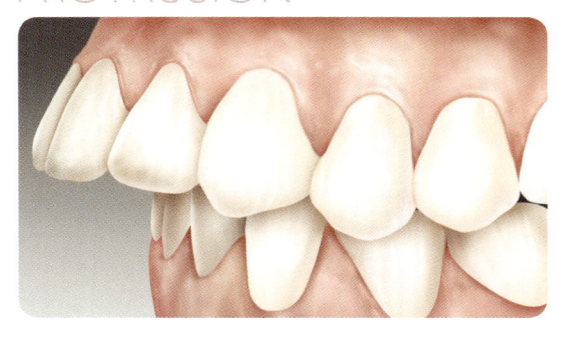

Tiefbiss

WELCHE BEHANDLUNG IST DIE BESTE?

Ein Tiefbiss wird normalerweise mittels Orthodontie und in schweren Fällen zusätzlich mit orthognather Chirurgie behandelt. Bei der orthodontischen Behandlung werden die vorderen Zähne intrudiert („verkürzt"), die hinteren extrudiert („verlängert") oder beides kombiniert, je nach dem Profil Ihres Gesichtes und dem Ausmaß des Tiefbisses

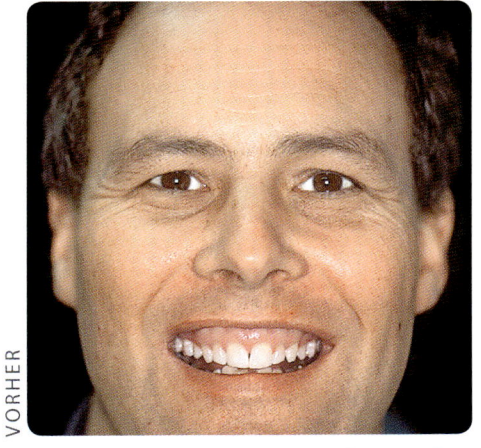

WAS IST EIN TIEFBISS?

Als Tiefbiss wird die fast vollständige Überlappung der oberen über die unteren Schneidezähne bezeichnet. Ein Tiefbiss wirkt sich oft nachteilig auf das Aussehen des Gesichtes aus. Die Schneidekanten der unteren Zähne können dabei auch in das Zahnfleisch am Gaumen einbeißen.

VORHER

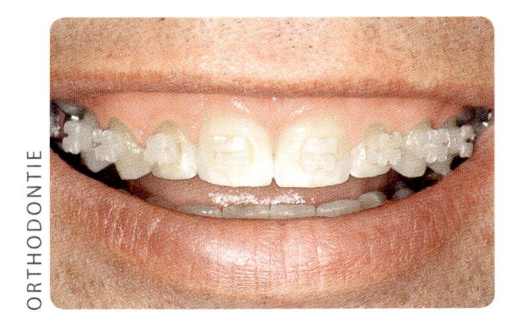

ORTHODONTIE

NACHHER

Eine Bissveränderung kann das ganze Aussehen verändern ... Dieser Zahnarzt störte sich an seinem „Gummy Smile", den abgenutzten Zähnen und dem tiefen Biss. Die Behandlung dauerte zwei Jahre und umfasste eine orthodontische Korrektur, eine Zahnfleischkorrektur und ein Bleaching. Diese Erfahrung verhalf dem Zahnarzt nicht nur zum gewünschten Lächeln. Er konnte sie auch an Patienten mit ähnlichen Problemen weitergeben.

Kopfbiss

WAS IST EIN KOPFBISS?

Eine gewisse Abnutzung der Zähne mit zunehmendem Alter ist normal und unbedenklich, solang sich dadurch die Bisssituation und die Funktion nicht verändern. Manchmal kann die Abnutzung der Zähne jedoch zu einem Kopfbiss und damit zu einem ernsten Problem führen. Ein großer Substanzverlust der hinteren Zähne kann die vorderen Anteile des Gesichts einfallen lassen. Das Gesicht kann dann, ähnlich wie beim zahnlosen Patienten, älter wirken – auch bei jungen Leuten.

WELCHE BEHANDLUNG IST DIE BESTE?

Bei einem nicht zu starken Kopfbiss lassen sich die Seitenzähne mit Onlays oder Kronen aufbauen (siehe Seiten 52–53), was eine Verlängerung der Frontzähne durch Bonding, Veneers oder Kronen erlaubt. In der Regel ist eine Bissöffnung mittels Orthodontie jedoch die beste Lösung. Rekonstruktive Versorgungen mit Veneers oder Kronen können anschließend erfolgen. Sollte der Unterkiefer neu positioniert werden müssen, ist zusätzlich ein orthognather chirurgischer Eingriff erforderlich.

Abnutzung der Zähne führt zu Kopfbiss ... Diesem 30-jährigen Vertreter gefielen seine Zähne nicht mehr. Seine Knirsch- und Pressgewohnheiten hatten schon viel Zahnsubstanz zerstört. Außerdem fehlten im linken Oberkiefer alle Zähne nach dem Eckzahn, was zu einem Einbruch des Bisses, einer schrägen Lippe und einem angespannten Ausdruck führte. Zur Behandlung wurde für drei Monate eine Schiene eingesetzt, um den Biss wieder in die ursprüngliche Lage anzuheben, gefolgt von einer definitiven Versorgung mit Kronen und Brücken. Durch die neue Bisssituation konnte auch die Lippenlage normalisiert werden.

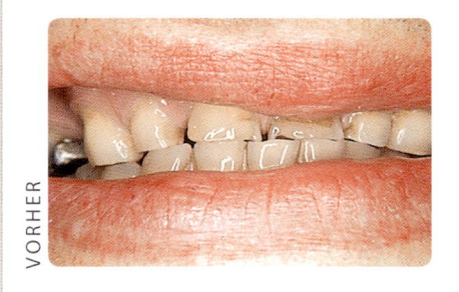

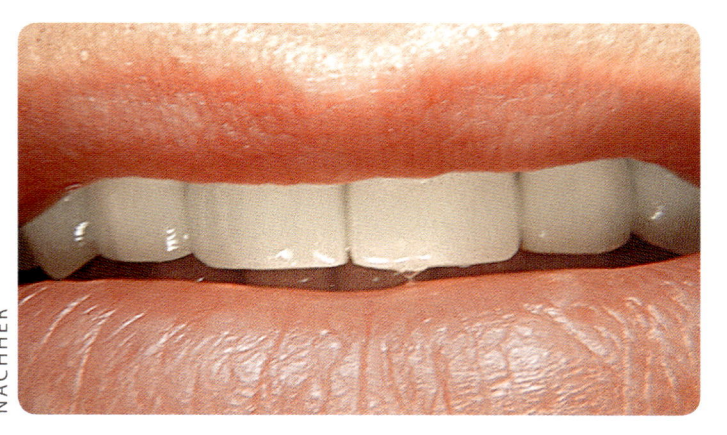

Kreuzbiss

WELCHE BEHANDLUNG IST DIE BESTE?

Auch wenn Kronen und Kompositfüllungen sich zum Aufbauen des Oberkiefers eignen, sind die ästhetischen Möglichkeiten begrenzt. Deshalb ist bei einem Kreuzbiss eine Zahnstellungskorrektur mittels Orthodontie die beste Lösung. Bei einem sehr starken Kreuzbiss kann zusätzlich noch ein orthognather chirurgischer Eingriff erforderlich sein. Dieser kombinierte Ansatz kann die Ästhetik stark verbessern. Das Beste dabei ist, dass die Zähne nach der Korrektur ihre Position beibehalten.

Frühe Behandlung für beste Ergebnisse ... Bei diesem jungen Patienten mit Kreuzbiss lagen die oberen Frontzähne hinter den unteren. Eine Zahnstellungskorrektur ist hier die beste Option. In einer ersten Phase wurde die Gesichtsentwicklung unterstützt. Nach Erreichen des Jugendalters wurde mithilfe zahnfarbener Spangen die gewünschte Zahnstellung herbeigeführt. Da die Behandlung frühzeitig begonnen wurde, konnte die Gesichtsentwicklung positiv beeinflusst und ein strahlendes Lächeln erzielt werden.

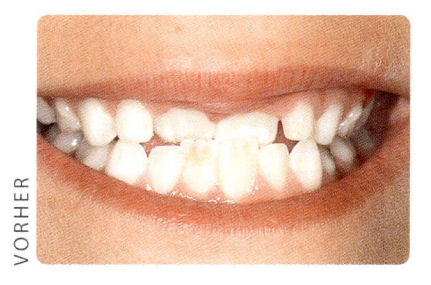

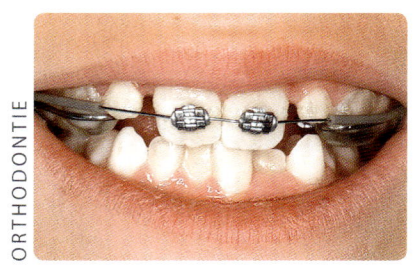

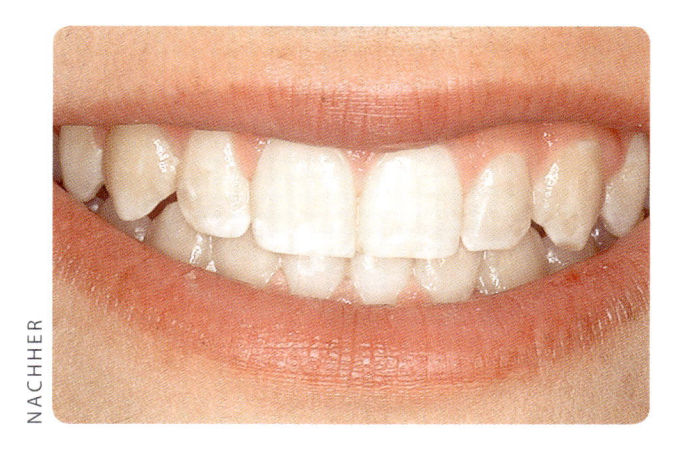

WAS IST EIN KREUZBISS?

Bei einem normalen Biss überlappen die oberen Zähne die unteren leicht. Bei einem Kreuzbiss ist die Situation umgekehrt: die unteren Zähne überlappen die oberen. Dies kann sowohl die vorderen als auch die hinteren Zähne betreffen. Bei einem Kreuzbiss der Frontzähne steht oft auch das Kinn nach vorn.

Offener Biss

WAS IST EIN OFFENER BISS?

In manchen Fällen berühren die oberen und unteren Frontzähne einander nicht, obwohl die Seitenzähne bereits in Kontakt sind. Diese Situation wird als „offener Biss" bezeichnet. Die Vererbung, aber auch Angewohnheiten wie Zungenpressen, Daumenlutschen oder Bleistiftkauen können zu einem offenen Biss führen. Patienten mit einem offenen Biss sind sich dieses Problems nicht immer bewusst. Ein wichtiges Zeichen sind Schwierigkeiten beim Abbeißen. Zusätzlich wird die Lippe nach vorne gedrückt und ein lockerer Lippenschluss ist erschwert.

WELCHE BEHANDLUNG IST DIE BESTE?

Orthodontie, in schweren Fällen kombiniert mit orthognather Chirurgie, ist die optimale Behandlung für einen offenen Biss. Damit wird nicht nur die Zahnstellung verbessert, sondern auch der Kieferknochen einwärts bewegt, was den Lippenschluss erleichtert.

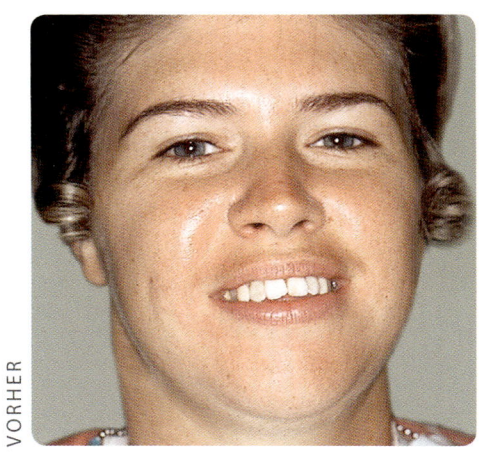

Lang anhaltende Lösung für einen offenen Biss ... Diese Frau störte die ästhetische und funktionelle Beeinträchtigung durch ihren offenen Bisses. Sie konnte die Lippen ohne Anstrengung kaum schließen und auch das Abbeißen war erschwert. Mittels Orthodontie wurde eine normale Zahnstellung erreicht. Das Ergebnis der Behandlung ist ein feminineres Lächeln.

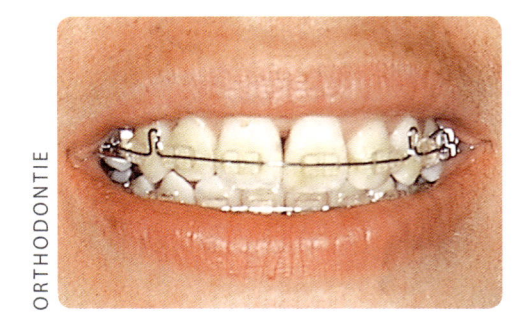

Protrusion

WELCHE BEHANDLUNG IST DIE BESTE?

Orthodontie, in schweren Fällen kombiniert mit orthognather Chirurgie, ist die optimale Behandlung. In Einzelfällen müssen für ein gutes Ergebnis zwei bis vier Zähne gezogen werden. Allerdings können Extraktionen zu Überkorrekturen führen, die entstehen, wenn die Zähne zu weit nach hinten bewegt werden, und das Gesicht einfallen lassen. Unabhängig davon, wie stark Ihre Protrusion ist – lassen Sie sich auf keinen Fall die Zähne ziehen und durch eine Brücke ersetzen! Auf diese Weise wird der Knochen nicht korrigiert und die Kauprobleme bleiben bestehen.

Sofortergebnis für protudierte Zähne ... Diese Primaballerina störte sich an den vorstehenden und verfärbten Zähnen. Auch wenn eine Zahnkorrektur ideal gewesen wäre, wünschte die Patientin eine sofortige Lösung mithilfe von Kompositversorgungen im Ober- und Unterkiefer. In zwei Sitzungen konnte die Behandlung durchgeführt werden. Auch wenn die Protrusion noch besteht, sehen die Zähne viel besser aus. Das Lächeln ist nun ein wichtiger Bestandteil ihres attraktiven Gesichts.

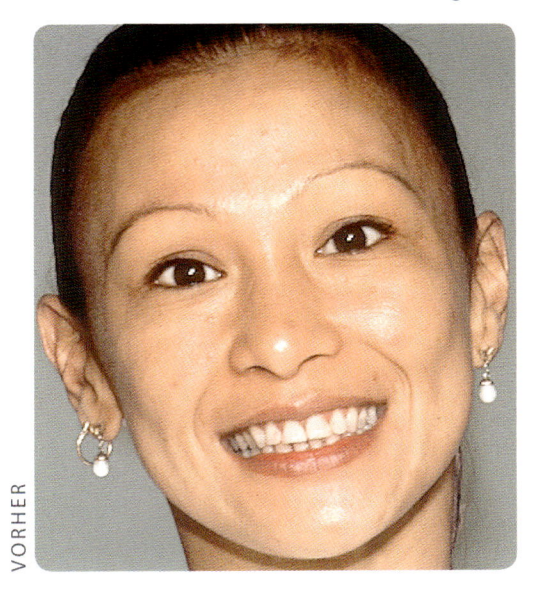

VORHER | NACHHER

WAS IST PROTRUSION?

Protrudierte obere Frontzähne, oft auch als „Hasenzähne" bezeichnet, können das schönste Lächeln stören. In schweren Fällen kann diese Fehlstellung zu Problemen beim Lippenschluss und zu Verformungen der Weichgewebe führen.

WELCHE LÖSUNG IST DIE BESTE FÜR IHREN BISS?

ORTHODONTIE	REKONTURIERUNG
TIEFBISS ODER KOPFBISS *Vorteile* • Beste Option zur Korrektur eines Tiefbisses • Dauerhaftestes Resultat • Kann Kiefergelenksprobleme verbessern • Kann starker Abnutzung vorbeugen (wenn früh genug begonnen) *Nachteile* • Dauert 6 bis 24 Monate • Retainer muss lebenslang getragen werden	*Vorteile* • Gut für eine abschließende ästhetische Korrektur • In 1 Sitzung abgeschlossen *Nachteile* • Korrigiert das Bissproblem nicht
KREUZBISS *Vorteile* • Effektivste Methode • Dauerhaftestes Resultat *Nachteile* • Dauert 4 bis 6 Monate bei 1 oder 2 Zähnen • Dauert 6 bis 24 Monate bei mehr als 2 Zähnen • Muss eventuell mit orthognather Chirurgie kombiniert werden	*Vorteile* • Rekonturierung des Gegenzahnes kann Biss verbessern • In 1 Sitzung abgeschlossen • Langfristiges Resultat • Kostengünstig *Nachteile* • Korrigiert das Bissproblem nicht
OFFENER BISS *Vorteile* • Verbessert das Abbeißen • Verbessert Lippenposition und Ästhetik • Kann mit orthognather Chirurgie für raschere und bessere Ergebnisse kombiniert werden. *Nachteile* • Zeitaufwendig • Retention je nach Schweregrad erschwert • Retainer muss lebenslang getragen werden	*Vorteile* • Gut für eine abschließende ästhetische Korrektur • In 1 Sitzung abgeschlossen *Nachteile* • Korrigiert das Bissproblem nicht
PROTRUSION *Vorteile* • Effektivste Methode • Dauerhaftestes Resultat • Kann für raschere Ergebnisse in schwierigen Fällen mit orthognather Chirurgie kombiniert werden. *Nachteile* • Dauert 6 bis 24 Monate • Retention je nach Bisssituation und Gewohnheiten erschwert • Retainer muss lebenslang getragen werden	*Vorteile* • Kann die Illusion gerader Zähne erzeugen • Kann Protrusion minimal reduzieren • In 1 Sitzung abgeschlossen *Nachteile* • Korrigiert das Bissproblem nicht

BONDING	KERAMIK-VENEERS	KRONEN
Vorteile • Verbessert Form und Farbe • In 1 Sitzung abgeschlossen *Nachteile* • Korrigiert das Bissproblem nicht • Kann sich verfärben oder brechen • Muss nach 3 bis 8 Jahren ersetzt werden	*Vorteile* • Verbessern Form und Farbe *Nachteile* • Korrigieren das Bissproblem nicht • Können sich verfärben oder brechen • Müssen nach 5 bis 12 Jahren ersetzt werden	*Vorteile* • Können gute Lösung bei Deckbiss sein • Mitunter können Kronen auf Seitenzähnen Biss und Ästhetik durch zusätzlichen Platz für natürliche Frontzähne verbessern. *Nachteile* • Bissöffnung kann schwierig sein • Zähne müssen beschliffen werden • Müssen nach 5 bis 15 Jahren ersetzt werden • Anästhesie nötig
Vorteile • Kann die oberen Zähne aufbauen und so den Zahnbogen aufweiten • In 1 Sitzung abgeschlossen *Nachteile* • Kann sich verfärben oder brechen • Muss nach 3 bis 8 Jahren ersetzt werden • Korrigiert das Bissproblem nicht • Nur in leichten Fällen möglich	*Vorteile* • Können die oberen Zähne aufbauen und so den Zahnbogen aufweiten *Nachteile* • Können bei starkem Kreuzbiss relativ leicht brechen	*Vorteile* • Verbessern Form und Farbe • In seltenen Fällen können Kronen im Ober- und Unterkiefer einen Kreuzbiss korrigieren. *Nachteile* • Anästhesie nötig • Zähne müssen beschliffen werden • Problem wird nicht gelöst • Müssen nach 5 bis 15 Jahren ersetzt werden
Vorteile • Kann die oberen Zähne in einfachen Fällen verlängern • Verbessert Form und Farbe • In 1 Sitzung abgeschlossen *Nachteile* • Begrenzter Nutzen • Verbessert die Lippenposition nicht • Kann sich verfärben oder brechen • Muss nach 3 bis 8 Jahren ersetzt werden	*Vorteile* • Können Zähne in einfachen Fällen verlängern • Verbessern Form und Farbe *Nachteile* • Begrenzter Nutzen • Verbessern Lippenposition nicht • Können sich verfärben oder brechen • Müssen nach 5 bis 12 Jahren ersetzt werden	*Vorteile* • Können Zähne in einfachen Fällen verlängern • Verbessern Form und Farbe *Nachteile* • Begrenzter Nutzen • Anästhesie notwendig • Zähne müssen beschliffen werden • Müssen nach 5 bis 15 Jahren ersetzt werden
Vorteile • In 1 Sitzung abgeschlossen • Kann Stellung leicht verbessern *Nachteile* • Zähne können bauchiger wirken • Kann sich verfärben oder brechen • Muss nach 3 bis 8 Jahren ersetzt werden	*Vorteile* • Können Stellung leicht verbessern *Nachteile* • Zähne können bauchiger wirken • Können sich verfärben oder brechen • Müssen nach 5 bis 12 Jahren ersetzt werden	*Vorteile* • Können Zahnstellung, -form und -farbe verbessern *Nachteile* • Können Diskrepanzen zwischen Ober- und Unterkiefer nicht ausgleichen • Zähne müssen beschliffen werden • Müssen nach 5 bis 15 Jahren ersetzt werden • Zähne müssen eventuell wurzelbehandelt werden • Anästhesie nötig

Lösung 1 Orthodontie

BRAUCHEN SIE BEWEGUNG?

Ihre Zähne, nur besser ... Dieser Fernsehansager wollte sein Aussehen verbessern. Mit einer orthodontischen Behandlung konnte der Zahnbogen harmonisiert und ein attraktiveres Lächeln erreicht werden.

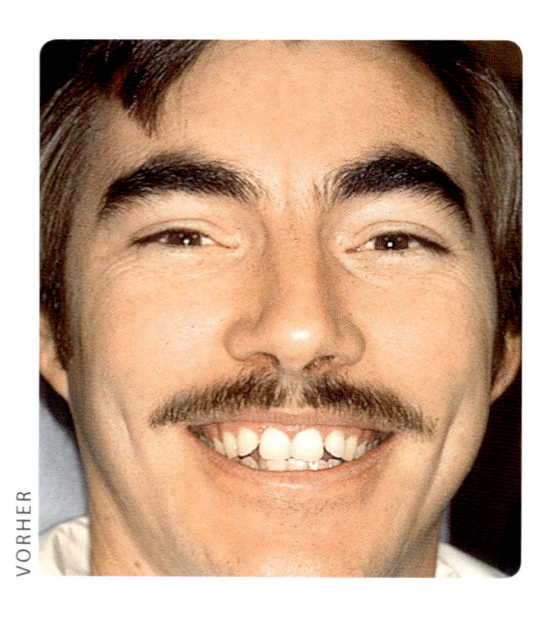

Eine orthodontische Behandlung bringt die Zähne in die korrekte Position und ist die beste Lösung bei Bissproblemen. Orthodontie ist konservativ und langfristig erfolgreich, aber mit erhöhtem Zeitaufwand verbunden. In manchen Fällen werden für ein besseres Ergebnis Orthodontie und orthognathe Chirurgie kombiniert.

VORHER | NACHHER

> Wie wird's gemacht?
> *Siehe Seite 231.*

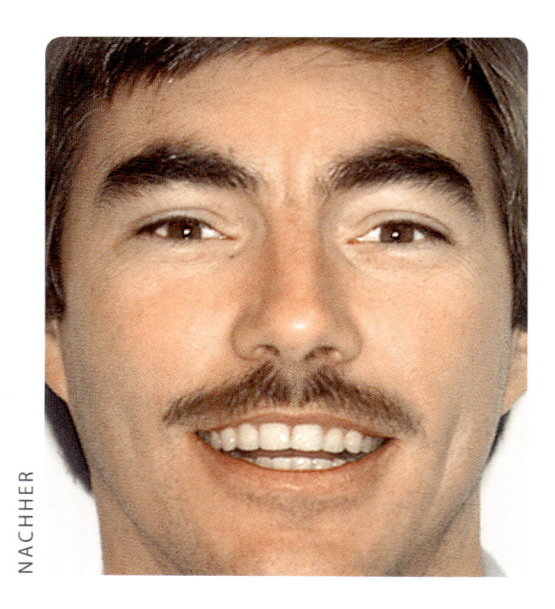

Experten Tipp — Auf der sicheren Seite!

Egal ob mit traditionellen Brackets oder durchsichtigen Schienen (z. B. Invisalign) – Orthodontie bleibt eine der günstigsten Behandlungsoptionen. Zusätzlich liefert eine Zahnstellungskorrektur die besten Voraussetzungen, um ein optimales ästhetisches und funktionelles Ergebnis zu erreichen, unabhängig davon, welche Behandlung anschließend durchgeführt wird: Bonding, Veneers oder Vollkeramikkronen.

Schönheit aus jedem Winkel ... Dieses 13-jährige Mädchen hatte wegen vorstehender Frontzähne Mühe ihre Lippen zu schließen. Zwei Jahre Orthodontie konnten nicht nur die Zahnstellung, sondern auch das Profil markant verbessern.

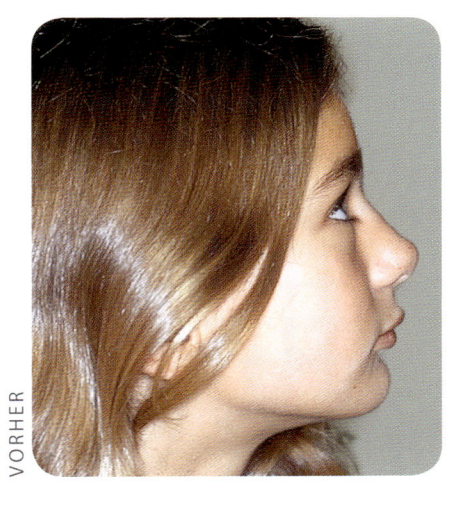

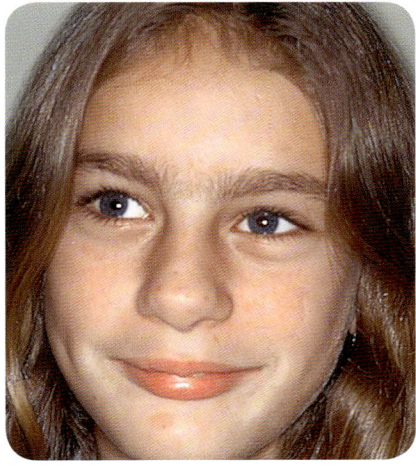

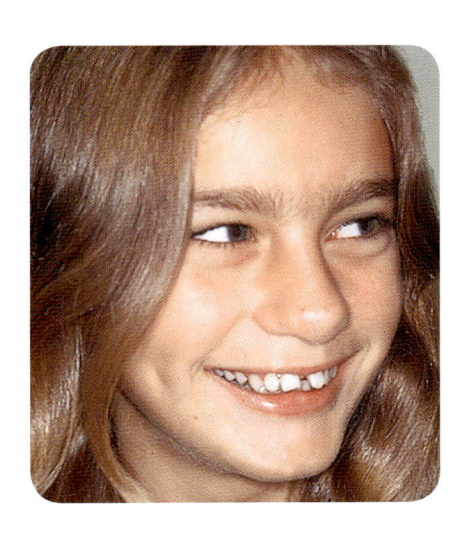

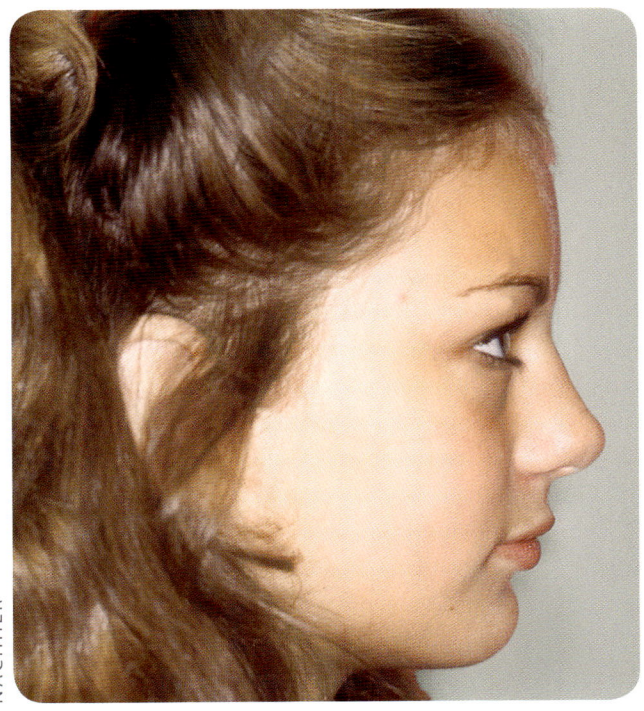

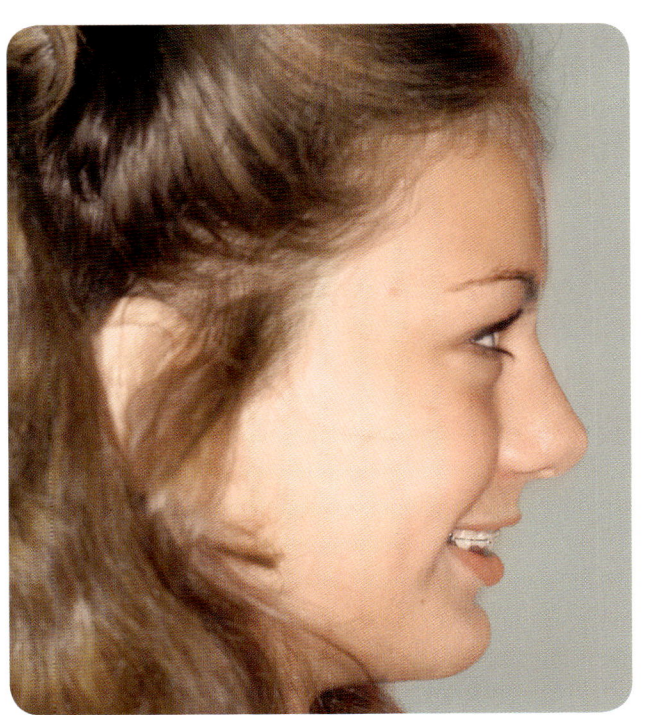

VORHER

NACHHER

Lösung 2 Rekonturierung

WÜNSCHEN SIE EINEN LETZTEN SCHLIFF?

Eine Rekonturierung kann den Eindruck gerader Zähne erzeugen und ist bei der Korrektur von Bissproblemen, wie kleinen Fehlstellungen oder unregelmäßigen Zahnlängen, die ideale Lösung. Allerdings kann eine Rekonturierung allein viele Bissprobleme nicht lösen. Sie stellt in den meisten Fällen eine Kompromisslösung dar oder dient der abschließenden Optimierung der Zahnform nach anderen Behandlungen.

Ebnen Sie Ihr Lächeln ... Diese 31-jährige Patientin hatte sehr lange Eckzähne. In einer Sitzung von einer Stunde wurden die Zähne leicht rekonturiert und die Lachlinie verbessert.

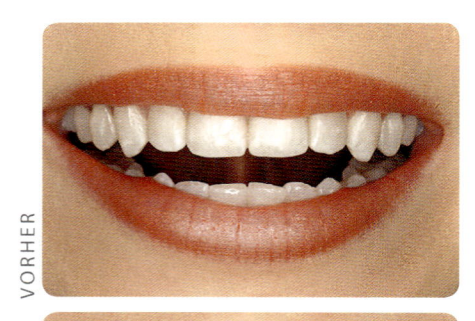

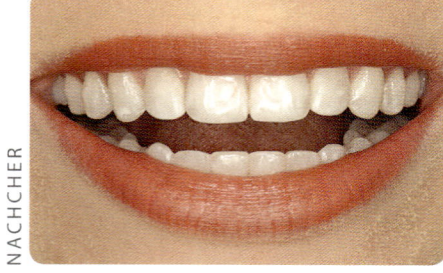

Eine kleine Korrektur kann viel bewirken ... Bei dieser Dentalhygienikerin verstärkten die vorstehenden überlappenden Frontzähne die ungünstige Wirkung des prominenten Oberkiefers zusätzlich. Eine Zahnstellungskorrektur wäre hier die ideale Lösung gewesen. Die Patientin entschied sich jedoch für eine Rekonturierung, wodurch der Eindruck schlankerer, weniger nach vorn stehender Zähne erreicht werden konnte.

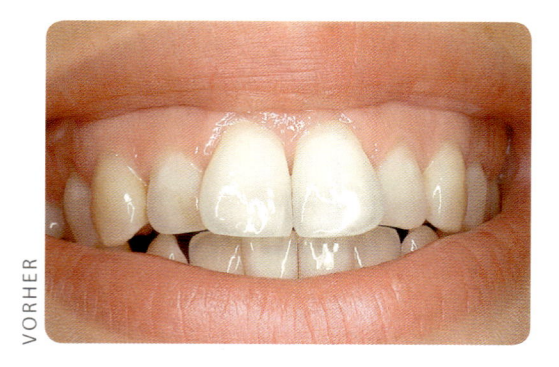

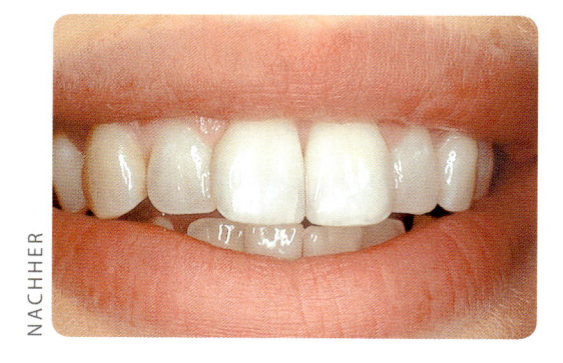

Lösung 3 Bonding

Ein gewinnendes Lächeln ... Ein Fehlbiss kann auch die Symmetrie beeinflussen. Diese Teilnehmerin eines Schönheitswettbewerbs wollte ihr Aussehen verbessern. Sie wurde mit Bonding und Rekonturierungen behandelt. Das Endergebnis zeigt, wie viel ein neues Lächeln zu einem harmonischen Aussehen und einem erfolgreichen Leben beitragen kann. (Sie gewann den Wettbewerb wenige Tage später.)

VORHER / NACHHER

Füllen Sie Ihr Lächeln auf ... Ein eingefallenes Aussehen verdarb das Lächeln dieses 45-jährigen Geschäftsmanns. Die nach innen geneigten Zähne wirkten optisch verkürzt, und die sichtbare Amalgamfüllung störte zusätzlich. Mit Komposit-Bonding an zehn oberen Zähnen konnte in einer Sitzung eine deutliche Verbesserung erreicht werden.

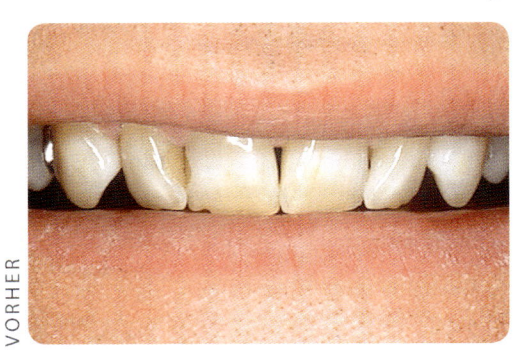

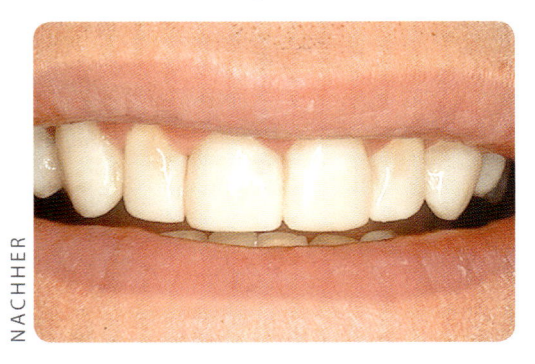

VORHER / NACHHER

KANN BONDING IHREN BISS VERBESSERN?

Leichte Kreuzbiss-Situationen lassen sich korrigieren, indem die oberen Zähne mit Bonding aufgebaut und die unteren durch eine Rekonturierung leicht reduziert werden. In anderen Fällen kann ein Aufbau der unteren Zähne mittels Bonding die ungünstige Wirkung vorstehender oberer Zähne abmildern. Dennoch ist Bonding für die meisten Bissprobleme nur eine Kompromisslösung. Es eignet sich eher dazu, das Aussehen verfärbter, abgebrochener, abgenutzter oder lückig stehender Zähne in einer bestehenden Bisssituation zu verbessern.

> **Wie wird's gemacht?**
> *Siehe Seite 217.*

Lösung 4 Keramik-Veneers

SUCHEN SIE EIN VOLLERES LÄCHELN?

Keramik-Veneers bieten einen guten Kompromiss bei engen Zahnbögen. Sind die Zähne gesund, können Sie mit Veneers leicht aufgebaut werden und so ein volles, breites Lächeln formen. Die Verwendung einer helleren Farbe der Keramik kann diesen Eindruck noch verstärken. Dagegen sind bei Zähnen mit mehreren oder großen Füllungen Kronen die bessere Option.

> Wie wird's gemacht.
> *Siehe Seiten 218–219.*

Ein attraktives Lächeln spricht für sich ... Dieser Politiker wollte sein Auftreten als Redner durch ein attraktiveres Lächeln verbessern. Die Lachlinie konnte durch eine Rekonturierung und Veneers markant verbessert werden. Das neue Lächeln steigert seine positive Ausstrahlung.

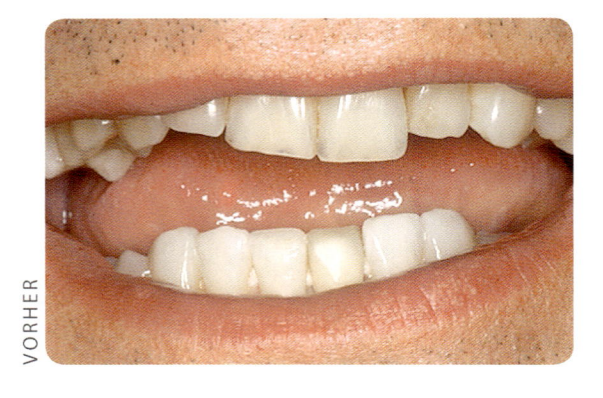

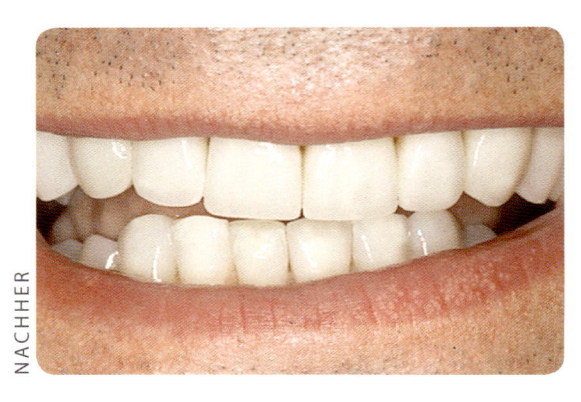

VORHER | NACHHER

Knirschen kann ein Lächeln ruinieren ... Dieser Patient störte sich an den Lücken zwischen den Zähnen, die außerdem durch Knirschen zu kurz und unregelmäßig geworden waren. Er wünschte sich natürlich wirkende, nicht zu weiße Zähne. Da der Patient so wenig Zahnsubstanz wie möglich opfern wollte, wurden dünne keramische Veneers mit einer leicht helleren Farbe eingesetzt. Das Resultat begeisterte den Patienten und hat ihm schon viele Komplimente eingebracht.

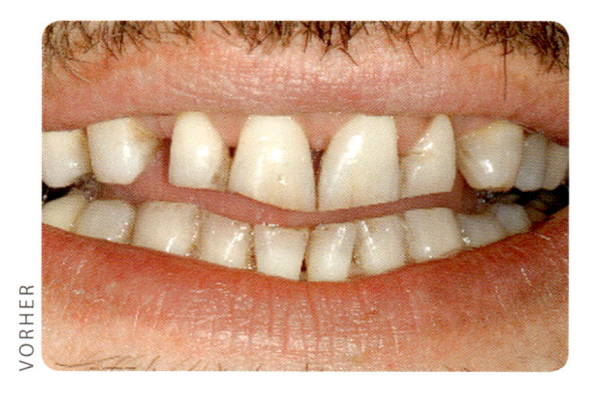

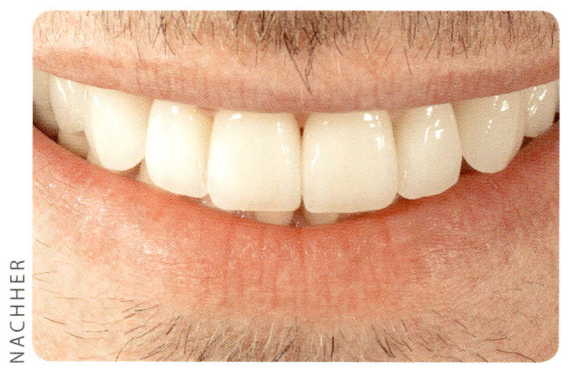

VORHER | NACHHER

Ein helles, volles Lächeln ... Diese Schauspielerin störte sich an den verfärbten Zähnen und dunklen Stellen (sie nannte sie "Höhlen") die sich beim Lachen auf beiden Seiten zeigten. Um das Problem zu beseitigen, wurden die hinteren und vorderen Zähne mit Keramik-Veneers aufgebaut. Hellere Zähne wirken prominenter, dunklere Zähne scheinen sich zu „verstecken".

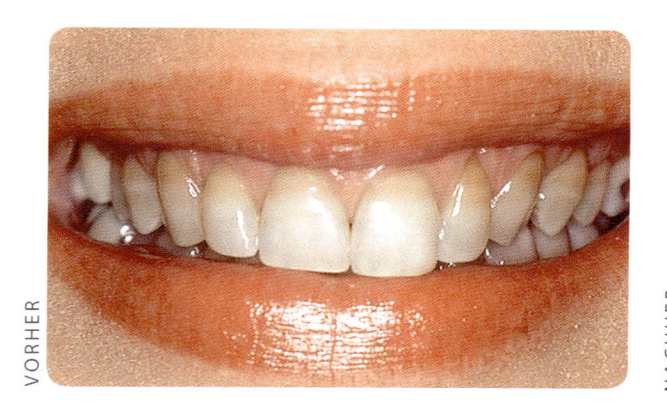

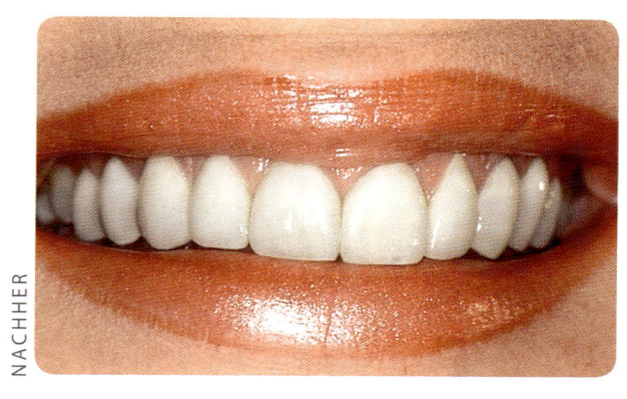

VORHER

NACHHER

VORHER

NACHHER

Lösung 5 Kronen

KÖNNEN KRONEN IHREN BISS KORRIGIEREN?

In Fällen starker Abnutzung durch Alter oder Bruxismus sind Kronen oft eine bessere Lösung als Orthodontie. Kronen können aber auch in Kombination mit einer orthodontischen Behandlung eingesetzt werden, um die unteren Zähne einwärts zu bewegen oder das Aussehen vorstehender oberer Zähne zu verbessern.

Ist Ihr Lächeln flach geworden? Bei diesem 61-jährigen Patienten waren die Frontzähne infolge starker Abnutzung kaum noch sichtbar. Alle Zähne wurden überkront, um ein jugendlicheres und attraktiveres Lächeln aufzubauen.

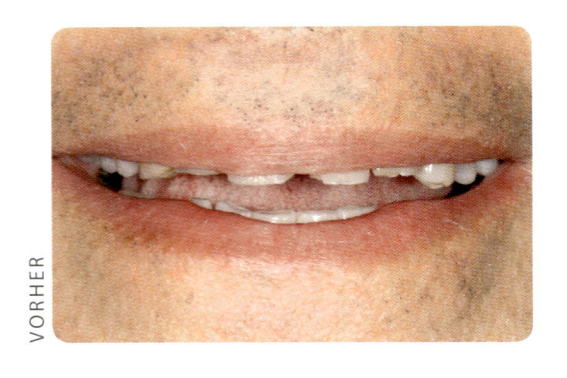

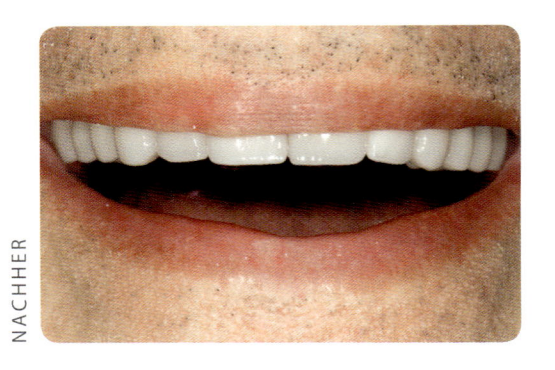

VORHER

NACHHER

Machen Sie sich durch Ihr Lächeln nicht älter ... Dieses 25-jährige männliche Model hatte eine umgekehrte Lachlinie, da die Eckzähne durch Abnutzung der Schneidezähne länger wirkten. Die oberen vier Schneidezähne wurden überkront. Beachten Sie, wie längere mittlere Schneidezähne zu einem jugendlicheren Erscheinungsbild führen.

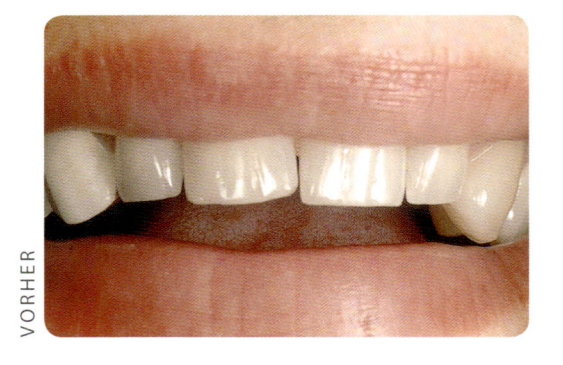

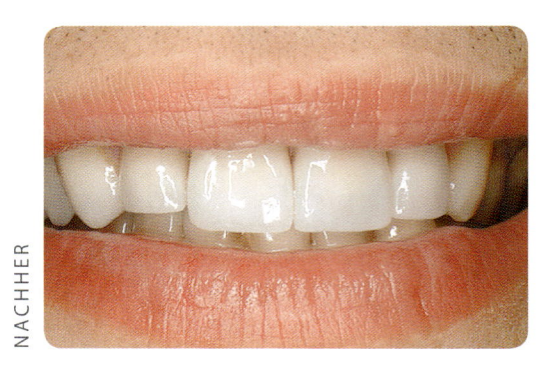

VORHER

NACHHER

WOZU DIE OBEREN ZÄHNE VERLÄNGERN?

Diese Abbildungen zeigen, wie die oberen Frontzähne (mit Bonding, Keramik-Veneers oder Kronen) verlängert werden können, um eine attraktivere Lachlinie zu erreichen.

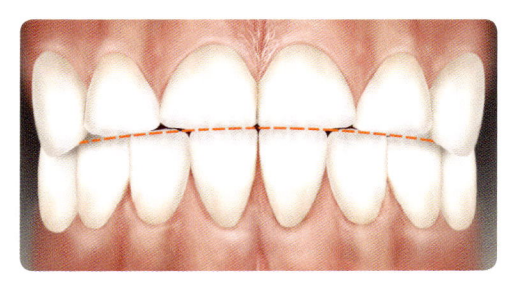

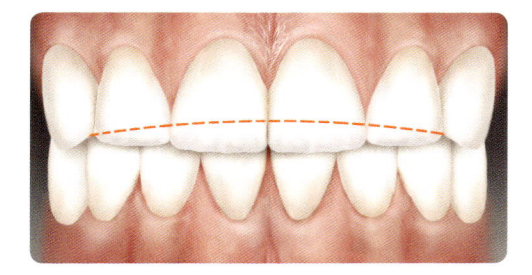

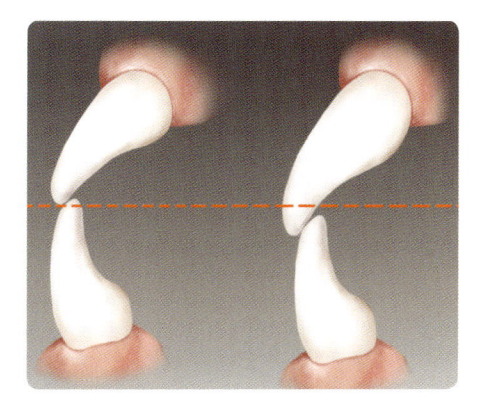

Ein kombinierter Ansatz für schönere Zähne ...

Diese 57-jährige Patientin hatte ihre Seitenzähne so stark abgenutzt, dass auch die Frontzähne in Mitleidenschaft gezogen wurden. In einem ersten Schritt wurde eine Schiene eingesetzt, um die Kaumuskeln zu entspannen und zu testen, ob eine leichte Öffnung des Bisses und eine Verlängerung der oberen Zähne möglich wäre. Nach drei Monaten konnte mit der Versorgung der Zähne begonnen werden. Alle Seitenzähne wurden mit Metall-Keramik-Kronen rekonstruiert. Die Frontzähne wurden mit Komposit aufgebaut und leicht verlängert. Diese kombinierte Behandlung verbesserte die Kaufunktion und die Ästhetik zur vollsten Zufriedenheit der Patientin.

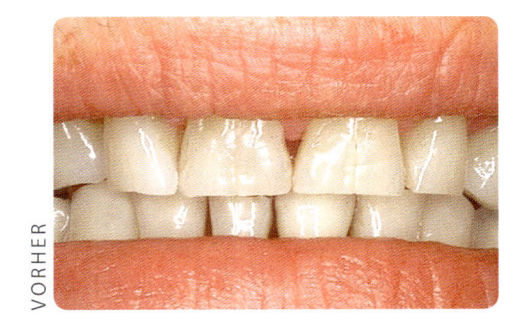

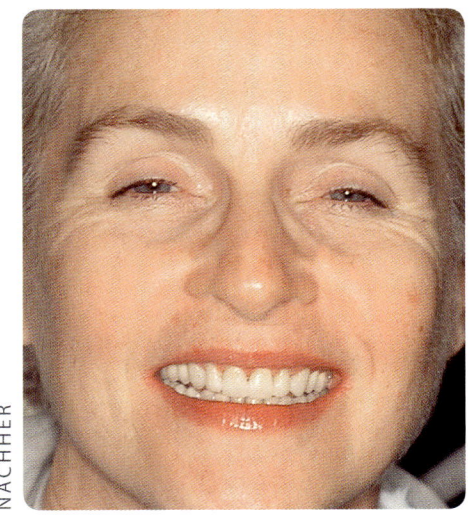

VORHER

NACHHER

WELCHE LÖSUNG IST DIE BESTE FÜR SIE?

	ORTHODONTIE	REKONTURIERUNG
BEHANDLUNGSZEIT	In der Regel 6 bis 24 Monate	1 Stunde
UNTERHALT	• Zahnbürste und Zahnseide täglich. • 2 bis 4 Kontrollsitzungen pro Jahr nach Abschluss der Behandlung • Retainer müssen auf unbestimmte Zeit getragen werden (mindestens in der Nacht)	• Zahnbürste und Zahnseide täglich • Professionelle Zahnreinigung 2- bis 4-mal Mal pro Jahr.
ERGEBNIS	Bissprobleme können in der Regel durch die korrigierte Zahnstellung behoben werden.	Kann in einfachen Fällen sofort helfen und geringe Bissprobleme beheben
LEBENSDAUER DER BEHANDLUNG*	In der Regel unbegrenzt, wenn Retainer getragen werden	Unbegrenzt
KOSTEN[†]	500 bis 5000 Euro	150 bis 1500 Euro pro Kiefer
VORTEILE	• Dauerhaftes Ergebnis, wenn Retainer getragen werden • Kann Kiefergelenksprobleme verbessern • Verbessert Beißfunktion • Kann Lippenposition verbessern	• Gut für abschließende ästhetische Korrekturen • In 1 Sitzung fertig • Zähne im Gegenkiefer können angepasst werden • Zähne können gerader wirken
NACHTEILE	• Zeitaufwendig • Retainer müssen immer getragen werden • Muss je nach Fall mit orthognather Chirurgie kombiniert werden • Retention je nach Fall und Schweregrad nicht einfach	• Bissproblem wird nicht korrigiert

*Die Schätzungen beruhen auf den Erfahrungen des Autors, den Ergebnissen dreier an Universitäten durchgeführter Studien sowie Versicherungsstatistiken. Abhängig von verschiedenen Faktoren, die weder Sie noch Ihr Zahnarzt beeinflussen können, ist eine Abweichung von diesen Werten in Ihrem Fall möglich.

[†]Die Behandlungskosten können je nach Land, Zahnarzt (Erfahrung, Technik, Geschick), Art und Schweregrad der Behandlung (Probleme, Erwartungen, Anamnese usw.) abweichen.

[‡]Ästhetische Provisorien kosten in der Regel extra.

BONDING	KERAMIK VENEERS	KRONEN
1 Stunde oder weniger pro Zahn	2 Sitzungen à 4 bis 6 Stunden in den meisten Fällen von bis zu 10 Zähnen	2 Sitzungen à 1 bis 4 Sunden bei max. 4 Zähnen (größerer Zeitbedarf bei größeren Arbeiten, ästhetischen Provisorien etc.)
• Professionelle Zahnreinigung 2- bis 4-mal pro Jahr, je nach Verfärbungen • Zahnbürste und Zahnseide täglich • Vorsichtig beißen, um Fehlbelastungen zu vermeiden	• Professionelle Zahnreinigung 2- bis 4-mal pro Jahr je nach Verfärbungen • Zahnbürste und Zahnseide täglich • Vorsichtig Beißen um Fehlbelastungen zu vermeiden	• Zahnbürste und Zahnseide täglich • Professionelle Zahnreinigung 2- bis 4-mal pro Jahr • Beißen auf Eis und harte Gegenstände vermeiden • Fluoridierung einmal jährlich (oder öfter)
In bestimmten Fällen ein guter und rascher Kompromiss	Können je nach Fall und Schweregrad die Ästhetik verbessern, auch wenn das Biss-problem nicht behoben wird.	Korrigieren schief stehende Zähne, die einen Fehlbiss verursachen, innerhalb weniger Wochen
5 bis 8 Jahre (je nach Frakturen, Problemen mit Geweben, Karies und Mundhygiene)	5 bis 12 Jahre (je nach Frakturen, Problemen mit Geweben, Karies und Mundhygiene)	5 bis 15 Jahre (je nach Frakturen, Problemen mit Geweben, Karies und Mundhygiene)
200 bis 1000 Euro pro Zahn	600 bis 2300 Euro pro Zahn[‡]	600 bis 2300 Euro pro Zahn[‡]
• Kann Farbe und Form verbessern • Nur 1 Sitzung notwendig • Kann oberen Zahnbogen ausbauen und weiter erscheinen lassen • Kann Zähne verlängern • Kann Zahnstellung leicht verbessern • Günstiger als Veneers oder Kronen	• Können Farbe und Form verbessern • Können oberen Zahnbogen ausbauen und weiter erscheinen lassen • Können Zähne verlängern • Können Zahnstellung leicht verbessern • Weniger Zahnsubstanzverlust als Kronen	• Können Stellung, Form und Farbe verbessern • Kronen auf Seitenzähnen können Biss und Gesichtsharmonie verbessern • Können Zähne verlängern
• Bissproblem wird nicht korrigiert • Kann sich verfärben oder brechen • Muss alle 3 bis 8 Jahre ersetzt werden • Nur bei einfachen Fällen • Zähne fühlen sich dicker an	• Bissproblem wird nicht korrigiert • Abplatzungen oder Frakturen möglich • Müssen nach 5 bis 12 Jahren ersetzt werden • Nur in einfachen Fällen geeignet • Zähne fühlen sich dicker an • Teurer als Bonding	• Zahnform wird verändert (Schmelz wird fast vollständig entfernt) • Müssen nach 5 bis 15 Jahren ersetzt werden • Anästhesie nötig • Bissproblem wird nicht unbedingt gelöst • Für eine bessere Zahnstellung und Lippenlinie muss eventuell der Zahnnerv entfernt werden • Teurer als Bonding und Veneers

9

ERFAHREN SIE...

WIE MAN JÜNGER AUSSIEHT – OHNE SCHÖNHEITSCHIRURGIE

WAS EIN LÄCHELN ALT MACHT

WARUM ES NIE ZU SPÄT IST FÜR EIN NEUES LÄCHELN

Höchste Zeit

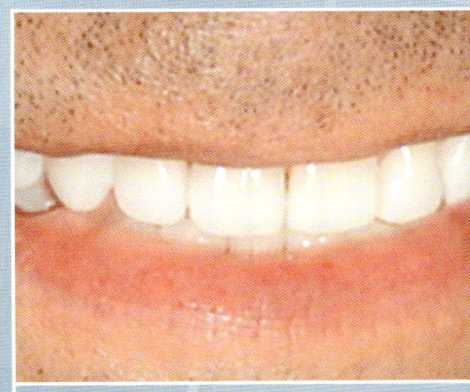

Sie können Jahre jünger aussehen!

Verbraucher geben jährlich viele Millionen Euro für Produkte und Behandlungen aus, die sie attraktiver aussehen lassen. Unzählige Frauen – und immer mehr Männer – lassen Facelifings oder andere chirurgische Eingriffe durchführen, um ihr Aussehen zu verbessern und in Berufsfeldern erfolgreich zu bleiben, in denen Attraktivität ein Wettbewerbsvorteil ist. Während vielen Patienten mit plastischer Chirurgie geholfen werden kann, genügt bei anderen bereits eine ästhetische Zahnbehandlung – ist doch das Lächeln ein wichtiger Teil des Gesichts. Ein attraktives und gesundes Lachen lässt Sie um Jahre jünger aussehen. Wenn Ihr Lachen dagegen abgenutzt, verfärbt und unattraktiv ist, macht Sie dies um Jahre älter, egal wie viel plastische Chirurgie Sie über sich ergehen lassen.

Wenn Sie Ihr Lächeln – und damit Ihre gesamte Erscheinung – um Jahre verjüngen wollen, fragen Sie Ihren Zahnarzt nach ästhetischen Korrekturmöglichkeiten. Ihr Alter sollte Sie nie davon abhalten, besser und jünger aussehen zu wollen.

JÜNGER AUSSEHEN – WIE?

Die Rolle der Zahnmedizin bei der Verbesserung des Aussehens wird oft unterschätzt. Viele Menschen sind z. B. der Meinung, dass nur eine Prothese ihr Lächeln verändern kann, was alles andere als richtig ist. Wirtschaftliche Lösungen wie Rekonturierungen, Bleaching oder Bonding können Wunder bewirken – und dies meist in einer einzigen Behandlungssitzung!

Zehn Tipps für ein jugendliches Lächeln

1. Achten Sie auf unnatürliche Abnutzung und vermeiden Sie zu knirschen.
2. Professionelle Mundhygiene erhält Zahnfleisch und Knochen gesund.
3. Ersetzen Sie defekte Füllungen, bevor sie Probleme verursachen.
4. Abgenutzte Kronen und Brücken sollten ersetzt werden.
5. Hellen Sie dunkle oder verfärbte Zähne auf.
6. Ersetzen Sie fehlende Zähne so rasch wie möglich.
7. Lassen Sie einen bestehenden Fehlbiss korrigieren.
8. Kauen Sie niemals Eis, klebrige Bonbons oder Zitronen.
9. Fragen Sie Ihren Zahnarzt nach einer Videountersuchung Ihrer Mundhöhle.
10. Vermeiden Sie abrasive Angewohnheiten, wie aggressives Zähneschrubben.

Lächeln ABC: Was macht ein Lächeln alt?

Mit dem Alter nutzen sich die Frontzähne ab, bis sie die gleiche Länge wie die übrigen Zähne haben. Gleichzeitig verlieren die Ober- und Unterlippe ihre Muskelspannung. Die Oberlippe kann sich absenken und die oberen Frontzähne bedecken. Auch die Unterlippe kann absinken und so die unteren Frontzähne freilegen. Die Zähne werden dunkler. Diese Veränderungen lassen das Lächeln älter wirken.

Experten Tipp: Alles beginnt mit einem Lächeln!

Der beste Weg zu einem jugendliches Aussehen ist eine Kombination aus ästhetischer Zahnmedizin, Kosmetik und plastischer Chirurgie – in dieser Reihenfolge. Korrigieren Sie zuerst Ihr Lächeln. Anschließend befolgen Sie die Kosmetik-Tipps in Kapitel 12, um Ihr Aussehen zu verbessern. Wenn Sie immer noch nicht zufrieden mit Ihrer Erscheinung sind, lassen Sie sich von einem plastischen Chirurgen beraten (siehe Kapitel 11).

Nie mit der Pflege aufhören!

Viele Menschen geben sich im Alter weniger Mühe bei der Körper- und Zahnpflege. Trifft das auch für Sie zu? Dann lassen Sie sich sagen, dass es nie zu spät ist, wieder damit zu beginnen. Viele ältere Patienten gehen heute zum Zahnarzt, um wieder besser auszusehen. Wenn Sie Freunde oder Bekannte haben, die ihr Aussehen vernachlässigen, dann zeigen Sie ihnen unser Buch. Teilen Sie ihnen mit, wie schön ein neues Lächeln sein kann. Auf diese Weise können Sie ihnen nicht nur zu einem besseren Aussehen, sondern auch zu mehr Lebensfreude verhelfen.

WAS SIE WISSEN MÜSSEN

PRÄVENTION: DER BESTE WEG, DIE JAHRE ZU BEKÄMPFEN

Sie können Ihr Lächeln ein Leben lang behalten. Eine gute Mundhygiene, d. h. Zahnbürste und Zahnseide sowie regelmäßige Kontrollen beim Zahnarzt, hilft, Zähne, Zahnfleisch und Knochen gesund zu erhalten. Hier ein paar Tipps, wie Sie Ihre Zähne gesund erhalten können:

- Wenn Sie nicht sicher sind, ob Sie Ihre Zähne richtig pflegen, fragen Sie Ihren Zahnarzt oder Ihre Dentalhygienikerin nach der optimalen Pflege. Eine gewisse Abnutzung ist normal, falsches Zähneputzen kann die Abnutzung aber stark beschleunigen.

- Kaufen Sie sich Kautabletten, mit denen Sie nach dem Zähneputzen noch vorhandene Zahnbeläge (Plaque) rot oder blau anfärben können.

- Wenn Ihr Zahnarzt Ihnen dazu rät, sollten Sie sich eventuell eine elektrische Zahnbürste anschaffen. Studien haben gezeigt, dass die Verwendung einer elektrischen Zahnbürste bei vielen Patienten einen positiven Einfluss auf die Mundhygiene hat.

- Wählen Sie einen Zahnarzt, der Wert auf ein intensives prophylaktisches Pflegeprogramm legt. Dazu gehören drei bis vier professionelle Zahnreinigungen pro Jahr, gute Mundhygiene zu Hause, regelmäßige Plaque- und Zahnfleischkontrollen und, falls nötig, die Überweisung zu einem Spezialisten für Parodontologie.

Lösung 1 Rekonturierung

WARUM VIEL AUSGEBEN?

Der günstigste Weg, abgenutzte Zähne zu korrigieren, ist eine Rekonturierung. Die oberen Zähne werden dabei so verändert, dass sie länger erscheinen als sie wirklich sind.

Lächeln ABC — Was verursacht die Abnutzung der Zähne?

Oft nutzen sich die Zähne stärker ab, als es ihrem Alter entspricht. Einige Patienten haben ungünstige Bisssituationen oder knirschen mit ihren Zähnen. Beides kann zur Abnutzung der Zahnsubstanz beitragen. Wenn Ihre Zähne abgenutzt sind, gibt es verschiedene Korrekturmöglichkeiten. Sie können die oberen Zähne mithilfe von Bonding oder Veneers verlängern und/oder die unteren Zähne kürzen lassen. Als Alternative können die oberen Zähne rekonturiert werden, um so länger zu erscheinen, als sie wirklich sind. Wenn Sie nachts knirschen, kann auch der Einsatz einer speziellen Schiene zum Schutz der Zähne sinnvoll sein.

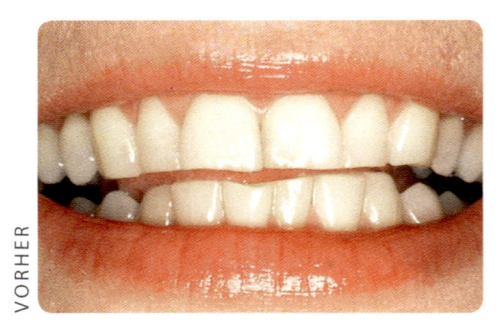

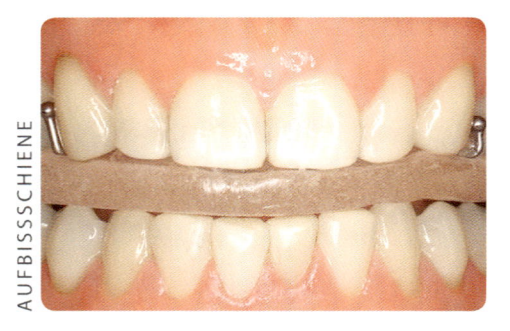

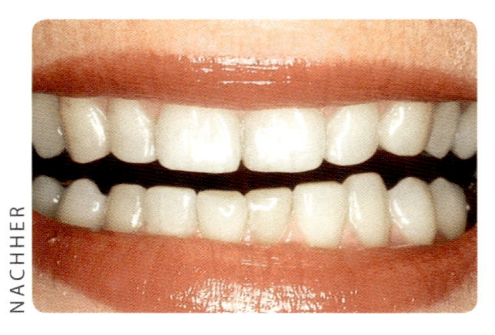

VORHER | AUFBISSSCHIENE | NACHHER

Abgenutzte Zähne machen alt ... Bruxismus, d. h. Knirschen auf den Zähnen, war der Hauptgrund für die starke Abnutzung der Zähne dieser 31-jährigen Führungskraft. Zusätzlich zur ungünstigen Ästhetik litt die Patientin unter Kopf-, Nacken- und Rückenschmerzen. Die Diagnose ergab ein Kiefergelenksproblem. Eine Aufbissschiene wurde zur Verbesserung des Problems und zur Korrektur der Bisslage eingesetzt. Nach einer dreimonatigen Behandlung zur Linderung der Kiefergelenksymptome und zur Lösung der Muskelverspannung, wurden die quadratisch und maskulin wirkenden Zähne rekonturiert, um eine feminineres Lächeln zu erreichen.

Lösung 2 Bonding

Ohne Verfärbungen und Asymmetrien ein jüngeres Aussehen ...
Dieser Patientin wurde bewusst, dass ihre verfärbten, asymmetrischen Zähne ihr Lächeln störten. Bonding und Rekonturierung der oberen und unteren Zähne gaben ihr ein helles, ebenmäßiges und jugendliches Lächeln zurück.

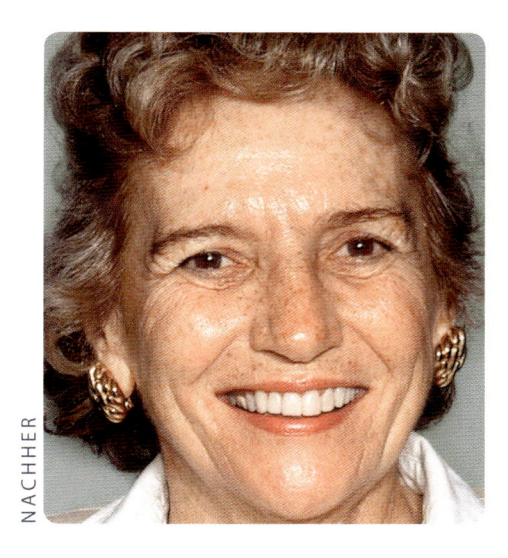

EIN JÜNGERES LÄCHELN IN STUNDEN!

Mit Bonding an den sichtbaren Flächen der Zähne kann man in wenigen Stunden ein jugendlicheres Aussehen schaffen. Auch wenn ein Bonding von Zeit zu Zeit erneuert werden muss, ist es günstiger als Veneers oder Kronen.

> Wie wird's gemacht?
> *Siehe Seite 217.*

Natürlichkeit belassen ... Das Lächeln dieser Frau wurde durch verfärbte und abgenutzte Zähne beeinträchtigt. Sie wollte aber, wenn möglich, auf ihren „guten Zähnen" keine Kronen. Ihre oberen sechs Frontzähne wurden mit Komposit verlängert. Es wäre falsch gewesen, die Zähne zu hell zu machen, da dies unnatürlich gewirkt hätte. Das Bonding muss alle sechs bis zwölf Monate aufpoliert werden und nach ca. neun Jahren ist eine Neuanfertigung erforderlich.

Ein sanfteres Lächeln ... Diese Frau störte sich an den verfärbten und verdrehten Zähnen. Zusätzlich störten sie die scharfen Spitzen, die wie Reißzähne aussahen. Die oberen sechs Frontzähne wurden zuerst rekonturiert und dann mit Bonding optisch korrigiert. Die rekonturierten Zähne machen nun einen sehr viel sanfteren Eindruck.

Termingerecht jünger aussehen ... Dieser Mann wurde sich plötzlich bewusst, wie viel älter ihn seine verfärbten und lückigen Zähnen aussehen ließen und wünschte für einen speziellen Anlass eine rasche Korrektur. Als Übergangslösung wurden direkte Kompositversorgungen gewählt, da hierzu keine Zahnreduktion erforderlich war. Im Mittelpunkt der Behandlung standen die oberen Zähne, aber auch die Lücken im Unterkiefer wurden geschlossen. Sieben Monate später wurden die Kompositversorgungen für eine dauerhafte Lösung durch Veneers und Kronen ersetzt.

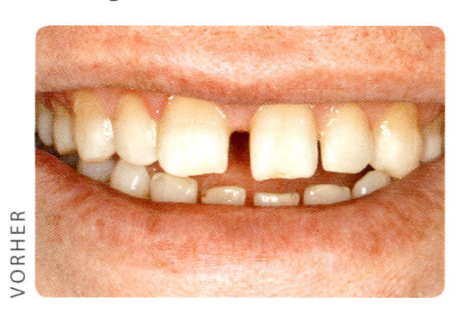

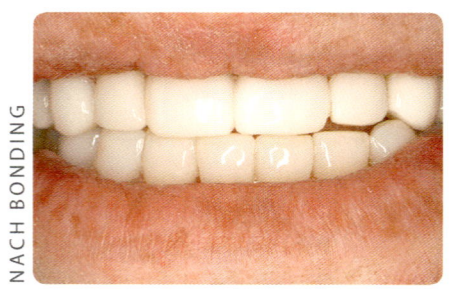

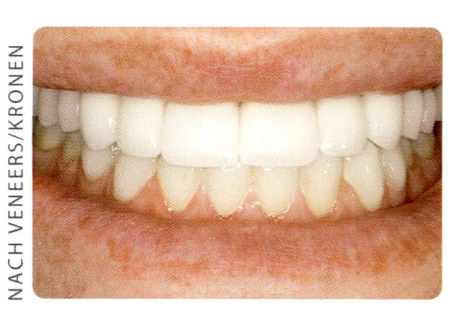

Lösung 3 Keramik-Veneers

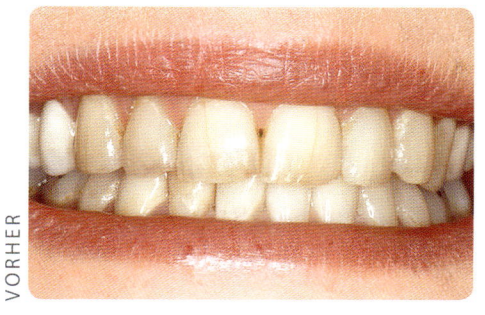

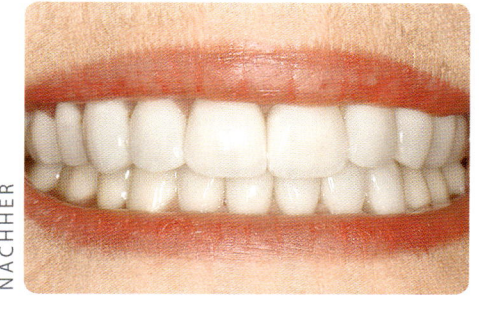

VORHER / NACHHER

Dunkle Zähne machen Sie älter ... Diese 58-jährige Frau fühlte sich viel jünger als ihr Alter, während ihre verfärbten Zähne sie erheblich älter aussehen ließen. Keramik-Veneers auf den Frontzähnen und Vollkeramikkronen auf den Seitenzähnen gaben ihr das Lächeln, das zu ihrem Aussehen passte.

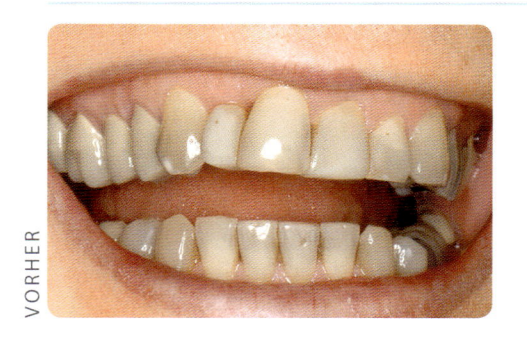

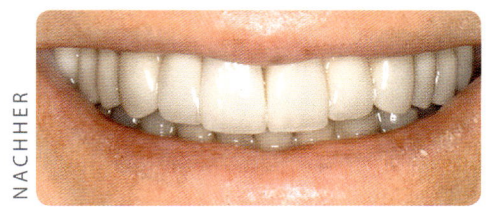

VORHER / NACHHER / NACHHER

Die Kraft Ihres Lächelns ... Dieser Geschäftsmann hatte verfärbte, schräg stehende Zähne mit einem unregelmäßigen Gingivaverlauf. Nach der Korrektur des Zahnfleisches wurden fünf Veneers in der Front zusammen mit vollkeramischen Kronen und Inlays auf den Seitenzähnen eingesetzt. Hellere Zähne und ein harmonischer Zahnbogen waren das Resultat. Der Patient sieht jünger aus und fühlt sich auch so.

LASSEN SIE SICH IHRE WUNSCHZÄHNE ANFERTIGEN!

Verfärbte und abgenutzte Frontzähne sind Zeichen des Älterwerdens. Wenn Ihre Zähne gesund sind, bieten Veneers in diesem Fall eine ideale Lösung für ein jüngeres Aussehen. Abhängig von Ihrer Bisssituation können statt Veneers auch Kronen infrage kommen. Oft kann eine Rekonturierung der unteren Frontzähne kombiniert mit Keramik-Veneers auf den oberen Frontzähnen das gewünschte jugendliche Aussehen zurückbringen.

> Wie wird's gemacht?
> Siehe Seiten 218–219.

Lösung 4 Kronen

SUCHEN SIE EIN KOMPLETT NEUES LÄCHELN?

Für Patienten, deren Zähne (egal aus welchem Grund) stark abgenutzt sind, stellen Kronen die beste Lösung dar. Mitunter lässt sich der Biss damit sogar wieder auf das ursprüngliche Niveau aufbauen. Außerdem ist es dank der für die Kronen verwendeten hochwertigen Keramik möglich, Verfärbungen und Abnutzungen abzudecken und schöne, gerade Zähne herzustellen.

> Wie wird's gemacht.
> Siehe Seiten 220–225.

was erwartet Sie

WIE WIRD IHR BISS WIEDER AUFGEBAUT?

- Wenn Ihr Biss eingefallen ist, wird in einem ersten Schritt zunächst eine Kunststoffschiene eingesetzt, die den Biss auf das angestrebte Niveau hebt. Wenn Sie diese neue Situation gut vertragen, dann stehen die Chancen gut, dass Ihr Biss mithilfe von Kronen und Brücken wiederaufgebaut werden kann.

- In einem zweiten Schritt werden anstelle der Schiene provisorische Kronen und Brücken eingesetzt. (Manche Zahnärzte beginnen mit diesem zweiten Schritt, ohne vorher eine Schiene tragen zu lassen.)

- Im letzten Schritt werden die Provisorien durch definitive Kronen oder Brücken ersetzt.

Ein schönes Lächeln macht Spaß ... Auch wenn dieser 69-jährige pensionierte Geschäftsmann gesundheitlich angeschlagen war, wollte er seine Zähne und sein Aussehen verbessern. Bei kranken Patienten kann das gewünschte Ergebnis auch ohne großen Zeit- und Geldaufwand mit einer Kompromisslösung erreicht werden. Auf allen noch vorhandenen Zähnen wurden provisorische Kronen und Brücken in einer hellen Farbe eingegliedert. Der Patient war glücklich mit seinem neuen, attraktiven Lachen.

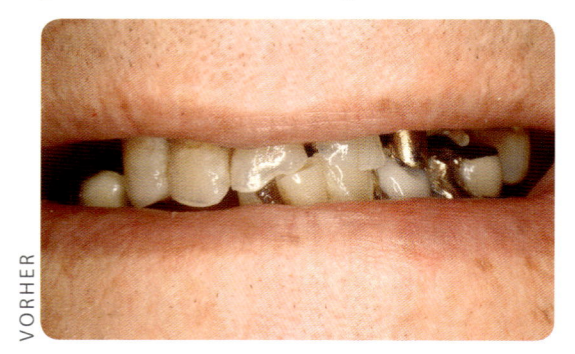

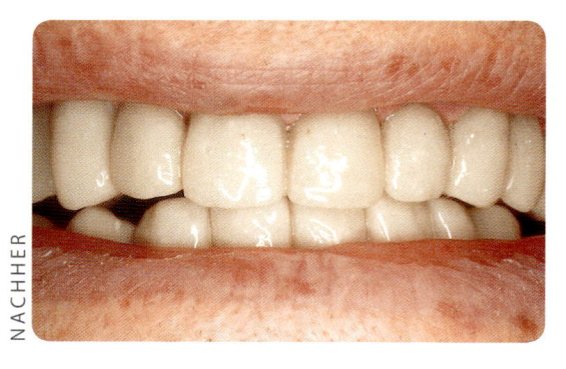

VORHER • NACHHER

Experten Tipp Niemals gesunde Zähne ziehen!

Lassen Sie sich nie gesunde Zähne ziehen, wenn genügend Knochen vorhanden ist. Ist der Knochen bereits angegriffen, sollte eine Parodontaltherapie durchgeführt werden. Parodontalchirurgische Eingriffe lohnen sich fast immer, da natürliche Zähne in der Regel besser funktionieren als Implantate.

Wenn Ihr Lachen gut aussieht, dann auch Sie! Dieser Geschäftsmann hatte seine alten Kronen so stark abgenutzt, dass das Metallgerüst sichtbar wurde. Die übrigen mit Kunststoff verblendeten Kronen waren verfärbt und ließen ihn älter aussehen. Mit neuen, hellen Keramikkronen konnte ein jugendlicheres und attraktives Lächeln hergestellt werden.

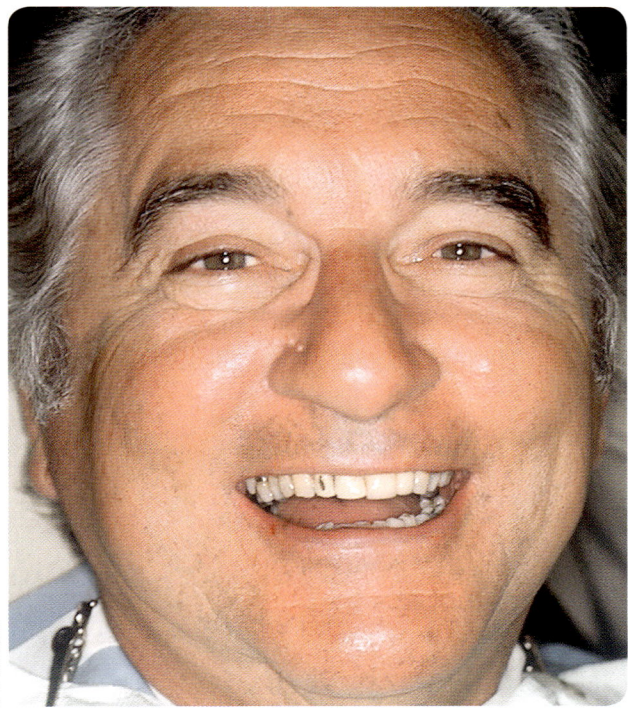

VORHER | NACHHER

Lösung 5 Orthodontie

MACHEN SIE DEN ERSTEN SCHRITT!

Studien zufolge sind heute mehr als 20 % der Patienten in orthodontischer Behandlung Erwachsene. Die Verfügbarkeit zahnfarbener Brackets und durchsichtiger Schienen hat die Akzeptanz in den letzten Jahren deutlich erhöht. Wenn eine orthodontische Korrektur Ihr Lächeln verbessern kann, dann lassen Sie sie durchführen! Für eine solche Korrektur ist niemand zu alt. Sie verbessern damit nicht nur Ihren Biss, sondern auch Ihr Aussehen.

> Wie wird's gemacht?
> *Siehe Seite 231.*

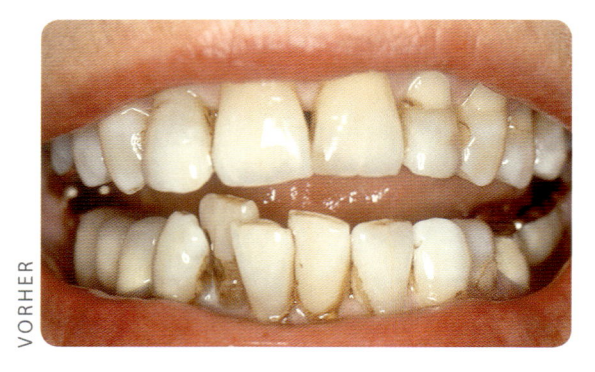

Es ist nie zu spät! Verschachtelt stehende und verfärbte Zähne machten diese 65-jährige Patientin älter. In einer 10-monatigen orthodontischen Behandlung wurde die Stellung der Frontzähne verbessert. Mithilfe von Komposit wurden die Form und die Farbe der Zähne zusätzlich optimiert. Man ist nie zu alt für Brackets.

Ein jüngeres Lächeln fürs ganze Leben ... Diese 56-jährige gesundheitsbewusste Frau wollte ihren Fehlbiss korrigieren. Sie entschied sich für zahnfarbene Brackets, und in 18 Monaten konnte ihre Zahnstellung korrigiert werden. Anschließend wurde die Ästhetik ihrer Zähne mit Komposit verbessert. Ihr Lächeln sieht auch 24 Jahre nach der Behandlung immer noch fantastisch aus. Auch wenn das Bonding im Laufe der Jahre ersetzt werden musste, ist die neue Zahnstellung praktisch unverändert geblieben.

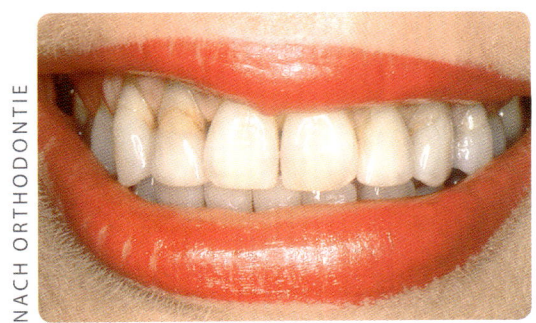

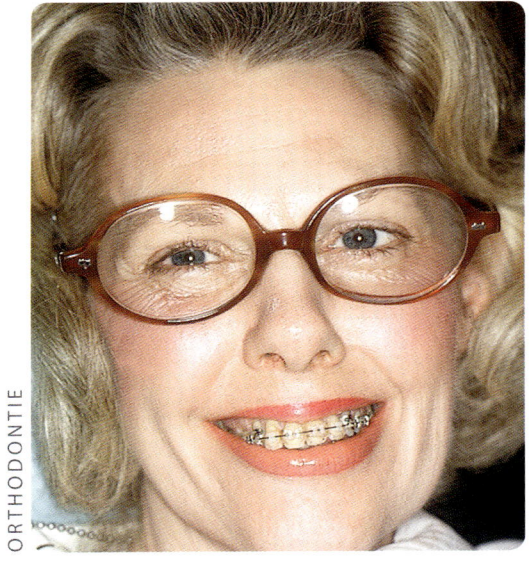

VORHER

ORTHODONTIE

NACH ORTHODONTIE

24 JAHRE NACH ORTHODONTIE UND BONDING

Lösung 6 Prothesen

MACHEN FEHLENDE ZÄHNE IHR LÄCHELN ÄLTER?

Wenn Ihre Zähne nicht mehr erhalten werden können und eine Extraktion unumgänglich ist, sollten Sie darauf achten, dass zwischen der Extraktion und der Versorgung nicht zu viel Zeit verstreicht. Der Zahnverlust lässt das Gesicht und die Lippen einfallen. Gleichzeitig scheint die Nase auf das Kinn zu sinken. In den Falten der eingefallenen Haut bilden sich tiefe Linien, die Sie älter aussehen lassen. Prothesen können diese Probleme lösen und Ihnen ein ganz neues Lächeln geben.

Experten Tipp: Prothesen halten nicht ewig!

Da Prothesen häufiger als natürliche Zähne abplatzen oder brechen, ist es ratsam, sich eine Ersatzprothese zuzulegen – vor allem wenn Sie viel reisen. Die Zusatzkosten lohnen sich spätestens bei der ersten Reparatur. Wenn Sie nie auf Ihr perfektes Lächeln verzichten möchten, sollten Sie sich trotz der Kosten ein exaktes Duplikat Ihrer Prothese anfertigen lassen. Bedenken Sie auch, dass Prothesenzähne meistens aus Kunststoff bestehen und nach drei bis sechs Jahren erste Abnutzungszeichen zeigen. Wenn Sie Knirschen, kann sich diese Zeit auf die Hälfte reduzieren. Sorgen Sie bei Abnutzung dafür, dass Ihre Prothesen angepasst, unterfüttert oder neu angefertigt werden, damit Ihr Lächeln immer attraktiv bleibt.

Lässt Ihre abgenutzte Prothese Sie alt aussehen? Die Abnutzung der oberen Prothese und eine fehlende Unterstützung der Lippe machte diese Frau älter als ihre 48 Jahre. Eine neue Prothese im Oberkiefer konnte die Lippe besser abstützen und der Patientin eine attraktivere Lachlinie zurückgeben.

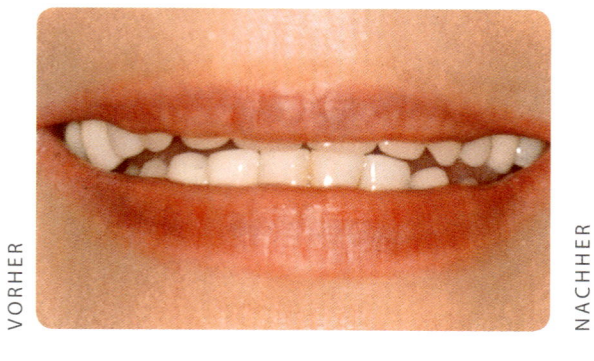

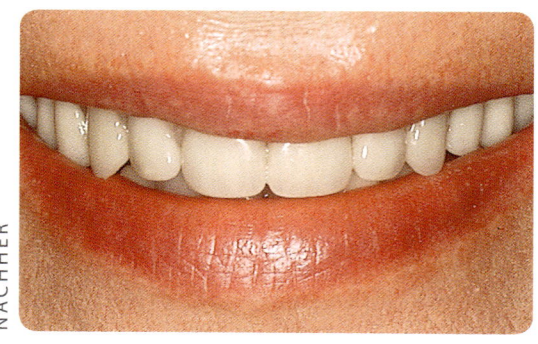

VORHER | NACHHER

WAS SIE WISSEN MÜSSEN

WELCHE PROTHESE BRAUCHEN SIE?

Immediat-Prothese

Immediat-Prothesen werden vor der Extraktion der Restzähne angefertigt und am Tag der Extraktion eingesetzt. Deshalb fällt bei dieser Art von Prothese die Einprobe weg. Da Zahnfleisch und Knochen für einige Zeit nach der Extraktion einer Schrumpfung unterliegen, werden Immediat-Prothesen anfangs meist locker, sie können aber mithilfe einer Unterfütterung wieder angepasst werden. Die Eingliederung solcher Prothesen ist deshalb schneller abgeschlossen als die von konventionellen Prothesen. Allerdings können für die Anpassungen und Unterfütterungen Extrakosten entstehen.

Konventionelle Prothese

Für die Fertigung und Anpassung konventioneller Prothesen sind nach der Zahnextraktion und Abheilung drei bis sechs Sitzungen nötig. Während dieser Sitzungen können Sie die Passung und das Aussehen der Prothesen beurteilen. Ihr Zahnarzt berät Sie zu Farbe, Zahnform und Lippenunterstützung. Bedenken Sie, dass zu weiße Zähne künstlich aussehen. Die Kosten entsprechen ungefähr denen für Immediat-Prothesen. Kleine Anpassungen und Korrekturen sind oft im Preis inbegriffen.

Individuelle Prothese

Individuelle Prothesen bieten die Möglichkeit, Zähne und Zahnfleisch speziell einfärben und auf Wunsch sogar mit Gold- oder Amalgamfüllungen versehen zu lassen, um so natürlich wie möglich auszusehen. Sie stellen die ästhetisch beste, aber auch die teuerste Variante dar.

Lösung 7 Implantate

SIND IMPLANTATE DIE LÖSUNG?

Wenn Sie durch einen Unfall oder wegen einer Zahnfleischerkrankung Zähne verloren haben, können diese mit Implantaten ersetzt werden. Implantate bieten so viele Vorteile, dass sie inzwischen die Behandlung der Wahl zum Ersatz einzelner oder mehrerer fehlender Zähne darstellen. Heute kann sogar verloren gegangener Knochen so wieder aufgebaut werden, dass sich Implantate einsetzen lassen.

> Wie wird's gemacht?
> *Siehe Seiten 228–230.*

Keine Angst! Diese Großmutter, eine selbsterklärte Angstpatientin, vernachlässigte ihre Zähne. Psychologische Vorbereitung und eine Sedierung mit Medikamenten ermöglichte einen sechsstündigen Implantateingriff. Sofort nach dem Eingriff wurde eine abnehmbare Brücke auf sechs Implantaten eingesetzt. Die Überwindung ihrer Ängste machte sich durch ein attraktives Lächeln und ein neues Selbstwertgefühl mehr als bezahlt.

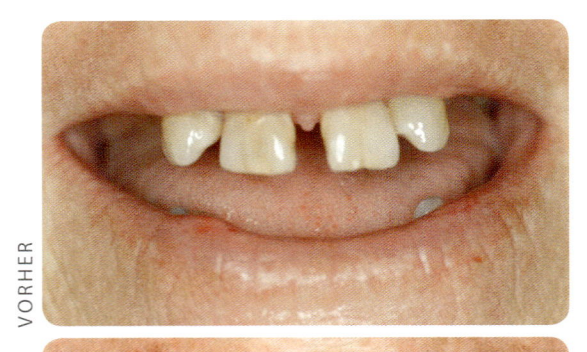

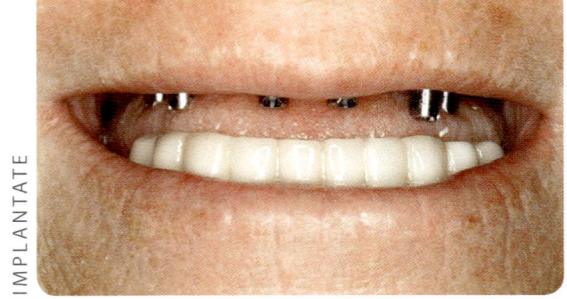

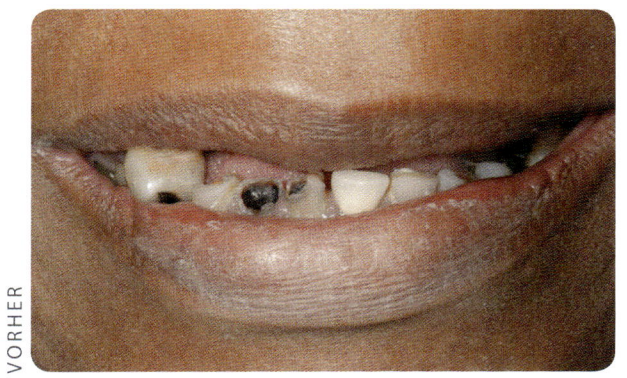

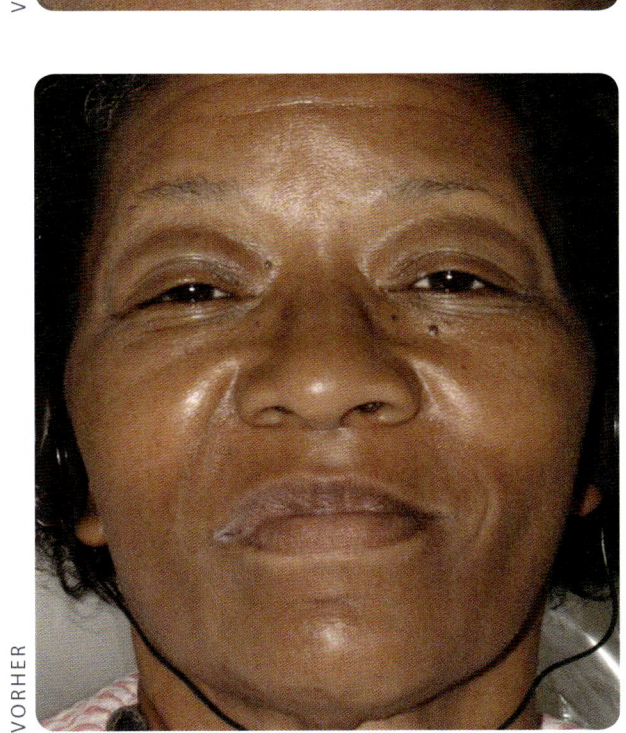

Ein vernachlässigtes Lachen macht unsicher ... Diese 61-jährige Künstlerin hielt sich aus Scham beim Lächeln die Hand vor den Mund. Da die Zähne nicht erhaltenswürdig waren, wurde eine implantatgetragene Versorgung geplant. Die Zähne wurden gezogen und der Knochen wiederaufgebaut, um neue Prothesen tragen zu können. Mit vier Implantaten im Unterkiefer und einer abnehmbaren Prothese im Oberkiefer konnte ein jugendlicher und gesünder wirkendes Lächeln erreicht werden. Nun erhält sie von ihren Freunden viele Komplimente, und auch ihre Kunst hat sich verjüngt!

WELCHE LÖSUNG IST DIE BESTE FÜR SIE?

	REKONTURIERUNG	BONDING	VENEERS ODER KRONEN
BEHANDLUNGSZEIT	Ungefähr 1 Stunde	Ungefähr 1 Stunde pro Zahn	*Veneers:* 2 Sitzungen à 4 Stunden *Kronen:* 2 bis 3 Sitzungen à 1 bis 2 Stunden pro Zahn
ERHALTUNG UND PFLEGE	Zahnbürste und Zahnseide täglich	• Professionelle Zahnreinigung 3- bis 4-mal pro Jahr • Vorsicht beim Kauen - Bondings können leicht abplatzen oder brechen • Zahnseide besser seitlich entfernen • Zahnarztbesuche für Reparaturen	• Professionelle Zahnreinigung 3- bis 4-mal pro Jahr • Vorsicht beim Kauen von Eis und harten Nahrungsmitteln • Zahnbürste und Zahnseide täglich • Jährliche Fluoridierung
ERGEBNIS	Kann bei manchen Patienten ein jugendlicheres Lachen bewirken	Kann Zähne für eine jüngere Lachlinie verlängern sowie störende Abplatzungen und Verfärbungen reparieren	*Veneers:* Können Zähne für eine jüngere Lachlinie verlängern *Kronen:* Je nach Fall die beste Lösung für ein jugendliches Lächeln
LEBENSDAUER DER BEHANDLUNG*	Unbegrenzt	5 bis 8 Jahre	5 bis 15 Jahre
KOSTEN†	200 bis 1500 Euro pro Kiefer	200 bis 1000 Euro pro Zahn	600 bis 2300 Euro pro Zahn‡
VORTEILE	• Effiziente Lösung für Patienten mit abgenutzten Zähnen • Günstigste Variante • Bleibendes Resultat	• Kann Zähne für ein jungendlicheres Aussehen länger machen und gleichzeitig aufhellen	*Veneers:* • Können Zähne verlängern und aufhellen • Langlebig • Erhaltung weniger aufwendig als bei Bonding *Kronen:* • Können die beste Lösung sein, vor allem zur Gestaltung guter Proportionen • Gute Versorgungsart, wenn der Biss geöffnet werden muss
NACHTEILE	• Problem wird nicht korrigiert • In der Regel eine Kompromisslösung	• Problem wird nicht korrigiert • In der Regel eine Kompromisslösung • Muss gepflegt und von Zeit zu Zeit repariert werden • Beim Kauen ist Vorsicht geboten.	*Veneers:* • Problem wird nicht korrigiert • In der Regel eine Kompromisslösung *Kronen:* • Zähne müssen beschliffen werden • Teurer als Bonding oder Veneers

*Die Schätzungen beruhen auf den Erfahrungen des Autors, den Ergebnissen dreier an Universitäten durchgeführter Studien sowie Versicherungsstatistiken. Abhängig von verschiedenen Faktoren, die weder Sie noch Ihr Zahnarzt beeinflussen können, ist eine Abweichung von diesen Werten in Ihrem Fall möglich.

†Die Behandlungskosten können je nach Land, Zahnarzt (Erfahrung, Technik, Geschick), Art und Schweregrad der Behandlung (Probleme, Erwartungen, Anamnese usw.) abweichen.

‡Ästhetische Provisorien kosten in der Regel extra.

ORTHODONTIE	PROTHESEN	IMPLANTATE
6 Monate bis 3 Jahre	2 bis 5 Sitzungen	*Zweizeitig:* 1 Sitzung Chirurgie, 3 bis 6 Monate später Freilegung und Versorgung *Sofort:* 1 Sitzung für Chirurgie und Provisorien, 3 Monate später definitive Versorgung
• Zahnbürste und Zahnseide täglich mit besonderer Sorgfalt • 2 bis 4 Kontrollsitzungen pro Jahr nach Abschluss der Behandlung • Retainers müssen für unbestimmte Zeit getragen werden (mindestens in der Nacht)	• 2 Kontrollsitzungen pro Jahr um Halt und Gewebe zu kontrollieren. • Prothesen professionell reinigen lassen	• Professionelle Zahnreinigung 4-mal pro Jahr • Individuellen Hygieneplan einhalten • Nicht rauchen
Sehr erfolgreich bei der Positionierung der Zähne für ein jugendlicheres Aussehen	Können Sie leicht jünger aussehen lassen	Vor allem bei Zahnverlust beste Lösung, da das Gefühl entsteht, eigene Zähne zu haben
In der Regel dauerhaft, wenn Retainer getragen werden	Gute Ergebnisse, Kunststoffzähne nutzen sich aber mit der Zeit ab	Unbegrenzt
2300 bis 6000 Euro	• *Immediat:* 200 bis 1600 Euro (oben und unten) plus Kosten für eventuelle Chirurgie • *Individuell:* 1000 bis 4000 Euro pro Kiefer	1300 bis 4800 Euro pro Implantat mit Krone
• Beste Lösung bei Kieferproblemen, Engständen, großen Lücken oder Bissproblemen	• Effiziente Methode für ein jugendlicheres Aussehen, wenn alle Zähne fehlen	• Beste Lösung für jugendlich wirkenden Ersatz fehlender Zähne • Kein Beschleifen der Nachbarzähne erforderlich • Knochen wird erhalten • Halten länger als zahn- oder zahnfleischgetragene Lösungen
• Retainer müssen für immer getragen werden	• Im Oberkiefer wird der Gaumen mit Kunststoff abgedeckt. • Für mehr Kaukomfort sind Implantate die bessere Wahl.	• Implantate im Frontzahnbereich bei größerem Knochenverlust ästhetisch anspruchsvoll • Bei Rauchern oder Bisphosphonat-Patienten eventuell nicht möglich

10

ERFAHREN SIE ...

WIE DAS ZAHNFLEISCH IHR LÄCHELN BEEINFLUSST

WAS SIE TUN KÖNNEN, WENN SIE ZU VIEL ODER ZU WENIG ZAHNFLEISCH HABEN

WARUM DER KNOCHEN SO WICHTIG IST

Ein Rahmen für Ihr Lächeln

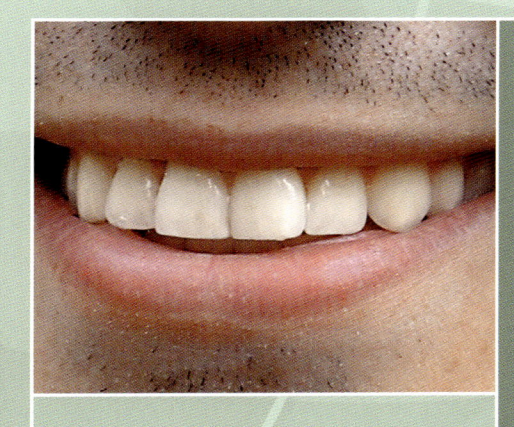

Verdirbt Ihr Zahnfleisch Ihnen das Lächeln?

Wenn Sie sich Ihre Zähne als Leinwand eines Gemäldes vorstellen, dann ist das Zahnfleisch der Rahmen um dieses Bild. Das bedeutet, dass Ihr Zahnfleisch Ihr Lachen stark beeinflusst: Sie können attraktive Zähne mit Bondings, Veneers oder Kronen haben – wenn das Zahnfleisch rötlich, geschwollen und entzündet ist, verdirbt dies den ganzen Eindruck. Und wenn sich das Zahnfleisch um Ihre schönen Restaurationen zurückzieht und hässliche schwarze Dreiecke zwischen den Zähnen hinterlässt, wirk Ihr Lachen älter und unästhetisch.

Diese Kapitel erklärt Ihnen, wie Sie Ihr Zahnfleisch gesund erhalten und was Sie tun können, wenn Sie zu viel oder zu wenig „Rosa" in Ihrem Lächeln haben.

WAS SIND ZAHNFLEISCH-ERKRANKUNGEN?

Zahnfleischerkrankungen, auch als Parodontalerkrankungen bezeichnet, werden durch die übermäßige Ansammlung von Bakterien in der Mundhöhle ausgelöst. In einem frühen Stadium erscheint das Zahnfleisch rötlich, schwammig oder geschwollen. Die Erkrankung kann zu Zahnfleischrückgang, Knochenverlust, Zahnlockerung und sogar zum Zahnverlust führen. Zusätzlich bedeutet eine Parodontalerkrankung ein Gesundheitsrisiko. Untersuchungen zeigen einen engen Zusammenhang mit Herz- und Lungenkrankheiten, Diabetes und anderen systemischen Erkrankungen.

Lächeln ABC — Was sind Plaque und Zahnstein?

Die Ansammlung von Bakterien und ihren Produkten auf der Zahnoberfläche wird als Plaque bezeichnet. Wenn Plaque lange in der Mundhöhle verbleibt, können sich Mineralien aus dem Speichel in sie einlagern und Zahnstein bilden. Die vermehrte Ansammlung von Plaque oder Zahnstein kann zu Parodontalerkrankungen führen. Deshalb ist die regelmäßige Entfernung solcher Beläge für Ihre Gesundheit wichtig.

Experten Tipp — Risiken kennen!

Systemische Veränderungen können auch das Zahnfleisch beeinflussen. Hierzu gehören: Schwangerschaft, hormonelle Veränderungen, Stress sowie bestimmte Drogen und Medikamente.

> **PARODONTAL-ERKRANKUNGEN** sind die häufigste Ursache für Zahnverlust bei Erwachsenen.

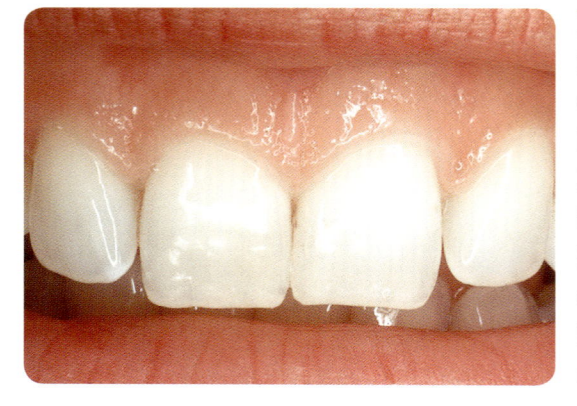

Ein gesundes Bild ... Gesundes Zahnfleisch ist rosa, scharf begrenzt und wie eine Apfelsinenschale „gestippelt". Unser Bild zeigt, wie es sich bogenförmig um die Zahnhälse schmiegt. Die verschiedenen für gesundes Zahnfleisch charakteristischen Rosa-Töne variieren je nach Hautfarbe und ethnischer Herkunft. Auch die „Stippelung" ist unterschiedlich ausgeprägt, je nach Alter und Geschlecht.

was erwartet Sie

BEHANDLUNG VON PARODONTALERKRANKUNGEN

- Die Entfernung von Plaque durch sorgfältige tägliche Mundhygiene (Zahnbürste, Zahnseide und andere von Ihrem Zahnarzt empfohlene Hygienemittel) und regelmäßige professionelle Zahnreinigungen durch Ihren Zahnarzt oder eine Dentalhygienikerin beugt Zahnfleischerkrankungen vor oder kann sie im Frühstadium stoppen.

- Bei fortgeschrittenen Erkrankungen ist eine Wurzelglättung oder eine Kürettage angezeigt. Wurzelglättung (auch als „Scaling" bezeichnet) nennt man die Entfernung des Zahnsteins von den Kronen- und Wurzelflächen der Zähne. Eine Kürettage ist die Entfernung von entzündetem Zahnfleisch. Diese Maßnahmen können zusammen mit sorgfältiger Mundhygiene ausreichen, um die Erkrankung zu kontrollieren.

- In späteren Stadien ist oft ein chirurgischer Eingriff nötig. Dabei wird das Zahnfleisch aufgeklappt, die Wurzeloberflächen werden gereinigt und eventuell der Knochen korrigiert. Das Zahnfleisch wird so reponiert, dass eine bessere Mundhygiene möglich ist. Dieser Eingriff wird unter örtlicher Betäubung durchgeführt.

- Wird bei dem chirurgischen Eingriff ein größerer Knochendefekt festgestellt, kann ein Wiederaufbau des Knochens mit einem Knochentransplantat oder mittels „gesteuerter Knochenregeneration" versucht werden. Diese Eingriffe werden meist in mehreren Einzelsitzungen in der Praxis durchgeführt, können aber auch in einer Sitzung unter Vollnarkose im Krankenhaus erfolgen.

Krankes Zahnfleisch kann das Lachen verderben ... Die Behandlung dieser Patientin würde in mehreren Sitzungen erfolgen: zuerst Taschenmessungen zur Beurteilung des Schweregrades, dann tiefes „Scaling" unter Anästhesie in einer Reihe von Sitzungen. Zur Erhaltung der Gesundheit ist eine gründliche tägliche Mundhygiene mit Zahnbürste und Zahnseide unverzichtbar.

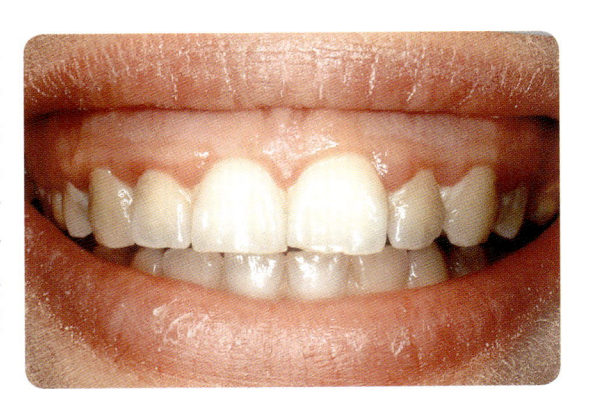

WANN BEHANDELN?

Da fortgeschrittene Parodontalerkranungen schwer zu behandeln sind, ist frühzeitiges Eingreifen wichtig. Ziel der Behandlung ist es, das Fortschreiten der Erkrankung zu stoppen. Aus diesem Grund sollten Sie umgehend Ihren Zahnarzt aufsuchen, wenn Sie an sich eines der beschriebenen Symptome bemerken.

Experten Tipp Prävention!

Eine gute Mundhygiene mit Zahnbürste, Zahnseide und Massage des Zahnfleischs ist der beste Weg, einer Parodontalerkrankung vorzubeugen. Halten Sie Ihren Mund sauber und geben Sie Bakterien keine Chance!

WAS MACHT ZÄHNE LOCKER?

Lockere Zähne bedeuten nicht immer Parodontitis. Wenn sich Ihre Zähne aber mit dem Finger ins Zahnfleisch drücken lassen, deutet vieles auf eine Parodontitis hin. Ist die Erkrankung noch nicht fortgeschritten, lässt sich durch eine gezielte Behandlung erreichen, dass das Zahnfleisch sich strafft und die Zähne wieder fester werden.

> **Experten Tipp: Lockere Zähne kann man festigen!**
>
> Wenn Ihre Zähne locker sind, kann Ihr Zahnarzt sie mittels Bonding untereinander verbinden. Die so geschienten Zähne können während der Heilung des Zahnfleischs den Kaukräften besser widerstehen. Mit dieser provisorischen Lösung erhalten die Zähne Zeit, sich wieder zu festigen. Ist die Behandlung erfolgreich, kann es sinnvoll sein, die Zähne mit zusammenhängenden Kronen zu versorgen, um ihre Festigkeit zu erhöhen und den Verlust des Zahnhalteapparates auszugleichen.

Kraft und Schönheit für Ihr Lachen ... Bei dieser 55-jährigen Patientin musste eine chirurgische Parodontalbehandlung durchgeführt werden, um die Zähne zu retten. Die Zähne waren danach immer noch etwas locker, und die Patientin störte sich an den entstandenen Lücken. Vollkeramische Kronen wurden miteinander verbunden, um die störenden Löcher zu schließen und der Patientin ein selbstbewusstes und sicheres Lachen zurückzugeben.

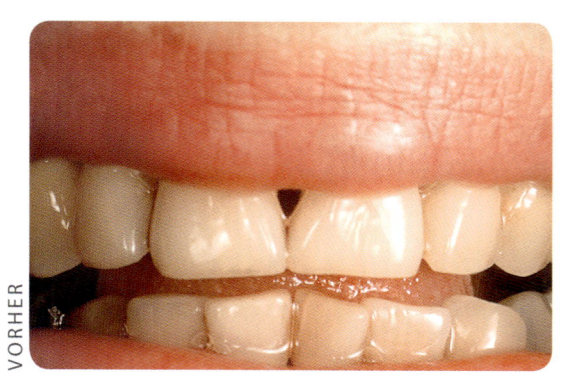

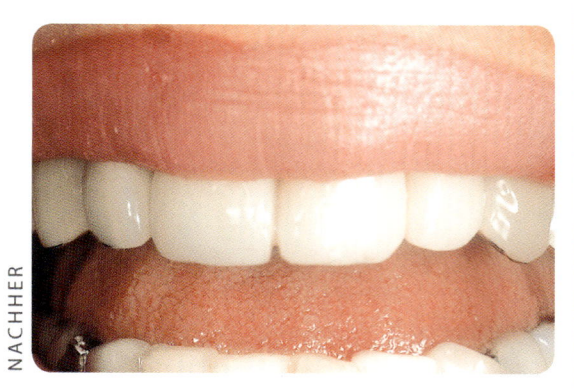

VORHER | NACHHER

Sehen Ihre Zähne lang aus? Die hohe Lippenlinie dieser Frau ließ einen deutlichen Zahnfleischrückgang am oberen rechten Eckzahn erkennen. Ein chirurgischer Eingriff, bei dem ein Zahnfleischtransplantat eingebracht wurde, stellte Funktion und Ästhetik wieder her.

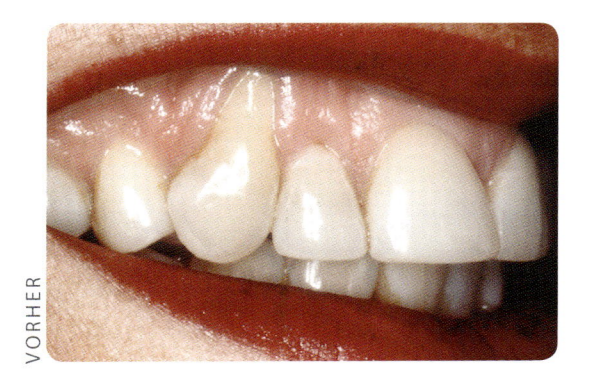

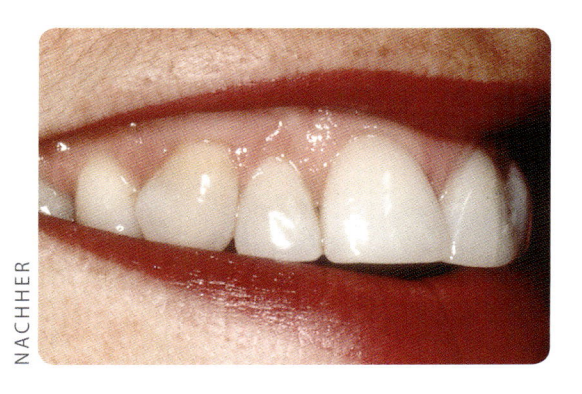

VORHER

NACHHER

Experten Tipp: Pflegen Sie Ihr Zahnfleisch!

Eine gute Mundhygiene zu Hause und zwei oder drei professionelle Zahnreinigungen jährlich sind der beste Weg, einem Zahnfleischrückgang vorzubeugen. Besonders nach einer Versorgung mit Kronen, muss das Zahnfleisch sauber gepflegt werden, um einen Rückgang mit Freilegung des Kronenrandes zu vermeiden.

WARUM VERLIERT MAN ZAHNFLEISCH?

Ein Verlust oder Rückgang des Zahnfleischs kann verschiedene Ursachen haben, z. B. Parodontitis, exzessives Bürsten, Trauma oder Zahnextraktion. Wenn das Zahnfleisch sich zurückzieht, erscheinen die Zähne länger und es entstehen unschöne schwarze Dreiecke. Leider kann Zahnfleisch im Normalfall nicht nachwachsen. In solchen Fällen wird deshalb Zahnfleischgewebe verpflanzt, um den Defekt zu decken oder ein Fortschreiten zu verhindern.

WAS SIE WISSEN MÜSSEN

ZAHNFLEISCHVERLUST MASKIEREN

Mithilfe von Kronen oder Veneers können kleine Zahnfleischdefekte maskiert werden. Dieses Vorgehen ist aber bei gesunden Zähnen nicht zu empfehlen. Kleine „schwarze Dreiecke" sollten, wenn möglich, mit Komposit verkleinert werden. Bonding sollte Kronen vorgezogen werden, da diese Methode keine Präparation der Zähne erfordert und kostengünstiger ist. Allerdings kann ein Bonding sich rasch verfärben und muss nach einigen Jahren erneuert werden.

was erwartet Sie

ZAHNFLEISCHRÜCKGANG MACHT KRONENRÄNDER SICHTBAR

Wenn sich das Zahnfleisch an überkronten Zähnen zurückzieht, werden die Kronenränder freigelegt (siehe Seite 224). Dann kann die Zahnwurzel, die in der Regel dunkler als die Krone ist, oder der Metallrand der Kronen sichtbar werden. Solche Ränder können mithilfe von Komposit wieder „unsichtbar" gemacht werden. Da eine solche Korrektur ästhetisch schwierig ist, empfiehlt es sich eher, das sichtbare Metall matter zu machen oder mit dunklem Komposit abzudecken. Bei vollkeramischen Kronen ist das Ergebnis meist besser, aber nie optimal. Die beste Lösung bleibt in diesen Fällen die Neuanfertigung der Kronen.

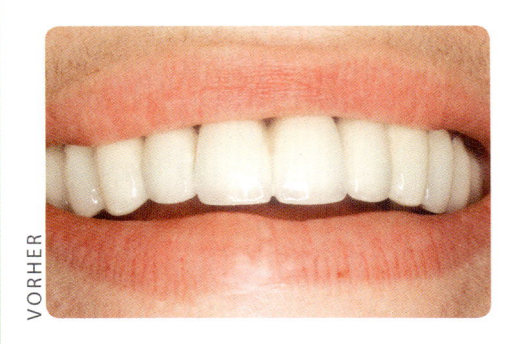

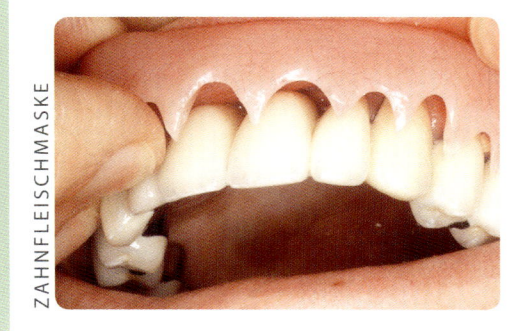

Schönheit mit einfachen Mitteln wiederherstellen ... Bei einem Autounfall verlor diese 24-jährige Studentin vier Zähne und den darunter liegenden Knochen. Die Zähne wurden mit einer Brücke ersetzt. Das fehlende Zahnfleisch hinterließ unschöne Lücken. Aus rosa Kunststoff wurde eine abnehmbare Zahnfleischmaske angefertigt, die in die Zwischenräume „einschnappt" und die Konturen der Zähne natürlich erscheinen lässt. Mit ihr kann die Patientin wieder normal essen und sprechen.

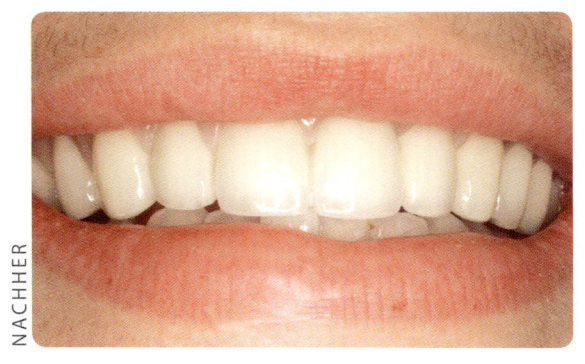

Lücken auffüllen ... Diese 45-jährige TV-Reporterin wollte die nach einer Parodontaloperation zurückgebliebenen unschönen Defekte decken, ohne die Zähne beschleifen zu lassen. Die alten Kompositfüllungen wurden entfernt und die sechs oberen Frontzähne im Bereich der Zahnhälse mit Komposit aufgebaut. Damit konnten nicht nur die Zwischenräume geschlossen, sondern auch die Zähne aufgehellt werden.

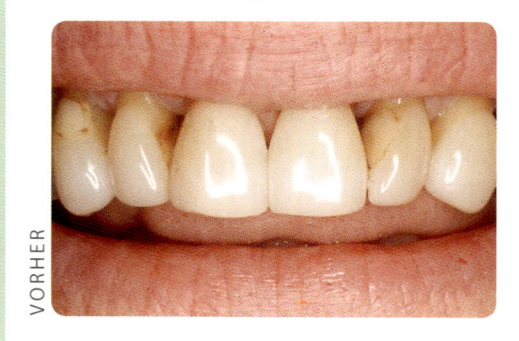

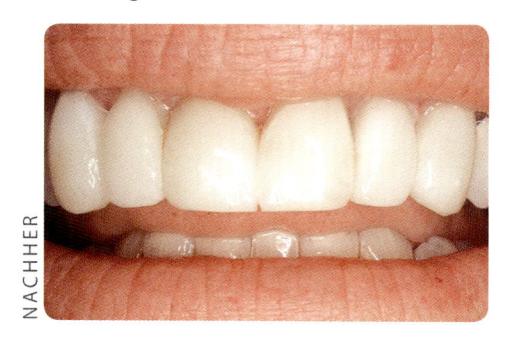

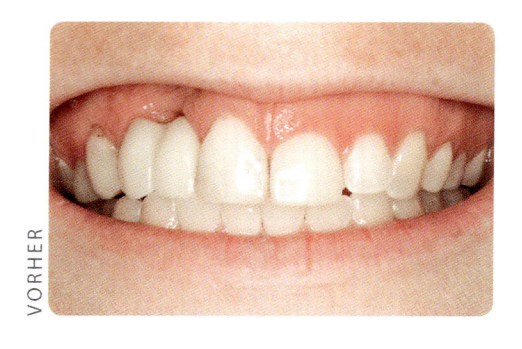

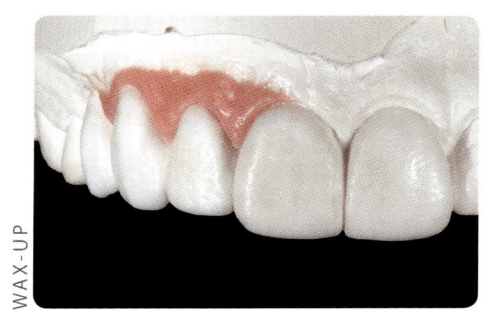

Ein schönes Lächeln ist Gold wert ... Diese attraktive junge Frau hatte nach einem Zahnverlust auch viel Knochen verloren und schämte sich zu lächeln. Zur Behandlung wurden Knochen und Zahnfleisch transplantiert, Kronen verlängert, Zähne gezogen, Implantate eingesetzt, die Zähne gebleicht sowie Keramik-Veneers und eine Implantatgetragene Brücke mit einer „Zahnfleischmaske" aus rosa Keramik eingesetzt, um alle Defekte zu decken. Für diese Patientin hat sich, wie für viele andere auch, die Investition von Zeit und Geld in ein schöneres Lächeln mehr als bezahlt gemacht.

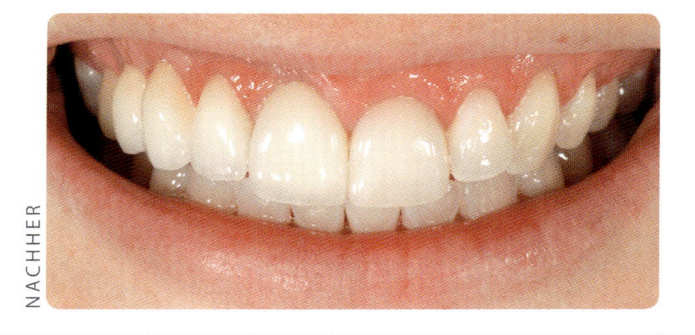

VORHER

WAX-UP

NACHHER

WARUM VERLIERT MAN KNOCHEN?

Wenn ein Zahn infolge einer Erkrankung oder eines Unfalls verloren geht oder gezogen werden muss, kommt es im Verlauf der Heilung zu einer leichten Schrumpfung der Gewebe. Häufig entsteht dadurch ein Knochendefizit, das eine ästhetische Versorgung erschwert oder unmöglich macht. Wird die Situation nicht korrigiert, wirken die Zähne oft viel zu lang. Nebenstehend sind drei Möglichkeiten zur Versorgung solcher Defekte beschrieben.

Lächeln ABC Was sind Ihre Optionen?

Zahnfleischfarbene Ergänzung	Zahnfleischmaske	Kammaufbau
Hierbei wird rosa Keramik (oder Kunststoff) an den Restaurationen angebracht, um den Übergang zum Zahnfleisch zu kaschieren. Die genaue Reproduktion der Farbe ist allerdings schwierig. Eine zahnfleischfarbene Ergänzung verursacht Mehrkosten von ca. 25 %.	Die Zahnfleischmaske ist häufig die einfachste und günstigste Lösung, um Defekte zu decken. Sie besteht aus flexiblem Kunststoff, ist relativ fragil und muss gepflegt werden. Die Kosten für eine solche Maske liegen bei 300 bis 1000 Euro.	Bei einem Kammaufbau wird das fehlende Knochenvolumen des Kieferkamms mit einem Transplantat oder mit Knochenersatzmaterial wiederaufgebaut. Dieser Eingriff ermöglicht eine ästhetischere und besser passende Versorgung.

was erwartet Sie

KAMMAUFBAU

- **Behandlunsgzeit:** Eine oder mehrere Sitzungen von mindestens einer Stunde
- **Pflege:** Zahnbürste und Zahnseide täglich, regelmäßige professionelle Zahnreinigung.
- **Ergebnis:** Der Zahnersatz scheint aus dem Zahnfleisch natürlich herauszuwachsen.
- **Lebensdauer:** Hoch bis unbegrenzt
- **Kosten:** Je nach Zahl der Zähne; in der Regel 650 bis 1300 Euro

VORTEILE

- Ermöglicht ein ästhetisches, natürlich wirkendes Ergebnis
- Mundhygiene unter Brücken wird einfacher
- Kann Phonetik verbessern
- Weniger Möglichkeiten zur Festsetzung von Speiseresten

NACHTEILE

- Längere Behandlungszeit
- Höhere Kosten

Unschöne Zwischenräume am Zahnfleischrand können mit einem **KAMMAUFBAU** vor der Anfertigung einer neuen Brücke korrigiert werden.

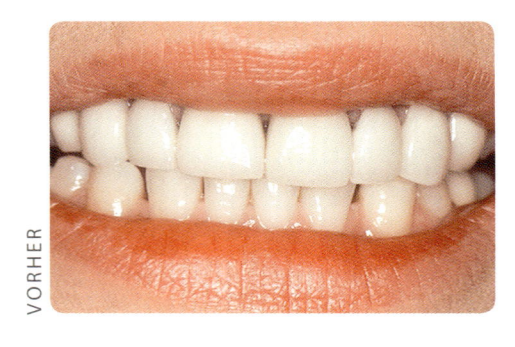

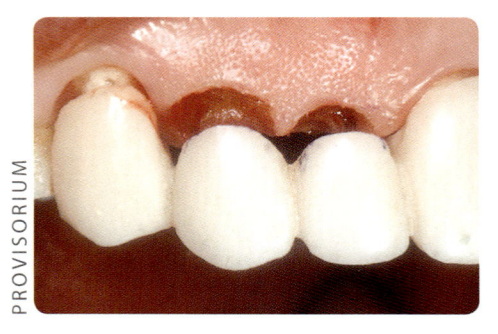

Unterstützen Sie Ihre Zähne ... Dieser Frau gefielen die unschönen Zwischenräume nicht, die beim Lachen sichtbar wurden. Der Grund für den Zahnfleisch- und Knochenrückgang war der Verlust der seitlichen Schneidezähne und der Eckzähne. Bei der Anpassung des Provisoriums wurde der Umfang des Gewebeverlustes deutlich. Ein Kammaufbau ermöglichte eine natürlich wirkende Versorgung und ein Lächeln, das der Patientin wieder entsprach.

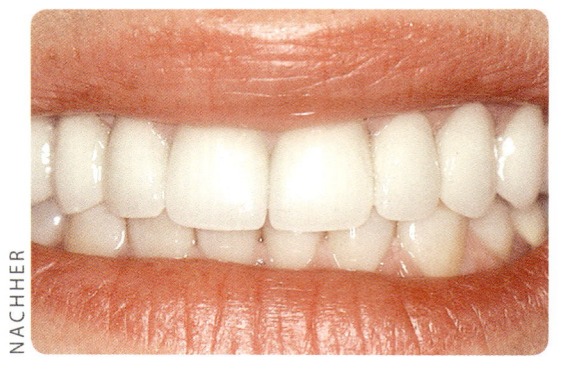

VORHER

PROVISORIUM

NACHHER

Lächeln ABC — Welche Möglichkeiten stehen zur Wahl?

Gingivektomie
Bei einer Gingivektomie wird Zahnfleisch weggeschnitten. Sie wird nur durchgeführt, wenn ausreichend befestigtes Zahnfleisch übrig bleibt.

Lappenoperation
Bei einer Lappenoperation wird das Zahnfleisch für eine Behandlung der Zahnwurzeln und des Kieferknochens aufgeklappt. Anschließend wird der Zahnfleischlappen in einer höheren Position wiederbefestigt, sodass beim Lächeln weniger Zahnfleisch sichtbar ist.

Gingivoplastik
Eine Gingivoplastik ist eine Rekonturierung des Zahnfleischs zur Verbesserung seines Verlaufs um die Zähne.

Orthognathe Chirurgie
Bei der orthognathen Chirurgie wird oberhalb der Wurzeln eine Schicht Knochen entfernt und der ganze Kieferbogen nach oben bewegt. Dieser Eingriff ist schwerwiegend und teuer, kann aber die letzte Möglichkeit darstellen, wenn alle anderen Behandlungsversuche fehlgeschlagen sind (siehe Kapitel 11).

Gute Passung für gute Gesundheit ... Bei dieser Patientin verursachten schlecht sitzende Kronen eine Entzündung der Gewebe. Zwei neue, gut passende Kronen waren alles, was zur Behandlung der Entzündung nötig war.

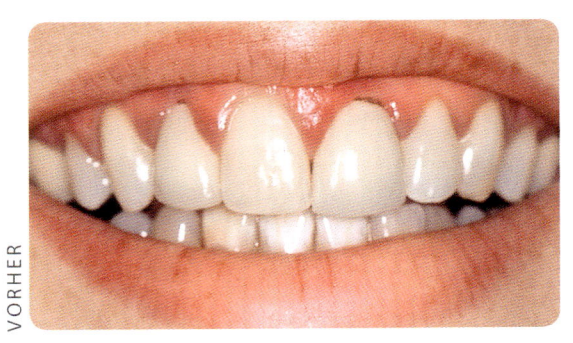

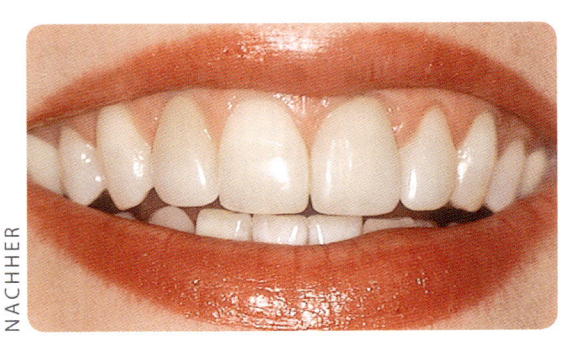

VORHER • NACHHER

ZUVIEL ZAHNFLEISCH?

Bei manchen Menschen ist zuviel Zahnfleisch die Folge einer Erkrankung, bei anderen ist der Überschuss einfach vererbt. Wenn eine Parodontalerkrankung die Ursache ist, erscheint das Zahnfleisch dick und geschwollen und es kann bluten. Die Behandlung erfolgt dann mittels Scaling und Kürettage. Ist das Problem erblich bedingt oder durch eine hohe Lippenlinie verursacht, kann Ihr Zahnarzt Ihnen eine Gingivektomie, Gingivoplastik, Lappenoperation oder orthognathe Chirurgie empfehlen.

Ein neues Lächeln ist eine gute Investition ... Diese Frau störte, dass man beim Lachen soviel Zahnfleisch sehen konnte. Außerdem waren die Seitenzähne hinter den schlecht gefertigten Kronen auf den Frontzähnen kaum sichtbar. Der Behandlungsplan umfasste eine Korrektur des Zahnfleischs und die Anfertigung neuer Kronen, die das Lachen besser ausfüllten. Ihr neues Lächeln sieht auch nach zwei Jahren noch perfekt aus. Investieren Sie in die beste Keramik, um Ihren Kronen eine natürliche Ausstrahlung zu geben!

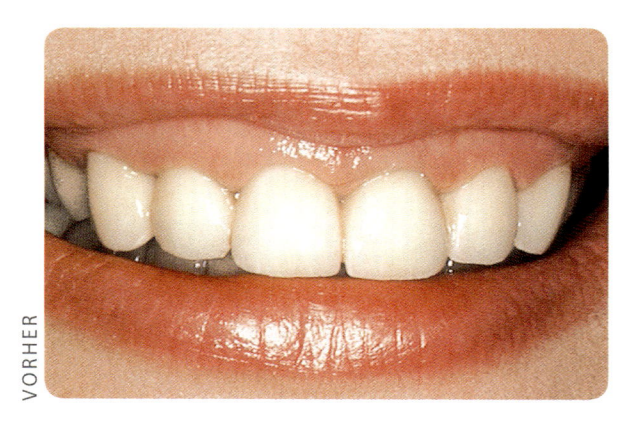

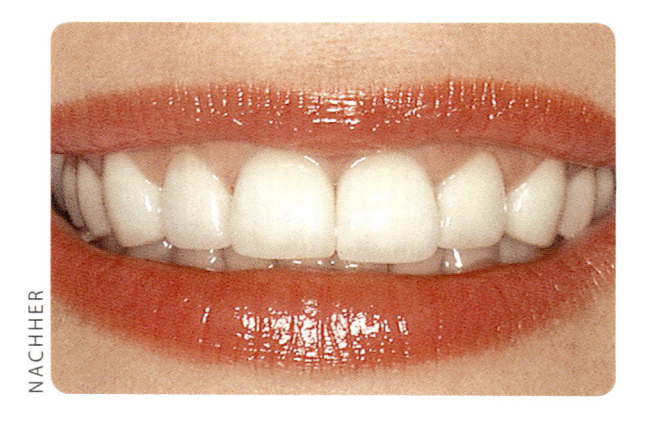

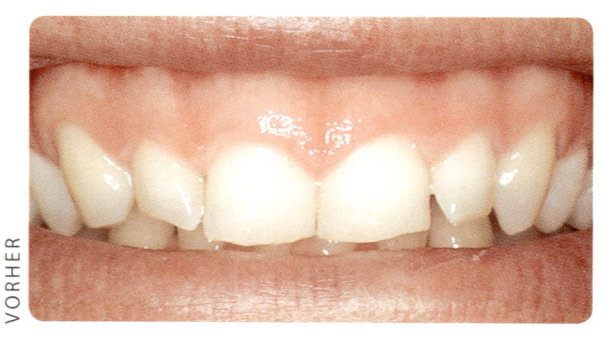

VORHER

NACHHER

VORHER

Das Lächeln Ihrer Träume ... Dieser Mann wünschte sich große, schöne, helle Zähne, seine eigenen waren aber kurz, unproportioniert, verfärbt und von zu viel Zahnfleisch umgeben. Zuerst wurde das Zahnfleisch chirurgisch korrigiert. Zehn Wochen später erfüllten zwölf Veneers den Traum des Patienten von einem strahlend weißen Lächeln.

NACHHER

Ein schönes Lächeln in einer Sitzung ... Diese 19-jährige Studentin war mit ihren Komposit-Veneers und dem breiten Zahnfleischsaum unzufrieden, der sich beim Lächeln zeigte. In einer einzigen Sitzung wurde ein mit der Oberlippe harmonierender Zahnfleischverlauf hergestellt und das Lächeln durch zehn helle Kompositversorgungen im Oberkiefer aufgehellt.

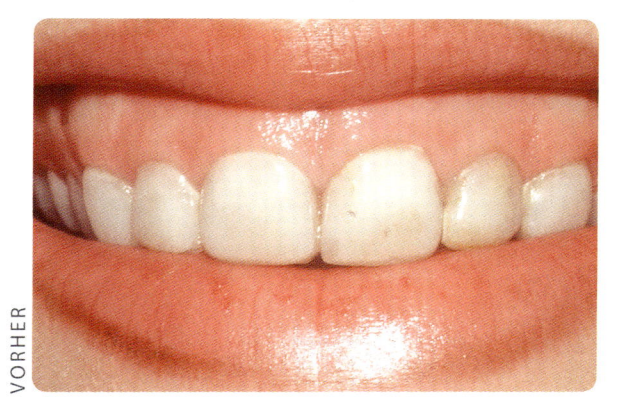

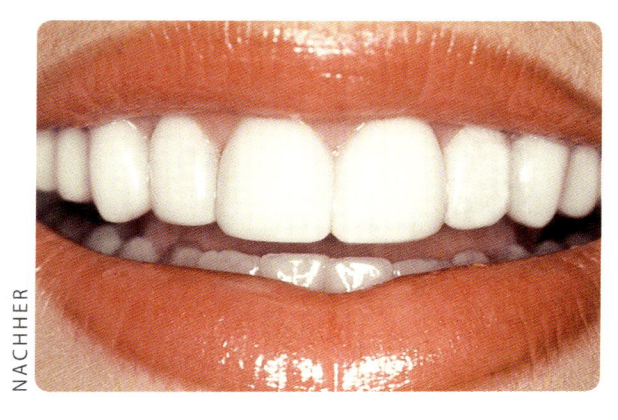

VORHER

NACHHER

Zahnfleisch und Verfärbungen los werden ... Diese Schauspielerin störten ihre gelben Zähne und das „Gummy Smile". Die Lachlinie wurde durch eine Korrektur des Zahnfleischs verbessert, die Zähne wurden gebleicht und rekonturiert.

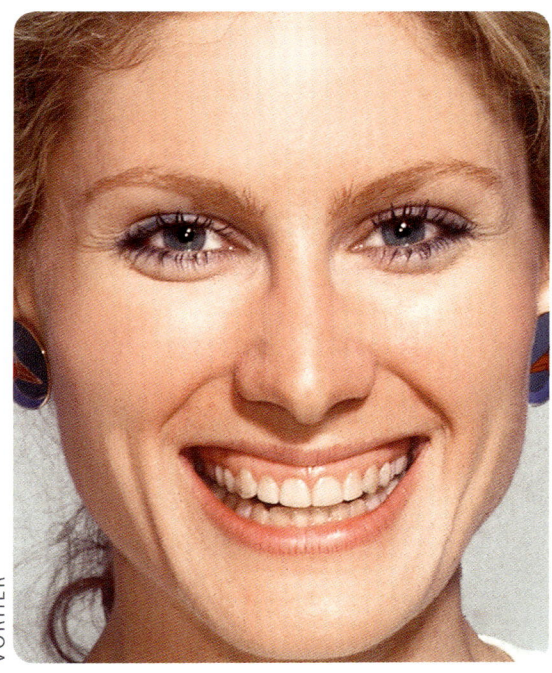

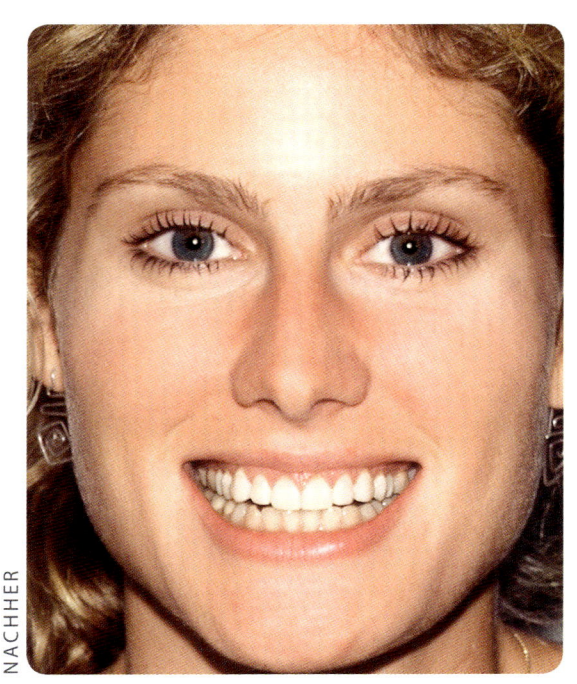

VORHER

NACHHER

11

ERFAHREN SIE...

WAS ORTHOGNATHE CHIRURGIE LEISTEN KANN

GUTE UND SCHLECHTE GRÜNDE FÜR PLASTISCHE CHIRURGIE

WICHTIGE FRAGEN AN IHREN CHIRURGEN

Ihr Gesicht

Louis S. Belinfante, DDS
Farzad R. Nahai, MD • Foad Nahai, MD

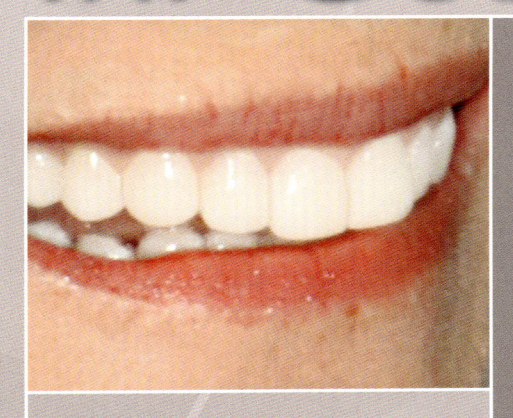

Vielleicht brauchen Sie mehr als nur ein neues Lächeln.

Ein schönes Lächeln ist unabhängig von anderen Aspekten Ihres Aussehens ein großer Gewinn. Dennoch ist Ihr Lächeln nur ein Teil des gesamten Gesichtsausdrucks. Vielleicht haben Sie nach der Verschönerung Ihres Lächelns Lust, noch mehr aus sich zu machen. Dann müssen Sie neben Ihrem Zahnarzt möglicherweise andere Spezialisten zu Rate ziehen.

Wenn Sie mit dem Profil Ihres Gesichts, Ihrer Haut, oder anderen Merkmalen, wie Lippen, Nase oder Kinn, unglücklich sind, dann ist dieses Kapitel für Sie. Im ersten Teil bespricht ein Mund-Kiefer-Gesichtschirurg, wie eine Umstellung der Kiefer nicht nur Ihre Bisssituation, sondern auch Ihr Profil verbessern kann. Im zweiten Teil finden Sie zahlreiche Tipps von plastischen Chirurgen dazu, wie Sie Ihr Gesicht und Ihre gesamte Erscheinung verbessern können.

Orthognathe Chirurgie | Louis S. Belinfante, DDS

WAS IST ORTHOGNATHE CHIRURGIE?

Bei einem orthognathen chirurgischen Eingriff werden die Kieferknochen abgetrennt und in eine korrekte Position gebracht. Typisch sind solche Eingriffe, wenn eine orthodontische Behandlung allein das Bissproblem nicht beheben kann. Häufig wird dabei auch Knochen oder Weichgewebe aufgebaut oder entfernt, um das Profil zu verbessern. Orthognathe Chirurgie kann vor allem im Profil markante Veränderungen bewirken.

ist ORTHOGNATHE CHIRURGIE ETWAS FÜR MICH?

Orthognathe Chirurgie wird von einem Mund-Kiefer-Gesichtschirurgen durchgeführt und kann die Gesichtsästhetik stark verbessern. Orthognathe Chirurgie ist die beste Lösung für Sie, wenn Sie

- Kieferprobleme haben, die sich nur chirurgisch behandeln lassen,
- sich den teuren Eingriff leisten können oder entsprechend versichert sind,
- davon überzeugt sind, dass Ihr Zustand Sie beeinträchtigt,
- bereit sind, die Unannehmlichkeiten des Eingriffs in Kauf zu nehmen,
- alle entstehenden Risiken akzeptieren können.

Experten Tipp: Kommunikation ist für den Erfolg wichtig!

- Es ist wichtig, dass Sie dem Arzt genau sagen, was Sie korrigieren wollen. Er oder Sie könnten ein anderes Problem als das Ihre in den Blick nehmen.

- Ihr Chirurg wird basierend auf Gipsmodellen Ihres Gebisses, Fotos, Videos und speziellen Röntgenbildern einen genauen Behandlungsplan für Sie ausarbeiten.

- Es ist sehr wichtig, dass Sie genau wissen, was Sie von der Behandlung erwarten dürfen. Einige Chirurgen arbeiten mit digitaler Bildgebung, um Ihnen das mögliche Ergebnis zu demonstrieren; andere zeigen Ihnen den Verlauf Ihres neuen Profils an Röntgenaufnahmen.

- Es ist ebenso wichtig, dass Sie jeden Schritt des geplanten Eingriffs verstehen. Alle Risiken und möglichen Folgen müssen Ihnen genau erklärt werden. Die Entscheidung darüber, welche Schritte Sie durchführen lassen wollen, liegt dann bei Ihnen.

WAS KANN ORTHOGNATHE CHIRURGIE?

Probleme, die mit orthognather Chirurgie gelöst werden können:

- ▶ Zu weit vorn oder zurück liegender Unterkiefer (oder Kinn),
- ▶ Zu kurzes, zu langes oder aus anderem Grund unattraktives Kinn,
- ▶ Offener Biss (Zähne berühren sich nicht),
- ▶ Asymmetrische oder nicht aufeinander passende Kiefer,
- ▶ Diskrepanzen der oberen und unteren Gesichtshöhe („Gummy Smile", Zähne oder Zahnfleisch zu wenig sichtbar)

WAS SIE WISSEN MÜSSEN

WAS KANN EIN MUND-KIEFER-GESICHTSCHIRURG LEISTEN?

Mund-Kiefer-Gesichtschirurgen können mehr, als nur Zähne ziehen oder Kiefer operieren. Wenn Sie zusätzliche ästhetische Korrekturen im Gesichts- und Halsbereich wünschen, können diese in den Behandlungsplan einbezogen werden.

was erwartet Sie

WIE LANGE DAUERT'S?

Ein Eingriff kann je nach Schwierigkeitsgrad zwischen einer und mehreren Stunden dauern. Bestimmte Eingriffe erfordern einen Krankenhausaufenthalt von 2 oder 3 Tagen, in der Regel ist jedoch ein Aufenthalt von maximal 1 bis 2 Tagen notwendig und in bestimmten Fällen können die Patienten auch ambulant behandelt werden und sofort nach dem Eingriff wieder nach Hause gehen. Wenn zur Stabilisierung der Kiefer Drähte eingesetzt werden, müssen diese nach 3 bis 8 Wochen entfernt werden. Werden Platten oder Schrauben eingesetzt, ist die Zeitspanne bis zur möglichen Mundöffnung viel kürzer. Der Chirurg wird Sie anschließend zur Weiterbehandlung an den Zahnarzt oder Kieferorthopäden überweisen.

WAS KANN ICH NOCH ESSEN?

Bei einem Krankenhausaufenthalt werden Sie eventuell zunächst intravenös ernährt. Sobald Sie in der Lage sind Flüssigkeiten zu sich zu nehmen, wird die intravenöse Versorgung reduziert oder ganz gestoppt. Anfänglich werden Sie wahrscheinlich etwas Gewicht verlieren. Ihre Ernährung wird aber kontrolliert und mit genügend Kalorien, Mineralien und Vitaminen angereichert sein. Mit der Normalisierung der Ernährung wird sich Ihr Gewicht wieder stabilisieren.

IST ES SCHMERZHAFT?

Eine Schwellung und leichte Schmerzen sind normal, können aber mithilfe von Medikamenten gut kontrolliert werden. Da im Kopf- und Gesichtsbereich viele Nerven verlaufen, kann ein vorübergehendes Taubheitsgefühl entstehen. Meistens kehrt das normale Gefühl innerhalb weniger Wochen zurück. Nach der Entfernung von Fixierdrähten fühlen sich die Kiefer etwas steif an, was durch die lange Unbeweglichkeit verursacht wird. Nach einigen Wochen können Sie wieder normal Essen und Kauen.

BLEIBEN NARBEN ZURÜCK?

Normalerweise legt der Chirurg die Eröffnungsschnitte in das Innere des Mundes, sodass keine sichtbaren Narben entstehen. Beim Einsatz von Platten und Schrauben können kleine äußere Schnitte erforderlich sein, die aber in der Regel keine oder kaum sichtbare Narben hinterlassen.

Form geben ... Diese 30-jährige Patientin war mit den Proportionen ihrer Nase und ihres Kinns nicht mehr zufrieden. Der Eingriff umfasste eine Korrektur von Nase und Kinn mithilfe von Implantaten.

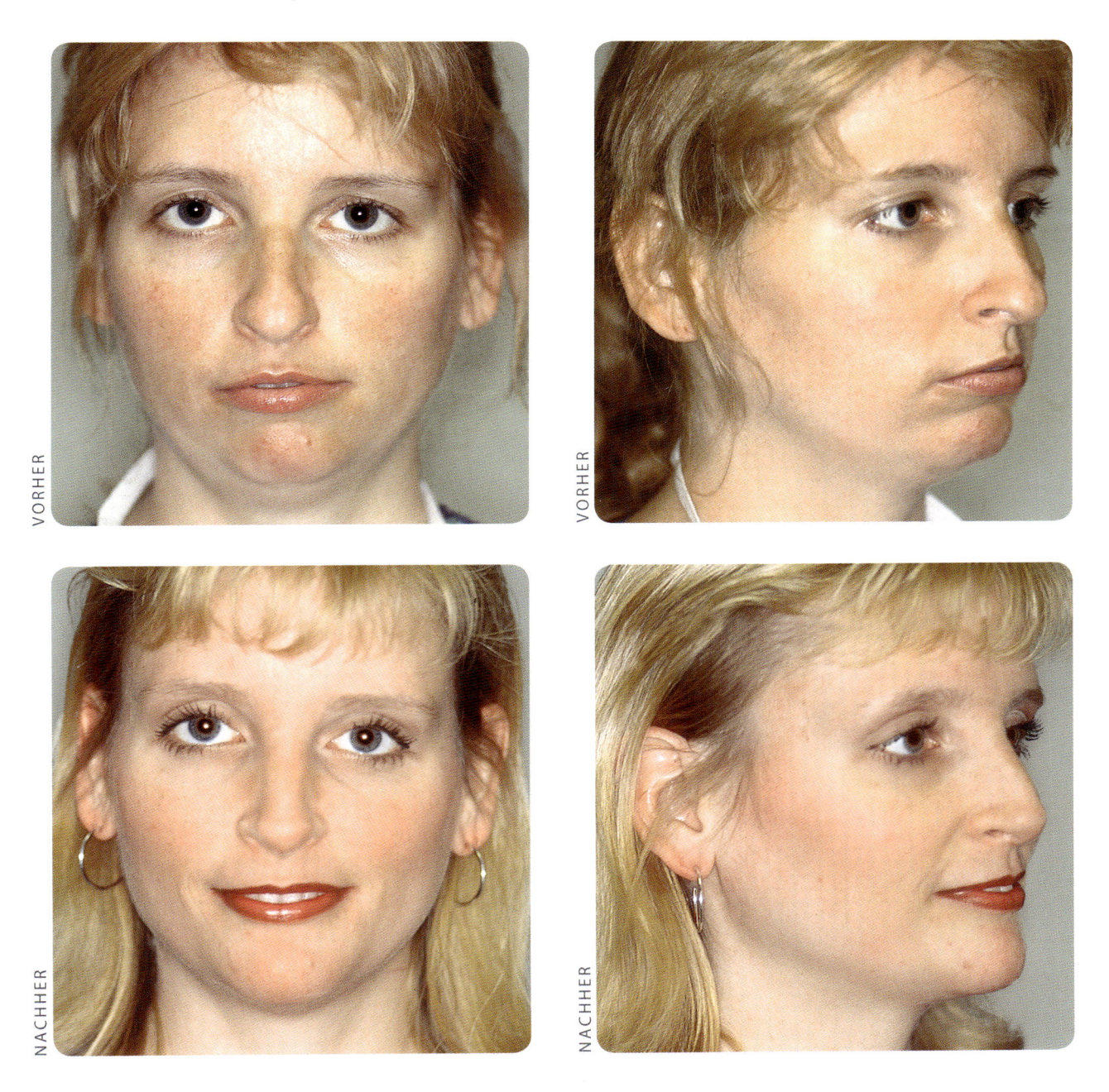

Experten Tipp: Suchen Sie sich Ihren Chirurgen aus!

- Versichern Sie sich, dass Ihr Chirurg ein echter Mund-Kiefer-Gesichtschirurg ist. Sie oder Er sollten einen anerkannten Fachtitel führen und Mitglied in den entsprechenden Fachgesellschaften sein.
- Versuchen Sie zu erfahren, welche Ausbildung Ihr Chirurg durchlaufen hat.
- Versuchen Sie, Empfehlungen von anderen Patienten zu bekommen.
- Suchen Sie nach mehr Informationen über Ihren Chirurgen im Internet.
- Sehen Sie nach, in welchen Kliniken Ihr Chirurg operiert und ob diese für die geplanten Eingriffe bekannt sind.
- Versichern Sie sich, dass der Chirurg den bei Ihnen geplanten Eingriff häufig durchführt.
- Fragen Sie nach „Vorher-" und „Nachher-Fotos" von Patienten, bei denen der geplante Eingriff schon durchgeführt wurde.
- Lassen Sie sich bei der Besprechung des Behandlungsplans mit dem Chirurgen Zeit. Seien Sie sicher, dass Sie möglichst alle Details des geplanten Eingriffs verstehen – zögern Sie nicht, Fragen zu stellen.

WAS SIE WISSEN MÜSSEN

KOSTEN UND VERSICHERUNG

- Die initialen Kosten einer orthognathen Behandlung können zwischen einigen Hundert und einigen Tausend Euro liegen. Reden Sie über die Kosten, bevor Sie mit der Behandlung beginnen.
- Wenn die Behandlung medizinisch indiziert ist, übernehmen Versicherungen in gewissen Fällen die Kosten der Behandlung und des Krankenhausaufenthaltes.
- Ihr Arzt sollte Ihre Versicherung über den geplanten Eingriff und die Kosten schriftlich informieren und gleichzeitig anfragen, ob und wie viel der Kosten von der Versicherung getragen werden.

EVENTUELL IST ZUSÄTZLICH EINE ORTHODONTISCHE BEHANDLUNG NÖTIG

Bei vielen Patienten ist vor und/oder nach dem chirurgischen Eingriff zusätzlich eine orthodontische Korrektur der zu behandelnden Kiefer erforderlich. Tatsächlich ist in den allermeisten Fällen ohne eine Koordination von Orthodontie und Chirurgie kein optimales Resultat zu erzielen.

Richtig ausrichten ... Der Oberkiefer dieses 25-jährigen Patienten lag im Verhältnis zum Unterkiefer zu weit zurück. Das Mittelgesicht wirkte eingefallen und die oberen Zähne standen hinter den unteren. Zusätzlich waren die Mittellinien von Ober- und Unterkiefer verschoben. Auch mit seiner Nase, die leicht schräg stand, war er nicht mehr zufrieden. Nach einer orthodontischen Behandlung wurden die Kiefer chirurgisch repositioniert. Die Nase wurde plastisch korrigiert.

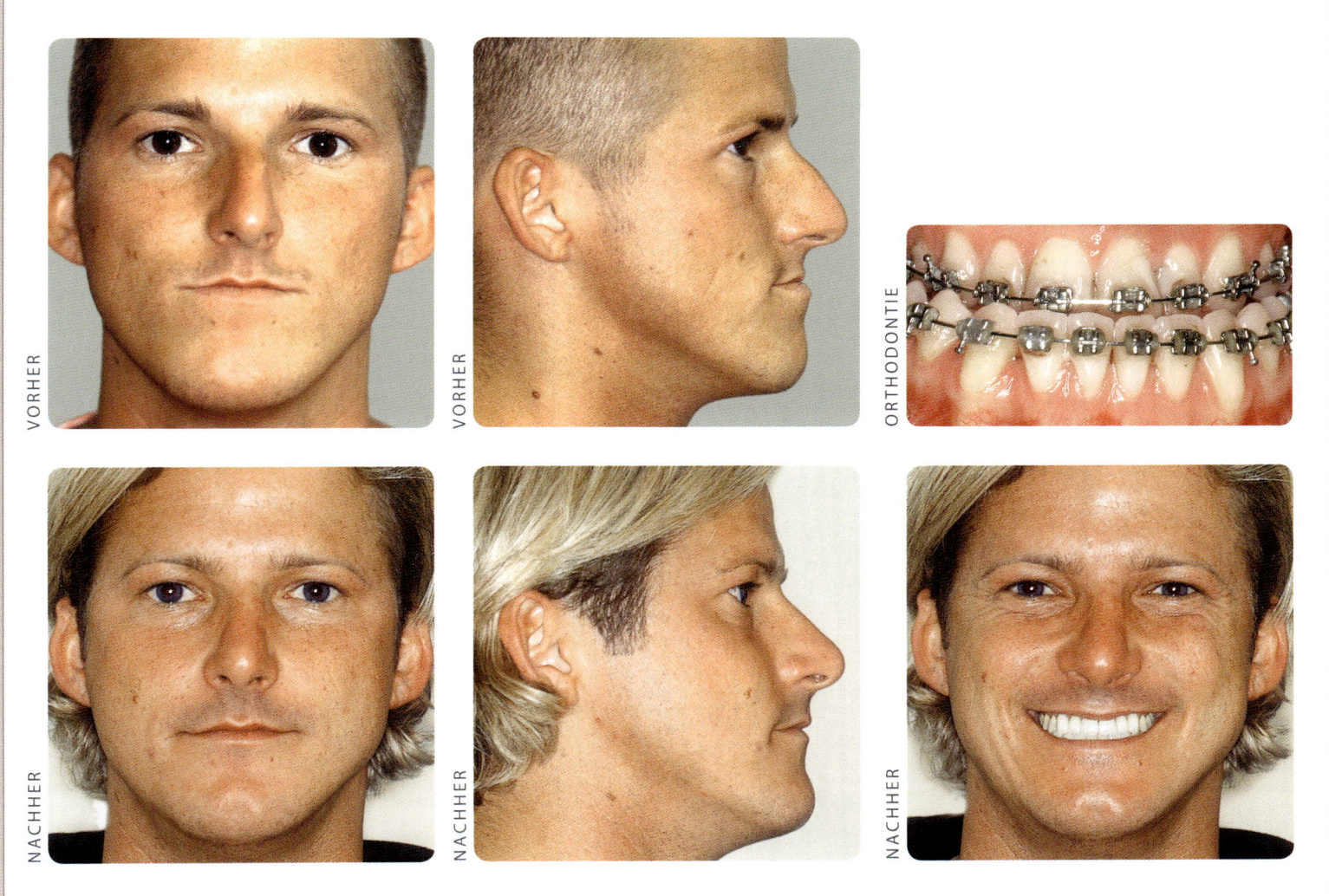

Schöner aussehen mit orthognather und plastischer Chirurgie ... Diese 29-jährige Frau hatte einen offenen Biss, einen schmalen Oberkiefer und einen zu weit zurück liegenden Unterkiefer. Auch mit dem Aussehen ihrer Nase, ihrer Augenlider und ihrer Halspartie war sie unzufrieden. Die Biss- und Kieferposition wurde mit orthognather Chirurgie korrigiert. Zusätzlich wurden die Nase und die Augenlider operiert und im Gesichts- und Halsbereich Fett abgesaugt.

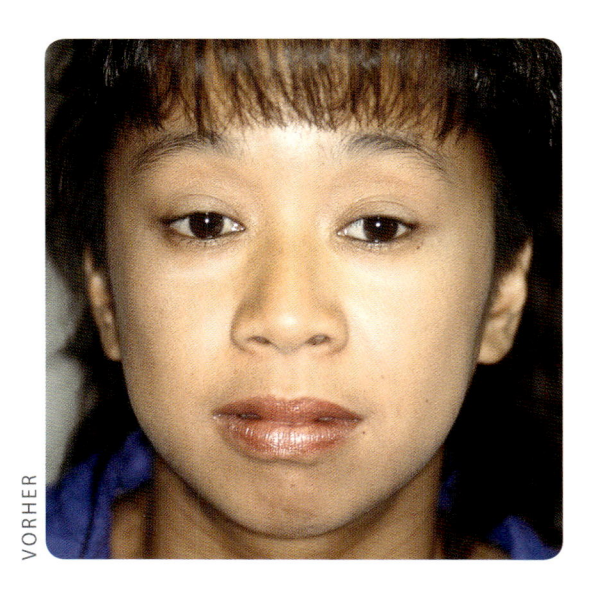

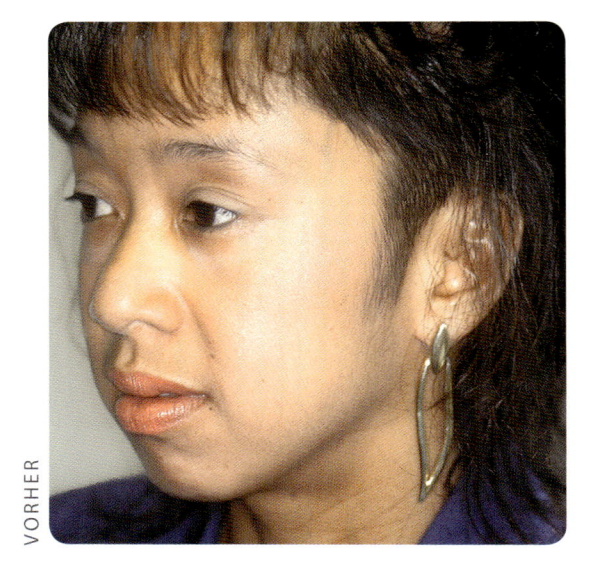

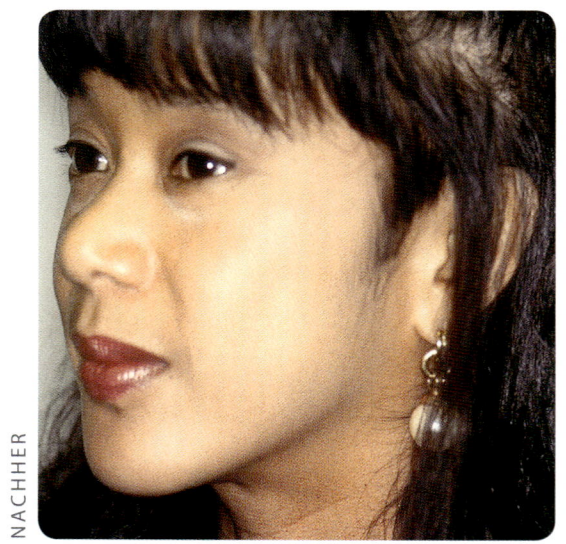

Ein Wachstumsproblem ... Der Oberkiefer dieses 16-Jährigen war zu schmal für das restliche Gesicht. Der Unterkiefer lag zu weit vorne und das Kinn leicht zurück. Zusätzlich war bei zwölf Zähnen der Zahnwechsel nicht eingetreten. Die Behandlung bestand aus einer Zahnstellungskorrektur, einer prothetischen Behandlung und einem kieferchirurgischen Eingriff. Der Oberkiefer wurde nach vorn geschoben und vertikal verlängert, der Unterkiefer wurde gekürzt, das Kinn wurde horizontal und vertikal verlängert. Nach der Abheilung wurden die nicht ersetzten Milchzähne entfernt und Implantate eingebracht, auf denen eine Brücke befestigt werden konnte.

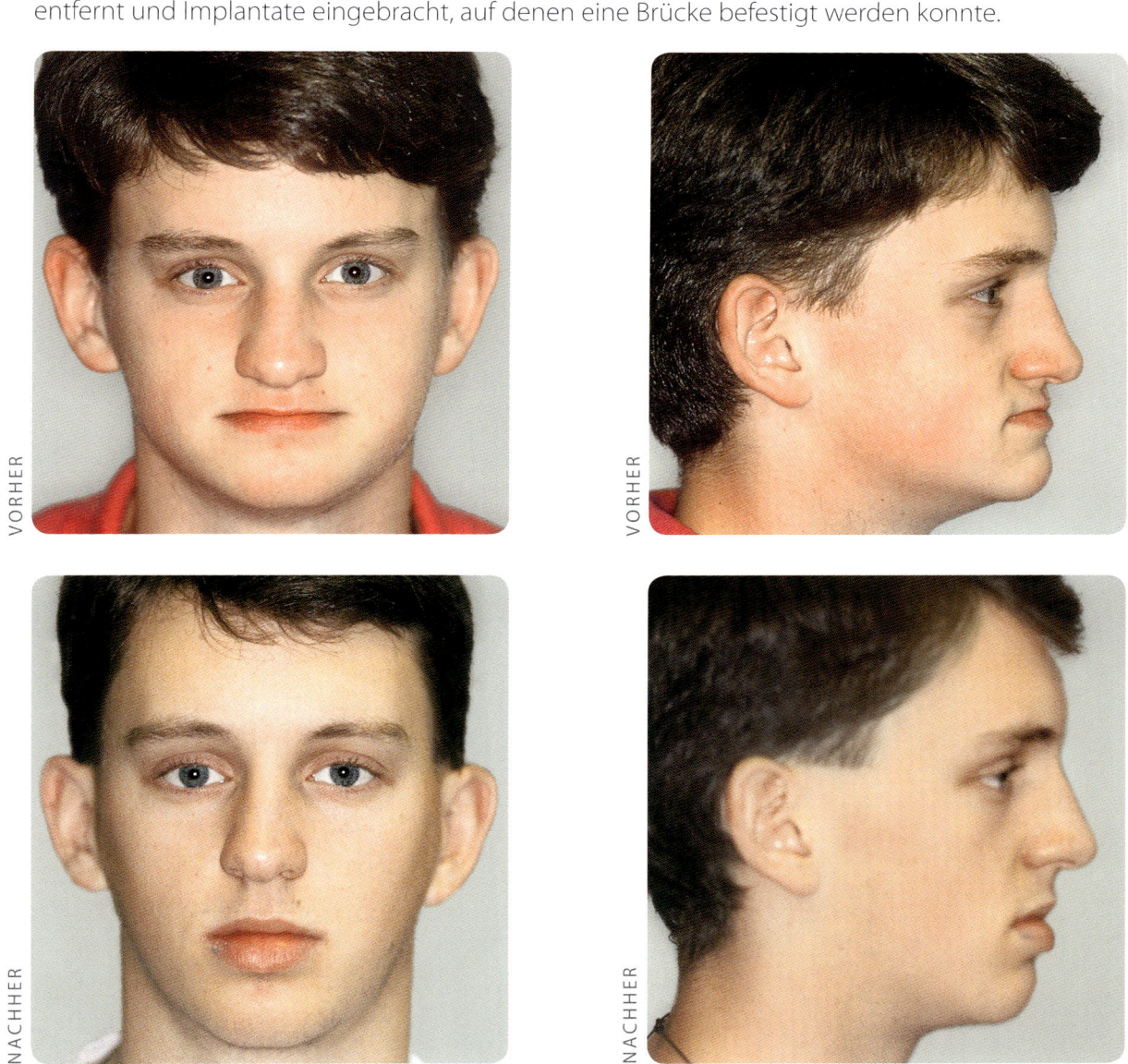

Schönheit der Symmetrie ... Das Gesicht dieser 24-Jährigen wirkte infolge des asymmetrischen Knochenwachstums verschoben. Das Problem betraf außerdem beide Kiefer, das Kinn und die Bissebene. Zuerst wurde die Schrägstellung des Oberkiefers chirurgisch korrigiert dann erfolgte, ebenfalls chirurgisch, die Anpassung des Unterkiefers an die neue Bisssituation.

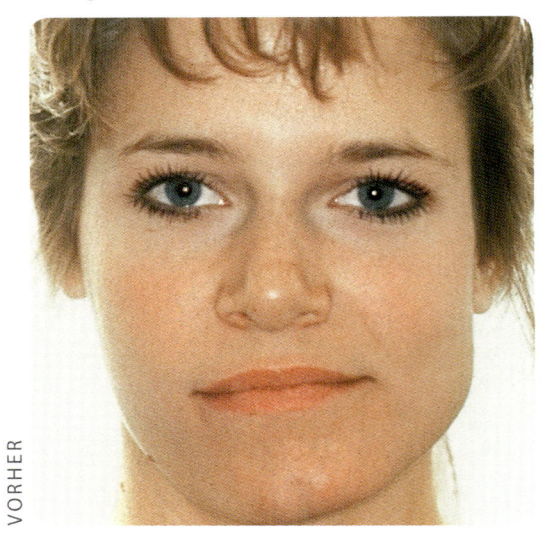

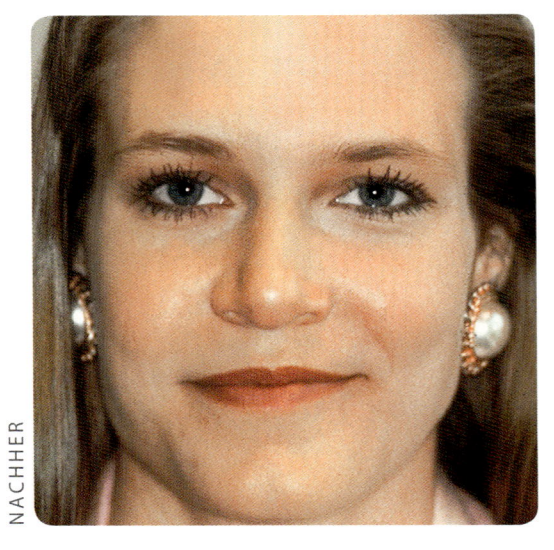

Mehrere Problem auf einmal lösen ... Diese 13-Jährige hatte einen zurück liegenden Unterkiefer, eine breite Nase und ein „Gummy Smile". Nach einer orthodontischen Behandlung, wurden in einem einzigen chirurgischen Eingriff der Unterkiefer und das Kinn verlängert, die Nase korrigiert und die Höhe des Oberkiefers zur Reduktion des „Gummy Smile" verringert.

WAS MÖCHTEN SIE GERN ÄNDERN?

Diese Tabelle zeigt Lösungen für Probleme, die häufig mittels orthognather Chirurgie behoben werden, sowie deren Kosten und Risiken. Die Kosten können abhängig vom Problem des Patienten, seiner Krankengeschichte und seinen Erwartungen, vom Schweregrad und von der Erfahrung des Chirurgen schwanken. Die Heilungszeit beträgt in der Regel mehrere Wochen und das Ergebnis ist dauerhaft.

PROBLEM	LÖSUNG	RISIKO	KOSTEN
KINNABWEICHUNG	Chirurgie zur Anpassung der Größe und Position des Kinns	Nervverletzung, Schwellung, Blutung, Infektion	1300 bis 3500 Euro
HOHLE WANGEN	Wangen-Implantate	Asymmetrie, Nervverletzung, Schwellung, Infektion	2500 Euro
VORSTEHENDER KIEFER	Kieferchirurgie und Orthodontie	Nervverletzung, Bissverschiebung, Blutung und Schwellung	4000 bis 5500 Euro
OFFENER BISS	Kieferchirurgie und Orthodontie	Nervverletzung, Bissverschiebung, Blutung und Schwellung	4000 bis 8000 Euro
ASYMMETRIE ZWISCHEN RECHTER UND LINKER GESICHTSHÄLFTE	Kieferchirurgie und Orthodontie	Nervverletzung, Bissverschiebung, Blutung und Schwellung	4000 bis 8000 Euro
ÜBERMÄSSIGE HÖHE DES OBEREN GESICHTS	Kiefer- und Parodontalchirurgie, Orthodontie	Nervverletzung, Bissverschiebung, Blutung und Schwellung	4000 bis 8000 Euro
GERINGE HÖHE DES OBEREN GESICHTS	Kieferchirurgie und Knochenaufbau	Nervverletzung, Bissverschiebung, Blutung und Schwellung	4000 bis 8000 Euro

Plastische Chirurgie

Farzad R. Nahai, MD and Foad Nahai, MD

ÜBERLEGEN SIE ES SICH!

Es gibt gute und schlechte Gründe dafür, sich einer Schönheitsoperation zu unterziehen. Plastische Chirurgie aus berechtigten Gründen kann sehr befriedigende Ergebnisse bringen. Wenn Sie falsche Erwartungen an den Eingriff knüpfen, kann plastische Chirurgie aber auch zu großen Enttäuschungen führen. Der nebenstehende Fragebogen hilft Ihnen dabei, mehr über Ihre Bedürfnisse zu erfahren.

SIND SIE EIN KANDIDAT FÜR PLASTISCHE CHIRURGIE?

Ja Nein

☐ ☐ 1. Glauben Sie, plastische Chirurgie kann Ihr Selbstwertgefühl steigern?

☐ ☐ 2. Fühlen Sie sich durch Alterszeichen in Ihrem Gesicht eingeschränkt?

☐ ☐ 3. Ist Ihnen das Aussehen Ihrer Nase unangenehm?

☐ ☐ 4. Ist Ihnen das Aussehen Ihres Kinns unangenehm?

☐ ☐ 5. Glauben Sie, ein jüngeres Aussehen wäre ein Vorteil in Ihrem Beruf?

☐ ☐ 6. Glauben Sie, plastische Chirurgie kann Ihr Leben verändern?

☐ ☐ 7. Glauben Sie, dass plastische Chirurgie zu einer beruflichen Beförderung führen wird?

☐ ☐ 8. Glauben Sie, plastische Chirurgie wird Ihre Beziehung verändern?

☐ ☐ 9. Glauben Sie, plastische Chirurgie kann Ihre Ehe retten?

☐ ☐ 10. Sind Ihre eigenen Bedenken hinsichtlich Ihres Aussehen viel größer als die Ihrer Umgebung?

☐ ☐ 11. Suchen Sie nach Perfektion?

Ein „Ja" bei den Fragen 1 bis 5 zeigt, dass Sie realistische Erwartungen im Zusammenhang mit plastischer Chirurgie haben. Ein „Ja" bei den Fragen 6 bis 11 deutet auf eher unrealistische Erwartungen hin.

WAS SIE WISSEN MÜSSEN

AM ANFANG STEHT EIN GUTER CHIRURG

Ein qualifizierter Mund-Kiefer-Gesichtschirurg

- hat sowohl ein Studium der Medizin als auch der Zahnmedizin erfolgreich abgeschlossen (und häufig in beiden Fächern einen Doktortitel erworben),
- ist Mitglied in einer nationalen Fachgesellschaft für Mund-, Kiefer- und Gesichtschirurgie (Deutsche Gesellschaft für Mund-, Kiefer-, und Gesichtschirurgie [DGMKG], Österreichische Gesellschaft für Mund-, Kiefer- und Gesichtschirurgie [OEGMKG], Schweizer Gesellschaft für Kiefer- und Gesichtschirurgie [SGKG]),
- ist bereit, Ihnen über seine Ausbildung und Qualifikation Auskunft zu geben,
- führt die geplanten Eingriffe regelmäßig erfolgreich durch.

Sie finden einen guten Chirurgen, indem Sie

- jemanden mit guten Erfahrungen und Ergebnissen nach dem Namen seines Behandlers fragen,
- sich von Ihrem Zahnarzt oder anderen Ärzten Empfehlungen geben lassen,
- im Internet recherchieren (z. B. www.mkg-chirurgie.de, www.sgkg.org),
- bei einem anderen Chirurgen eine Zweitmeinung einholen,
- sich „Vorher-" und „Nachher-Bilder" von behandelten Patienten zeigen lassen.

Sicherheitshinweis:

- Wenn Ihr Eingriff unter Vollnarkose durchgeführt wird, muss ein ausgebildeter Anästhesist anwesend sein.

Lächeln ABC — Nicht nur für Frauen!

Aktuell werden nur 10 % der plastisch-chirurgischen Eingriffe an Männern durchgeführt. Die Zahl steigt jedoch stetig an, da das Interesse der Männer an einer aktiven Verbesserung ihres Aussehens wächst. Plastische Chirurgie ist bei Männern schwieriger, da sich die Narben wegen der kürzeren Haare und der generellen Abneigung gegen Make-up schwerer verbergen lassen. Dennoch sind Männer genauso zufrieden mit den Ergebnissen solcher Eingriffe, wie Frauen es sind.

Herumgeschnüffelt ...   Dieser junge Mann hatte sich beim Sport die Nase gebrochen. Nach einer ersten Operation war die Nase immer noch krumm, und die Atmung war beeinträchtigt. Mit einem ambulanten chirurgischen Eingriff (Septorhinoplastik) konnten das Atemproblem und die Stellung der Nase korrigiert werden. Die Bilder ein Jahr nach dem Eingriff zeigen eine verbesserte Symmetrie der Nase und damit des gesamten Gesichts.

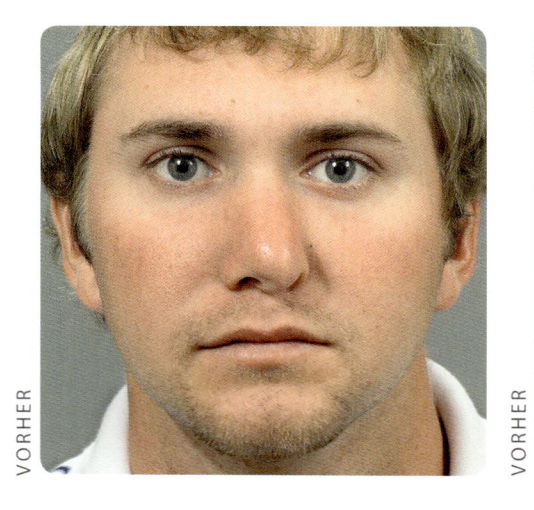

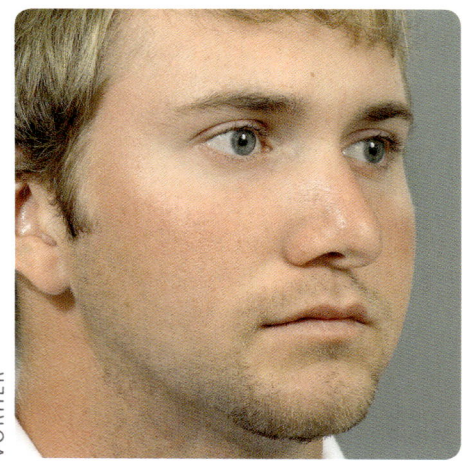

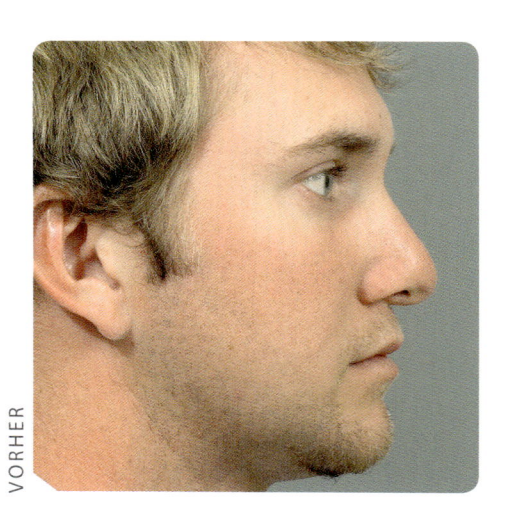

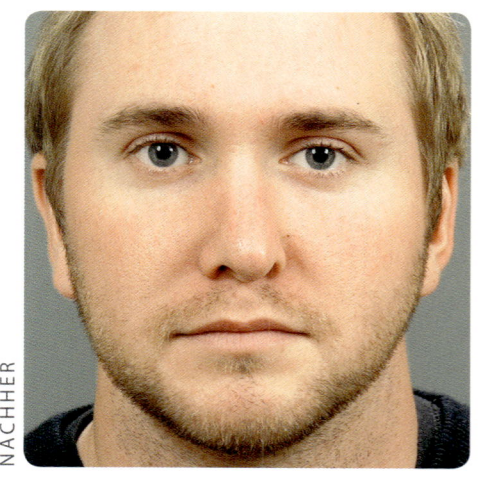

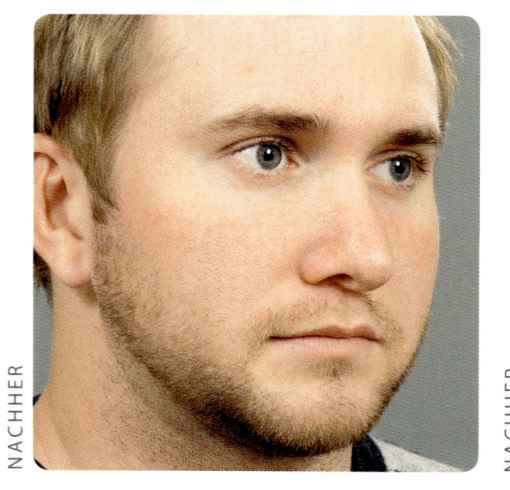

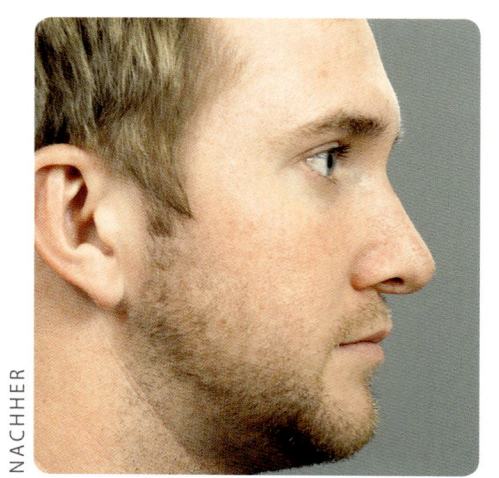

Lächeln ABC: Wann ist der richtige Zeitpunkt für eine Operation?

Bei der Korrektur angeborener Deformitäten spielt das Alter keine große Rolle. Lippen-Kiefer-Gaumen-Spalten sollten möglichst früh behandelt werden. Eine zu große Nase oder andere vererbte „Defekte" lassen sich zu einem beliebigen Zeitpunkt korrigieren. Dagegen sollten die Spuren des Alters lieber von Zeit zu Zeit in kleineren, wenig sichtbaren Korrekturen beseitigt werden. So wird Ihr Aussehen immer wieder diskret „aufgefrischt", und Sie bleiben in jedem Alter jung. Schließlich möchte man nicht auf ein „tolles Facelifting" angesprochen werden – ein vorsichtiger und diskreter Einsatz plastischer Chirurgie löst eher Reaktionen aus wie: „Sie sehen frisch und erholt aus!" oder: „Haben Sie Ihre Frisur verändert?"

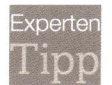

Experten Tipp: Weniger ist manchmal mehr!

Die besten Ergebnisse erzielt man mit dezenten Korrekturen. Beispielsweise lassen sich mit einer Rhinoplastik hervorragende Ergebnisse erzielen, ohne dass die ganze Nase neu gestaltet werden muss. Die Form und die Größe der Nase sollten immer in Einklang mit dem darunter liegenden Knochen und dem Gesicht stehen. Das Ziel plastisch-chirurgischer Eingriffe ist nicht eine radikale Veränderung, die Sie wie ein anderer Mensch aussehen lässt, sondern eine „jüngere" oder „verbesserte" Version Ihrer selbst.

WAS SIE WISSEN MÜSSEN

EINE SEHR PERSÖNLICHE ENTSCHEIDUNG

Wenn etwas in Ihrem Gesicht von aktuellen Schönheitsnormen abweicht, ist das längst noch kein Grund, sich operieren zu lassen. Vielleicht raten Ihnen Freunde oder Ihr Partner zu einem Eingriff – die Entscheidung liegt trotzdem ganz allein bei Ihnen. Denken Sie daran, dass einige der bekanntesten Gesichter unserer Zeit sehr eigenwillige Züge haben. Und obwohl sie sich einen chirurgischen Eingriff ohne Weiteres leisten könnten, verzichten diese Leute ganz bewusst auf Korrekturen. Wenn Sie andererseits eine Korrektur wünschen und Ihr Chirurg Ihnen bestätigt hat, dass der Eingriff sinnvoll ist, sollten Sie sich von Ihrer Entscheidung nicht durch andere abbringen lassen.

Experten Tipp: Lassen Sie sich beraten!

In den meisten Fällen wird der Chirurg Ihre Vorstellungen davon, welche Strukturen Ihres Gesichtes durch einen chirurgischen Eingriff verbessert werden könnten, teilen. Allerdings kann er in bestimmten Fällen auch ein Vorgehen vorschlagen, das von Ihren Vorstellungen abweicht. Es gibt eine Vielzahl chirurgischer und nichtchirurgischer Verfahren, um Ihr Aussehen zu verbessern. Eine gründliche Untersuchung und ein Beratungsgespräch sind entscheidend dafür, dass Ihr Chirurg Ihre persönlichen Bedürfnisse und Wünsche ermitteln und diejenigen Methoden vorschlagen kann, die sie am besten erfüllen.

Mehr Ausstrahlung für Ihr Gesicht ... Diese junge Frau wünschte sich eine Nasenkorrektur und vollere Lippen. Zunächst wurde die Nase chirurgisch korrigiert (Rhinoplastik). Anschließend wurden ambulant die Ober- und Unterlippe aufgefüllt. Die Fotos wurden ein Jahr nach dem Eingriff angefertigt. Die Rhinoplastik hat sich auf die Symmetrie des ganzen Gesichtes positiv ausgewirkt und die Ausstrahlung der Augen deutlich verbessert.

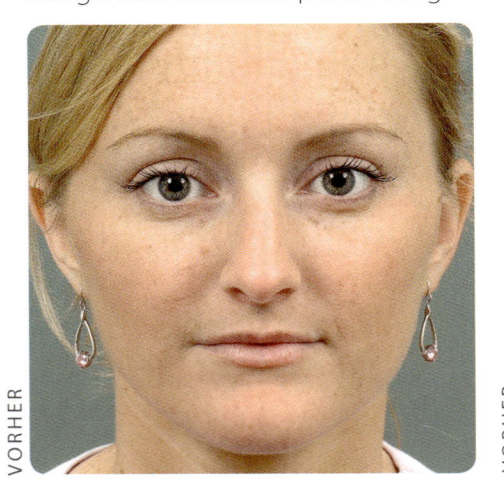

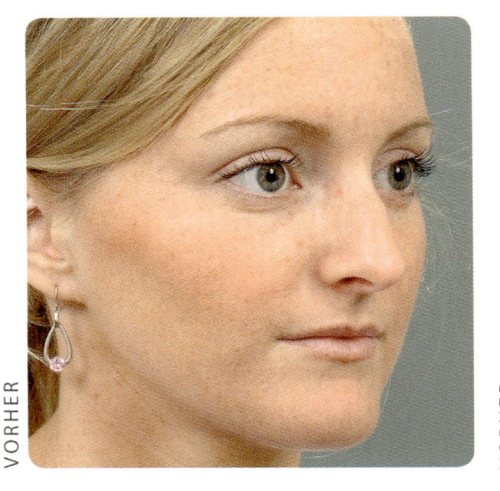

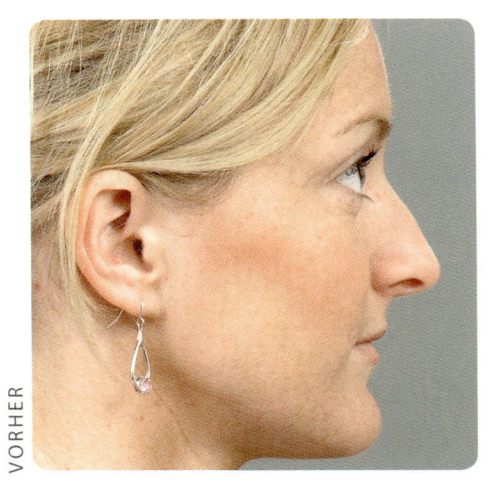

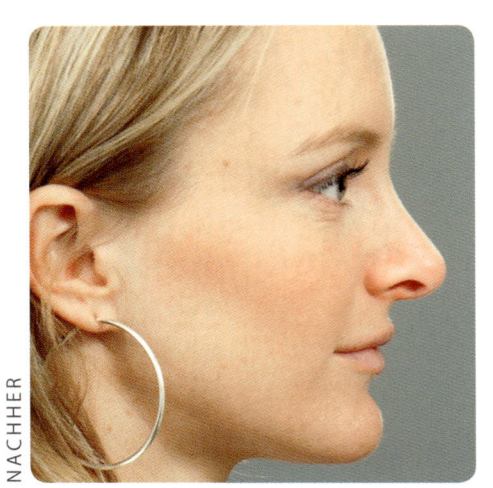

WAS SIE WISSEN MÜSSEN

SPRITZEN: EINE ALTERNATIVE ZUR CHIRURGIE

Mit chirurgischen Eingriffen lassen sich lang anhaltende, signifikante Veränderungen der Erscheinung erreichen. Es gibt aber auch Alternativen zur Chirurgie. Spritzbare Produkte, wie Botox und eine Vielzahl von Füllern, können Falten glätten und eingefallene Lippen und Wangen wiederauffüllen. Die Vorteile dieser Produkte liegen in der minimalen Invasivität des Eingriffs (eine Nadel genügt), der raschen Erholung und dem sofortigen Ergebnis – zu einem Bruchteil der Kosten für eine chirurgische Korrektur. Allerdings müssen die Mittel nach einer gewissen Zeit nachgespritzt werden, da die Wirkung nicht dauerhaft ist. Gegenüber „permanenten" Füllern ist Vorsicht angebracht. Es ist schwer abzuschätzen, wie sich solche nicht abbaubaren Produkte über die Zeit im Gesicht verhalten.

Füllen Sie auf ... Diese Frau störte sich an ihrem unregelmäßigen, eingefallenen Gesichtsausdruck. Sie wünschte eine minimalinvasive, nichtchirurgische Korrektur. In zwei Behandlungssitzungen wurde Botox in die Stirn und die Augenbrauen injiziert und die Lippen und das untere Gesicht mit Füllern behandelt. Die Straffung und Verjüngung des Aussehens und die Verbesserung der Symmetrie des gesamten Gesichts sind überdeutlich.

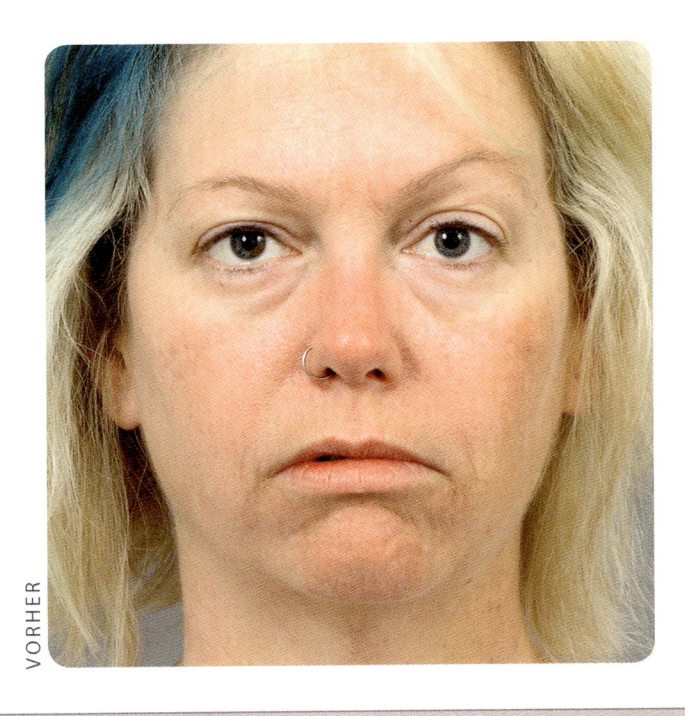

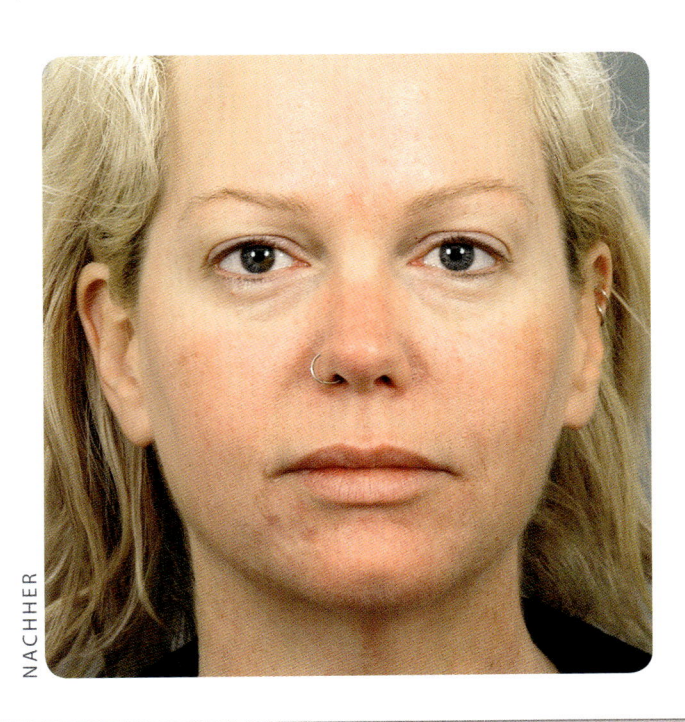

was erwartet Sie

KOSTEN DER CHIRURGIE

Die Kosten plastischer Chirurgie reichen von 500 Euro für einen kleinen Eingriff (Fett- oder Füllerinjektion) bis zu 9000 Euro für ein komplettes Facelifting. Hinzu kommen eventuell Kosten für einen Krankenhausaufenthalt und einen Anästhesisten. Fragen Sie vor dem Eingriff nach den genauen Kosten! Kosten für ästhetische Chirurgie werden von den Versicherungen nicht übernommen, und teilweise müssen Chirurgen im Voraus bezahlt werden.

Lächeln ABC: Brauchen Sie wirklich Chirurgie?

Ihr wichtigster Berater bei einem plastisch-chirurgischen Eingriff ist Ihr Chirurg, und in einigen Fällen wird er Ihnen von einem Eingriff abraten. Oftmals entspringt der Wunsch nach unangebrachten chirurgischen Korrekturen einer gewissen Verunsicherung der Patienten. Dann kann die Empfehlung eines Spezialisten, auf einen Eingriff zu verzichten, weil Sie ihn nicht nötig haben, Ihr Selbstwertgefühl wieder stärken.

WAS SIE WISSEN MÜSSEN

VORSICHT VOR FALSCHEN VERSPRECHUNGEN ÄSTHETISCHER BEHANDLUNGEN!

Schon immer wurden Produkte und Behandlungen angeboten, die schier unmögliche ästhetische Resultate in Aussicht stellen. Besonders verwirrend für den Verbraucher ist, dass viele dieser Produkte großflächig angekündigt und clever beworben werden und so einen seriösen Eindruck erwecken. In vielen Fällen sind die Produkte oder Therapien weder getestet noch wissenschaftlich dokumentiert. Ihre Glaubwürdigkeit lässt sich am besten im Gespräch mit einem Arzt überprüfen. Auch gegenüber selbst ernannten „Star-Chirurgen" ist Vorsicht angebracht, besonders wenn jemand sich als „der beste ..." oder „der einzige ..." bezeichnet.

Geben Sie sich selbst Auftrieb ... Diese Frau empfand ihr Aussehen als streng und alt und wünschte sich eine Verjüngung. Deshalb wurden ein endoskopisches Augenbrauen-Lifting, eine Oberlid-Korrektur (Blepharoplastik) sowie ein Face- und Hals-Lifting durchgeführt. Nun ist ihr Gesichtsausdruck entspannter, offener und jugendlicher.

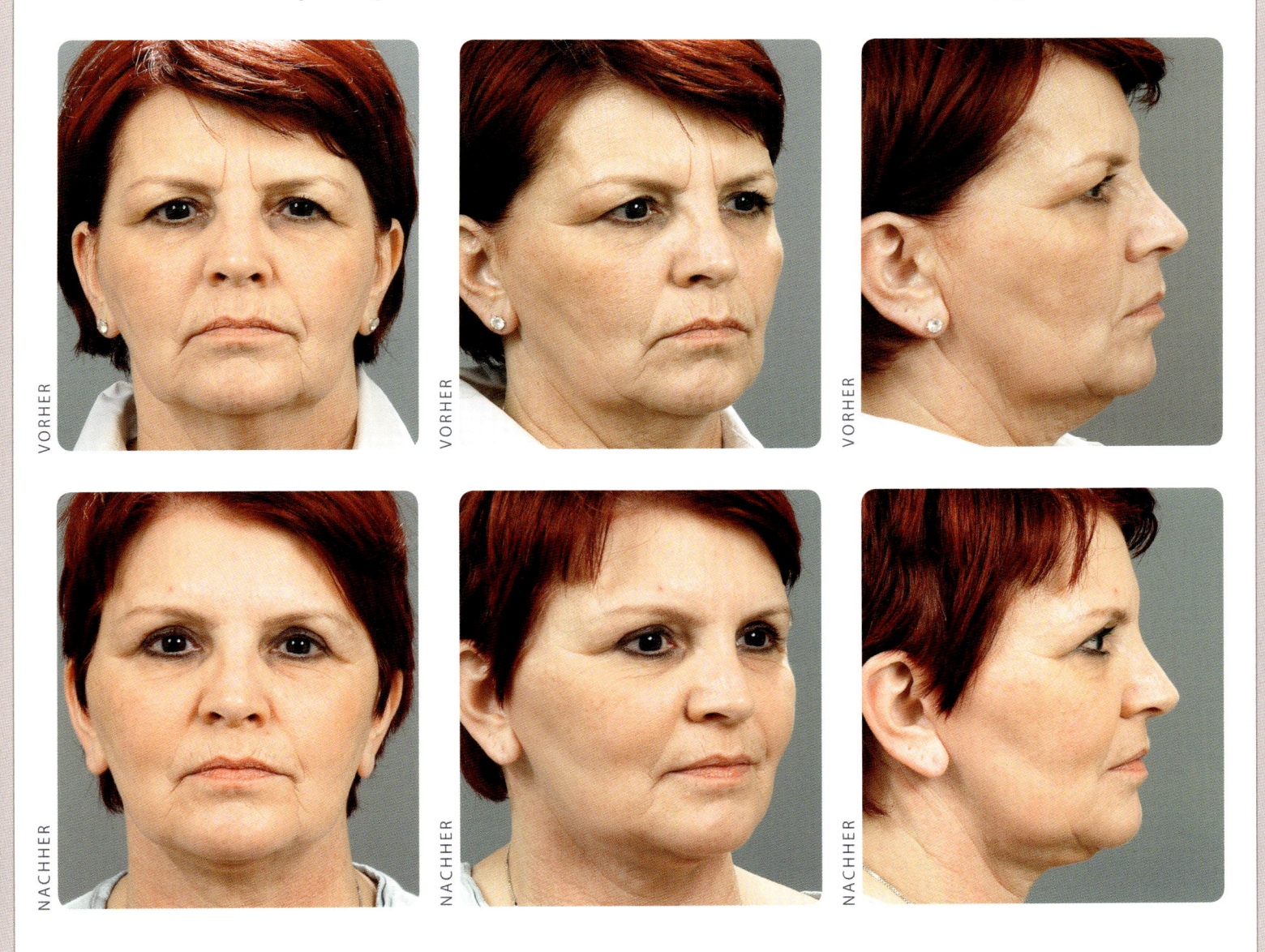

Experten Tipp: Lokale Behandlungen für eine gesündere und jüngere Haut!

- Alpha-Hydroxy-Säuren und Vitamin A können feine Linien auf der Haut „glätten" und die Haut besser aussehen lassen. Auf tiefere Falten haben sie keine Wirkung.
- Eine elektrische Stimulation der tiefen Gesichtsmuskulatur zeigt einen vorübergehenden Effekt.
- Feuchtigkeitscremes können die Haut verbessern, glätten und schützen.
- Tägliche gründliche Reinigung und Hautpflege verleihen den Ergebnissen eines chirurgischen Eingriffs Dauer.
- Setzen Sie sich nie ohne Sonnenschutz der UV-Strahlung der Sonne aus. Sie lässt Ihre Haut schneller altern.
- Gesichtsmasken eignen sich für eine tiefere Reinigung.

was erwartet Sie

EINVERSTÄNDNIS-ERKLÄRUNG

Vor einem chirurgischen Eingriff müssen Sie eine Erklärung unterzeichnen, die Sie über die Risiken und Nebenwirkungen des geplanten Eingriffs informiert. Auch die Erfolgsrate, Behandlungsalternativen und mögliche Auswirkungen eines nicht durchgeführten Eingriffs können aufgeführt sein. Wenn Sie Ihre „Hausaufgaben" gemacht und einen guten Chirurgen ausgesucht haben, dürfen Sie beruhigt sein: Er wird eventuelle Komplikationen erkennen und mit ihnen umgehen können.

SECHS FRAGEN AN IHREN PLASTISCHEN CHIRURGEN

1. Was bringt es meinem Lächeln?
2. Welche Risiken bestehen?
3. Wie lange dauert die Heilung?
4. Wie lange hält das Ergebnis?
5. Wie viel kostet es?
6. Welche Alternativen gibt es?

Sie werden Ihren Augen nicht trauen! Diese Frau beklagte sich über den müden und schlaffen Ausdruck ihrer Augen. Eine chirurgische Korrektur des Ober- und Unterlids (Blepharoplastik) öffnete ihren Blick und lässt sie viel jünger aussehen. Die Bilder zeigen die Patientin fünf Monate nach dem Eingriff.

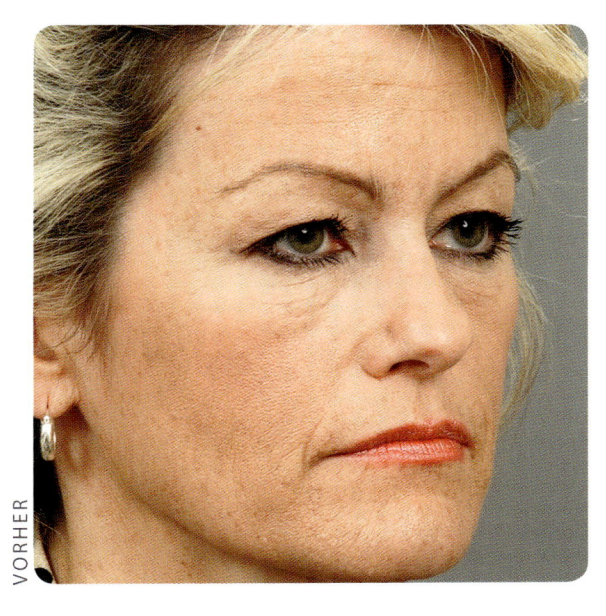

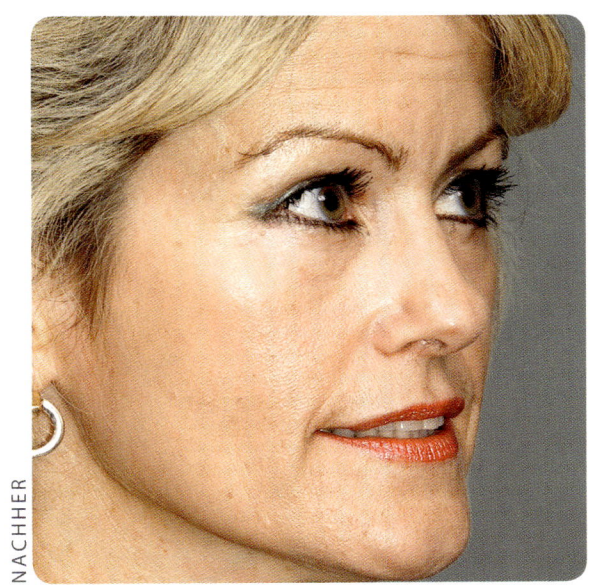

WAS MÖCHTEN SIE ÄNDERN?

PROBLEM	LÖSUNGEN	RISIKEN
SCHMALE LIPPEN	Lippenaufbau mit Füller oder Fett	Temporäre Schwellung, Bluterguss
FALTEN IM LIPPENBEREICH	Chemisches Peeling und/oder Dermabrasion oder Laser-Resurfacing	Kleine Narben oder Verfärbungen (bei leichtem Peeling minimal)
SCHLAFFE, SCHWERE, FALTIGE WANGEN	Facelifting, Fettabsaugen und/oder Entfernung des Wangenfettpfropfs	Selten und gering; Hämatom, Gesichtsnervverletzung (selten andauernd), Infektionen, Reaktionen auf Anästhesie; erhöhtes Risiko bei Rauchern
ZU GROSSE/ZU LANGE NASE	Rhinoplastik (chirurgische Nasenkorrektur)	Selten und gering; Infektionen, Nasenbluten, Reaktion auf Anästhesie, geplatze kleine Adern, die als Punkte auf der Haut sichtbar sind
VORSTEHENDES KINN	Kinn-Reduktion	Blutung, Narben, Nervverletzungen
AUGENSÄCKE (OBER-/UNTERLID)	Blepharoplastik ("Augen-Lifting")	Selten und gering; Infektion, Reaktion auf Anästhesie, Doppelbilder, Schwellung, leichte Asymmetrie während der Heilung, selten Schwierigkeiten beim Augenschluss
SCHLAFFER HALS, ZU VIEL HAUT, ZU VIEL FETT	Hals-Lifting und/oder Fettabsaugen (oft zusammen mit Facelifting)	Hämatom und kleine Hautunebenheiten, die leicht ausgeglichen werden können
HÄNGENDE UND SCHLAFFE AUGENBRAUEN,	Augenbrauen-Lifting	Schwierigkeiten, die Augenbrauen anzuheben
RISSIGE GESICHTSHAUT	Chemisches Peeling und/oder Dermabrasion oder Laser-Resurfacing	Komplikationen extrem selten; Infektionen, Taubheit, permanente Veränderung der Hautfarbe, Narben

Die Tabelle zeigt die häufigsten Probleme und deren Lösungsmöglichkeiten. Sie soll Ihnen eine Vorstellung von den zu erwartenden Ergebnissen vermitteln. Beachten Sie, dass das Risiko, das Ergebnis und die Kosten je nach der Situation des Patienten und des Chirurgen unterschiedlich sein können.
‡Die Behandlungskosten können je nach Land, Arzt (Erfahrung, Technik, Geschick), Art und Schweregrad der Behandlung (Probleme, Erwartungen, Anamnese usw.) abweichen.

HEILUNGSZEIT	LEBENSDAUER	KOSTEN‡
Über Nacht für Füllerinjektionen; bis zu 1 Woche für Fett-Aufbau	4 bis 6 Monate mit Füllern; wesentlich länger mit Fett-Aufbau	350 bis 1400 Euro
Je nach Umfang der Behandlung 2 bis 3 Wochen	Generell lang anhaltend, abhängig von Umfang und Tiefe der Behandlung	Chemisches Peeling und/oder Dermabrasion: 350 bis 1000 Euro; Laser-Resurfacing: 600 bis 1400 Euro
Mehrstufig; arbeitsfähig nach 10 bis 14 Tagen, Schwellung und Blutergüsse nach ca. 4 Wochen abgeklungen	Ihr Gesicht altert weiter, aber das Ergebnis des Faceliftings bleibt bestehen. Das Vermeiden von Sonne und Stress sowie eine gesunde Lebensweise lassen das Ergebnis länger anhalten.	Komplettes Facelifting: 5500 bis 9000 Euro; Entfernen des Wangenfettpfropfs: 600 bis 1400 Euro; Fettabsaugung: 1400 bis 2300 Euro
Mehrstufig; arbeitsfähig nach 7 bis 10 Tagen, keine körperliche Anstrengung für 2 Wochen, 80 % der Blutergüsse und Schwellungen nach 2 Wochen abgeklungen	Dauerhaftes Ergebnis	1400 bis 3400 Euro
2 bis 3 Wochen, wenn auch der Knochen korrigiert wird	Dauerhaftes Ergebnis	1400 bis 3400 Euro
Nach 7 bis 10 Tagen können verbliebene Blutergüsse mit Make-up abgedeckt werden; körperliche Anstrengung für 2 bis 4 Wochen meiden	Ergebnis hält lange, eventuell sogar für immer	Obere und untere Augenlider zusammen: 2000 bis 4000 Euro; jeweils für sich: 1400 bis 2700 Euro
Für Fettabsaugung minimal; für Hals-Lifting mehrere Wochen	Ergebnis ist dauerhaft, wenn Gewicht und Gesundheit erhalten bleiben	Hals-Lifting: 2300 bis 3400 Euro; Fettabsaugung am Hals: 800 bis 1600 Euro
7 bis 10 Tage bei endoskopischem Eingriff	10 bis 15 Jahre	2300 bis 3400 Euro
Phenol-Peeling: arbeitsfähig nach 2 bis 3 Wochen; völlig ausgeheilt nach 3 bis 6 Monaten *TCA- oder Glykolsäure-Peeling und Dermabrasion:* raschere Heilung (ca. 1 Woche). *Laser:* variabel, je nach verwendetem Laser	Ergebnis mit Phenol-Peeling und Dermabrasion länger anhaltend als mit TCA-Peeling und Laser.	*Dermabrasion, Lasers, TCA- und Phenol-Peeling:* Komplettes Gesicht 600 bis 2000; regional, 340 bis 1000 Euro *Glykolsäure und andere Alpha-Hydroxy-Säuren:* 340 bis 1000 Euro

12

ERFAHREN SIE...

GEHEIMNISSE, UM IHREM LÄCHELN DAUER ZU VERLEIHEN

WIE SIE DAS BESTE AUS IHREM NEUEN LÄCHELN MACHEN

PROFESSIONELLE TIPPS FÜR SCHÖNES AUSSEHEN

Der letzte Schliff

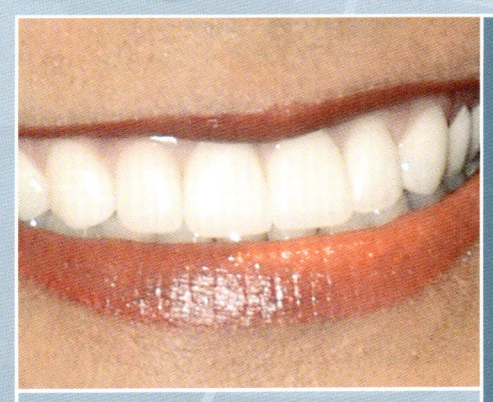

Sie haben ein neues, schönes Lächeln. Und jetzt?

Wenn Sie Ihr schönes neues Lächeln erreicht haben, müssen Sie es pflegen. Die Ergebnisse ästhetischer Behandlungen halten nicht ewig. Mithilfe der Tipps aus diesem Kapitel können Sie die Lebensdauer jedoch verlängern.

Vergessen Sie nicht, dass ein neues Lächeln nur der Anfang einer rundum neuen Erscheinung ist. Wenn Sie mit Ihrem Lächeln unzufrieden waren, haben Sie sich wahrscheinlich gar nicht um die übrigen Aspekte Ihres Aussehens gekümmert. Häufig verleiht ein neues Lächeln das nötige Selbstbewusstsein und den Wunsch, das Beste aus sich zu machen. Wenn Sie die Unzufriedenheit mit Ihrem Lächeln nicht mehr davon ablenkt, werden Ihnen weitere Dinge auffallen, die Sie gerne ändern möchten. Die in Kapitel 11 beschriebenen Optionen können einige Probleme lösen. Andere lassen sich viel leichter mit den im Folgenden vorgestellten Tipps von Hairstylisten und Make-up-Experten angehen. Sie werden überrascht sein, welche Auswirkungen schon kleine Veränderungen auf Ihr Aussehen, Ihr Selbstbewusstsein und Ihre Lebensqualität haben können.

SCHLUSS MIT SCHLECHTEN GEWOHNHEITEN!

Wenn schlechte Angewohnheiten Ihr Lächeln ruiniert haben, werden sie dies wieder tun, wenn Sie nicht damit aufhören. Starkes Rauchen, Tee und Kaffee können Ihre neuen Restaurationen oder frisch gebleichten Zähne rasch wieder verfärben. Zähneknirschen oder das Kauen auf harten Gegenständen nutzt Ihre restaurierten Zähne ab oder führt zu Rissen, Abplatzungen oder Brüchen, die sich leicht verfärben. Besprechen Sie all Ihre schlechten Angewohnheiten mit Ihrem Zahnarzt und versuchen Sie, diese hinter sich zu lassen, um Ihr neues Lächeln möglichst lange genießen zu können.

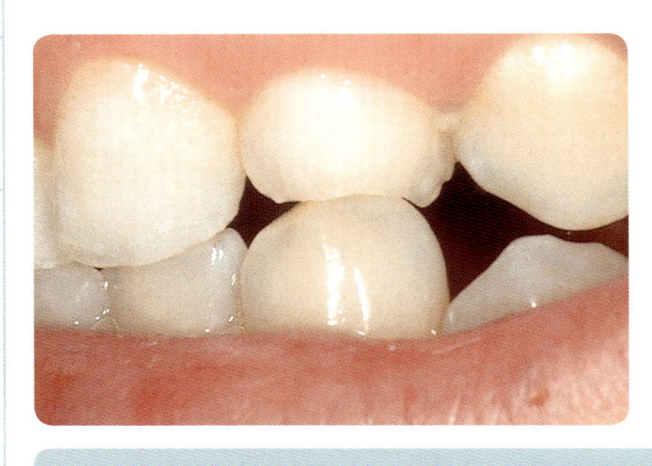

Knirschen zerstört Ihre neuen Zähne ... Permanentes seitliches Knirschen zerstörte die schöne Form des Eckzahns dieser Patientin.

GEFÄHRDEN SCHLECHTE GEWOHNHEITEN IHR LACHEN?

Haben Sie jemals:

Ja Nein
- ☐ ☐ 1. Lippen oder Wangen gekaut, gepresst, gesaugt?
- ☐ ☐ 2. Finger/Daumen gelutscht?
- ☐ ☐ 3. Eis gekaut?
- ☐ ☐ 4. Fingernägel gekaut?
- ☐ ☐ 5. Stifte oder Nadeln zwischen den Zähnen gehalten?
- ☐ ☐ 6. Auf Stiften gekaut?
- ☐ ☐ 7. Auf Ihrer Brille gekaut oder sie im Mund gehalten?
- ☐ ☐ 8. Mit Ihren Zähnen Nüsse geknackt?
- ☐ ☐ 9. Mehr als 3 Tassen Tee oder Kaffee am Tag getrunken?

Ja Nein
- ☐ ☐ 10. Pfeife, Zigarren, Zigaretten geraucht oder Kautabak gekaut?
- ☐ ☐ 11. Mit der Zunge gegen die oberen Zähne gepresst?
- ☐ ☐ 12. Ihre Zunge in Zahnzwischenräume gepresst?
- ☐ ☐ 13. Mit Zähnen geknirscht oder gepresst?
- ☐ ☐ 14. Zum Abnehmen nach dem Essen erbrochen?
- ☐ ☐ 15. Methamphetamine oder andere Suchtmittel konsumiert?

Experten Tipp: Für Später aufheben!

Versorgungen halten nicht ewig, sondern müssen von Zeit zu Zeit ersetzt werden. Jedes Mal geht dabei etwas Zahnsubstanz verloren. Aus diesem Grund ist vor allem bei jungen Patienten ein minimalinvasives Vorgehen Pflicht. Am besten fragen Sie Ihren Zahnarzt, ob die betreffende Restauration nicht „repariert" oder „versiegelt" werden kann, anstatt erneuert werden zu müssen.

WAS SIE WISSEN MÜSSEN

SIEBEN ANZEICHEN DAFÜR, DASS EINE RESTAURATION ERNEUERT WERDEN MUSS

1. Sie zeigt Verfärbungen und sieht nicht mehr ästhetisch aus.
2. Sie weist Risse und Abplatzungen auf und schützt die natürliche Zahnsubstanz nicht mehr vollständig.
3. Sie passt nicht mehr gut oder ist „undicht".
4. Sie zeigt Abnutzungsspuren. (Bei zu starker Abnutzung ist der Schmelz nicht mehr genügend unterstützt.)
5. Der versorgte Zahn zeigt eine Überempfindlichkeit. (Der Zement kann ausgewaschen oder der Versorgungsrand undicht geworden sein.)
6. Ihr Zahnarzt stellt fest, dass Ihre Versorgungen das Zahnfleisch reizen.
7. Es zeigen sich Mikrorisse um die Restauration.

PFLEGEN SIE IHR LÄCHELN!

Fragen Sie Ihren Zahnarzt bei jeder Kontrolle, ob Ihre Versorgungen abgenutzt sind. Wenn ja, tun Sie lieber früher etwas dagegen als später. Ihre Versorgungen unterstützen den Schmelz. Sind sie defekt, kann der Schmelz brechen. Abgenutzte Restaurationen führen zu Verfärbungen und zum Verlust der Zahnform. Viele defekte Versorgungen verbleiben zu lange im Mund, und die Patienten nehmen die Folgeprobleme zähneknirschend als unausweichlich hin – obwohl sie durchaus vermeidbar wären!

SIE SIND, WAS SIE ESSEN

Schönheit ist mit Gesundheit eng verknüpft und die Ernährung spielt dabei eine wichtige Rolle. Ihre Ernährung sollte ausgewogen sein: ein guter Mix aus Gemüse, Früchten und Proteinen ohne Fett. Trinken Sie viel Wasser, täglich! Was Sie Ihrem Körper zuführen, zeigt sich in Ihrer Haut, Ihren Nägeln, Haaren und Zähnen sowie Ihrem allgemeinen Wohlbefinden.

Experten Tipp: Ein gesunder Rahmen für Ihr Lachen!

Mangelhafte oder übermäßige Ernährung kann die Form Ihres Gesichtes verändern. Die Folge kann eine Verschiebung des Größenverhältnisses zwischen Zähnen und Gesicht sein. Für ein schönes Lächeln sollten Sie auf Ihr Gewicht und Ihre Gesundheit achten.

Zweite Chance für ein schönes Lächeln ... Diese 34-jährige Innenarchitektin litt 15 Jahre lang an Bulimie, was zu starken Erosionen und Empfindlichkeiten führte. Nach einer zweijährigen Therapie der Essstörung ließ die Patientin ihre Zähne versorgen. Mit vollkeramischen Kronen wurde die Empfindlichkeit gemildert und ein neues, schönes Lächeln geschaffen. Dieser lange Weg kann das Selbstwertgefühl von Patienten mit Essstörungen deutlich verbessern.

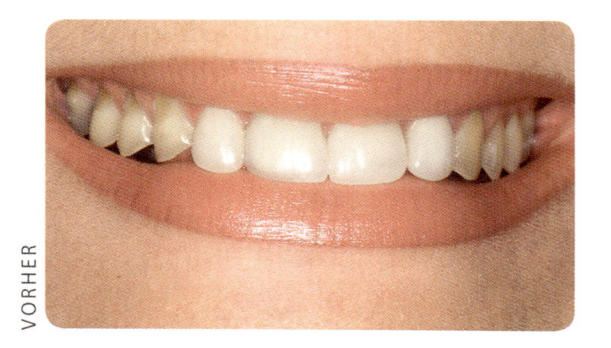

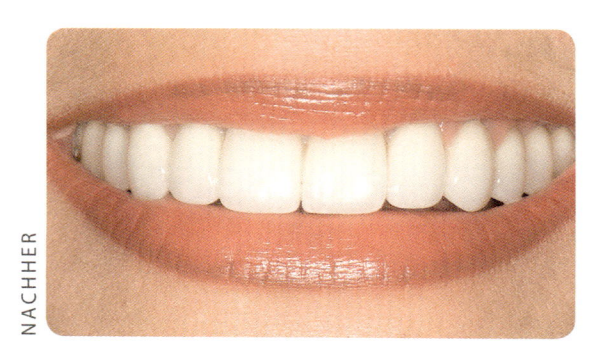

VORHER — NACHHER

WAS SIE WISSEN MÜSSEN

ESSSTÖRUNGEN SIND GEFÄHRLICH

Allzu oft verändern emotionale Probleme unser Essverhalten. Psychischer Stress oder traumatische Erlebnisse führen zu Essstörungen wie Anorexie oder Bulimie. Dies kann katastrophale Auswirkungen nicht nur auf die emotionale und physische Gesundheit, sondern auch auf Ihr Lächeln haben. Beispielsweise verursacht Bulimie starke Erosionen und zerstört damit die Schönheit Ihrer Zähne. Die Erosion führt zum Verlust des Schmelzes und zur Freilegung des Dentins (der dunkleren Schicht unter dem Schmelz). Eine Essstörung lässt sich nicht durch ästhetische Zahnmedizin oder plastische Chirurgie heilen. Sie brauchen professionelle Hilfe für das ursächliche Problem. Wenn Sie wieder Selbstvertrauen gefasst haben und Ihr Selbstwertgefühl gestiegen ist, können Sie sich Ihrem Aussehen zuwenden und Ihr Lächeln verschönern lassen.

NUTZEN SIE IHR LÄCHELN!

Experten Tipp: Ein volles Lächeln ist das schönste Lächeln!

Üben Sie, mit offenem Mund voll zu lächeln. Ein quadratisches oder rundes Gesicht kann bei geöffnetem Mund länger oder ovaler wirken. Es ist wichtig, dass die Schneidekanten der oberen Zähne sichtbar sind. Wenn Sie den Mund etwas stärker öffnen, deckt die Unterlippe die Zähne nicht mehr ab, und diese sehen nicht mehr wie eine Reihe weißer Kaugummis aus. Funktionieren diese Tipps bei Ihnen? Dann sollten Sie Ihr „natürliches Lächeln" vor dem Spiegel üben, bis Sie ein Gefühl dafür entwickelt haben, wie weit Sie Ihre Lippen öffnen müssen. Diese Übung macht sich nicht zuletzt für Fotografien bezahlt.

Zeigen Sie Ihre Zähne! Ein Lächeln, bei dem man nur einen Teil der Zähne sieht, ist nicht so attraktiv wie ein volles Lächeln. Beachten Sie, wie viel attraktiver das Lächeln dieses Mannes erscheint, wenn die Zähne vollständig zu sehen sind. Ein solches Lächeln muss bewusst trainiert werden, bis es zur Gewohnheit wird.

VORHER  | NACHHER

Viele Patienten vergessen nach einer Zahnbehandlung, dass ihr Lächeln nun besser aussieht. Wenn Sie beim Lachen über Jahre die Hand vor den Mund gehalten haben, weil Sie sich für Ihre Zähne schämten, müssen Sie diese Angewohnheit sehr wahrscheinlich durch einen gezielten Willensakt aufheben. Nach Abschluss einer ästhetischen Zahnbehandlung sollten Sie vor dem Spiegel Ihr Lächeln üben: Denken Sie an etwas Lustiges, bis sich Ihre Zähne voll zeigen. Wiederholen Sie diese Übung, bis Sie sich wieder daran gewöhnt haben zu lächeln. Und denken Sie daran, oft zu lächeln – es steigert die Attraktivität Ihres Gesichts!

NEHMEN SIE SICH ZEIT FÜR IHRE HAUT!

Ein Lächeln sieht am besten aus, wenn es von einer reinen und gesunden Haut umgeben ist. Eine gute Hautpflege sollte Teil des morgendlichen und abendlichen Rituals werden. Am Morgen kann eine Reinigung belebend und am Abend entspannend wirken. Es geht nicht nur darum, die Alterung zu verlangsamen, attraktiv zu sein und das Selbstbewusstsein zu stärken, sondern auch um Ihre physische, mentale und geistige Gesundheit und Fitness. Wer sich in seinem Tagesablauf Zeit für Gesundheit und Schönheit nimmt, schafft sich damit auch eine Möglichkeit zur Heilung, Entspannung, Erfrischung und Energiegewinnung.

15 GEHEIMNISSE FÜR REINE, GESUNDE HAUT

Umwelt- und hormonelle Faktoren können zu Hautreizungen und Pickeln führen. Sie können das Aussehen Ihrer Haut verbessern, wenn Sie folgende Ratschläge befolgen:

1. Stellen Sie sich eine geeignete Hautpflege zusammen und führen Sie diese zweimal täglich durch (frühmorgens sowie abends vor dem Schlafengehen).
2. Verwenden Sie Gesichtsmasken und mindestens einmal pro Woche ein Peeling.
3. Duschen Sie sich nach dem Baden ab.
4. Waschen Sie Ihr Gesicht *nach* dem Gebrauch von Shampoo und Pflegespülung.
5. Hautpflegeprodukte vor Hygiene- oder Haarpflegemitteln anwenden.
6. Halten Sie Ihre Hautpflegemittel sauber und staubfrei, sodass sie keine reizenden Stoffe aus der Umgebung aufnehmen können.
7. Zahnbürste und Zahnseide vor der Gesichtspflege: Die bakterielle Plaque kann auf Ihrem Gesicht und Hals zu Pickeln und Reizungen führen.
8. Verwenden Sie auf Rücken, Schultern oder Gesicht keine Spray-Produkte.
9. Fassen Sie tagsüber nicht mit den Händen in Ihr Gesicht. Reinigen Sie den Telefonhörer, bevor Sie ihn an Ihr Gesicht legen.
10. Wenn Sie Ihr Gesicht berühren müssen, waschen Sie sich vorher die Hände.
11. Drücken Sie Ihre Mitesser oder Pickel nicht aus – dies macht es oft nur schlimmer. Es ist besser ein entsprechendes Reinigungsmittel anzuwenden und abzuwarten.
12. Schlafen Sie bei bestehenden Problemen mit Ihrer Gesichtshaut immer auf einem frisch gewaschenen Kopfkissen. Haarpflegemittel und körpereigene Fette in Ihrem Haar könnten eine Ursache für die Probleme sein.
13. Denken Sie daran, dass Sonne, Wind, Chlor, Zigarettenrauch und Smog Hautunreinheiten und Empfindlichkeiten verschlimmern können.
14. Sonnenschutzmittel für empfindliche Haut sollten nur bei Sonneneinstrahlung verwendet werden, denn solche Produkte können die Haut austrocknen.
15. Ein guter Selbstbräuner verhilft Ihnen das ganze Jahr über zu einer gut getönten Haut. Für das Gesicht sollte ein spezieller Gesichtsbräuner verwendet werden.

Gesunder Glanz! Eine gesunde, reine Haut kann Ihr Aussehen dramatisch verbessern und gibt Ihrem Lächeln einen schönen Rahmen.

> **Experten Tipp** **Ein Tipp für rissige Lippen**
>
> Tragen Sie eine dicke Schicht Lippenbalsam auf die Lippen bis über die Mundwinkel auf und lassen Sie ihn ein bis zwei Minuten einwirken. Anschließend können Sie mit einem feuchten Tuch unter sanften aber festen Bewegungen die überschüssige Haut von den Lippen reiben. Regelmäßige Anwendung von Lippenbalsam beugt Rissen vor.

Lächeln ABC Ihre Lippen sind wertvoll!

Die Haut der Lippen kann leicht austrocknen und rissig werden und verliert mit zunehmendem Alter rasch ihr Kollagen, ihre Glätte und ihre Feuchtigkeit. Als Folge davon erschlaffen die Lippen und unterstützen die umgebende Haut weniger, was zu Lachfalten und Runzeln führt. Mit einigen einfachen Tricks können Sie Ihre Lippen voller und frischer aussehen lassen:

- Verwenden Sie täglich Lippenbalsam, am besten mit Lichtschutzfaktor 45 oder höher. Die Lippen sind sehr empfindlich gegen Sonnenstrahlen und mit der Zeit können sich sogar dunkle Flecken oder Sommersprossen bilden.

- Versuchen Sie, einen Lippenbalsam mit Vitaminen und Nährstoffen anzuwenden, der Ihre Lippen gut befeuchtet und gesund erhält. Es gibt sogar Produkte mit Antioxidantien, die vor der Alterung durch freie Radikale schützen sollen.

- Wenn Ihre Lippen mit dem Alter dünner werden, versuchen Sie es mit einer Lippenmaske ein- bis zweimal pro Woche. Diese führt zusätzliche Feuchtigkeit zu und hilft Ihren Lippen, voller auszusehen.

- Meiden Sie saure oder scharfe Nahrung wenn Ihre Lippen trocken und rissig sind. Bis zur Abheilung sind Feuchtigkeit spendende, kühlend wirkende Nahrungsmittel, wie Melonen oder Gurken, eine bessere Wahl.

GESICHTSHAAR UND IHR NEUES LÄCHELN

Egal ob Mann oder Frau, Ihr Gesichtshaar hat einen großen Einfluss auf Ihr Lächeln. Bei Frauen lenkt unerwünschtes Gesichtshaar in jedem Fall von einem schönen Lächeln ab – die Frage ist hier, wie man das Haar entfernt, ohne die Situation schlimmer zu machen. Bei Männern ist die Sache etwas schwieriger. Die Frage nach dem Stil – glattrasiert oder Bart, Schnauzbart, Koteletten oder Kinnbart – stellt eine sehr persönliche Entscheidung dar.

Lächeln ABC: Mit oder ohne Bart?

- Wenn Sie schon vor Ihrem neuen Lächeln einen Bart hatten, dann versuchen Sie es einmal ohne. Viele Männer lassen sich einen Bart wachsen, um von ihrem Lächeln abzulenken. Jetzt aber haben Sie ein schönes Lächeln – zeigen Sie es!

- Wenn Ihr Kinn zurückliegt oder Ihre untere Gesichtshälfte asymmetrisch erscheint, dann denken Sie einmal darüber nach, sich einen Bart wachsen zu lassen.

- Lassen Sie sich einen Oberlippenbart wachsen, wenn Ihr Kinn zu prominent ist und das Mittelgesicht unproportioniert erscheint.

- Ihr Oberlippenbart sollte gekürzt oder rasiert werden, wenn Ihre Zähne versorgt oder gebleicht worden sind und immer noch dunkel aussehen. Der Schatten des Bartes lässt die Zähne dunkler wirken.

- Wenn Sie mit Ihrem Bart nicht zufrieden sind oder einfach nach einer Veränderung suchen, dann probieren Sie doch einmal etwas Neues aus. Das Beste (und Schlechteste) an Barthaaren ist, dass sie rasch wieder nachwachsen!

- Gleichgültig für welchen Barttyp Sie sich entscheiden – wichtig ist, dass die Haare immer sauber und gepflegt sind.

Experten Tipp: Professioneller Rat für Ihre Augenbrauen!

Eine Korrektur Ihrer Augenbrauen sollten Sie einem Profi überlassen. Wenn Sie weiterhin selbst Ihre Brauen zupfen und konturieren wollen, ist es wichtig, sich hierfür eine professionelle Anleitung geben zu lassen. Denn wenn Sie zu viele Haare an der falschen Stelle ausreißen, riskieren Sie, dass diese nicht mehr richtig nachwachsen.

WAS EINE RASUR AUSMACHEN KANN

Manche Männer sehen sowohl mit als auch ohne Bart gut aus. Der Unterschied ist das Image, dass dadurch entsteht. Diese attraktive junge Mann hatte auf einer Reise Bart und Haare wachsen lassen, was ihm ein raues Aussehen verlieh. Nach einer Rasur und mit einem kurzen Haarschnitt sieht er wieder freundlicher und zugänglicher aus. (Make-up: Rhonda Barrymore; Frisur: Richard Davis)

VORHER – OHNE LACHEN

NACHHER – OHNE LACHEN

VORHER – MIT LACHEN

NACHHER – MIT LACHEN

WAS SIE WISSEN MÜSSEN

TECHNIKEN ZUR ENTHAARUNG IM GESICHT

Professionelle Methoden:

▶ Wachsenthaarung

– Heißes oder kaltes Wachs wird aufgetragen und mit einem Baumwollband abgedeckt. Das Band wird rasch abgezogen und die Haare bleiben daran haften. Das Resultat dieser Haarentfernung hält ca. vier Wochen.

– Die Haut kann für mehrere Stunden gerötet bleiben. Die gewachsten Stellen sollten vor Sonneneinstrahlung geschützt werden, um Schäden, frühzeitige Alterung und Fleckenbildung zu vermeiden.

– Wiederholte Wachsenthaarung der Brauen und Lippen über viele Jahre kann die Haut erschlaffen lassen.

▶ Laser Epilation

– Mithilfe des Laserlichts können kräftige, dunkle Haare auf heller Haut entfernt werden. Helle oder feine Haare lassen sich mit Laser nicht beseitigen.

– Der Laser erzeugt eine kurze Schmerzempfindung. Er kann einen Akneschub hervorrufen und die Haut dauerhaft verfärben.

– Diese Methode erfordert etwa sechs bis acht Sitzungen im Abstand von jeweils zwei Wochen. Das Ergebnis hält lang, aber nicht unbegrenzt.

▶ Kosmetische Elektrolyse

– Mit einer dünnen Elektrosonde und eventuell zusätzlich mit chemischen Mitteln werden die Zellen der Haarmatrix in den Haarwurzeln abgetötet.

– Diese Methode stellt in Amerika die einzige offiziell anerkannte Methode zur dauerhaften Haarentfernung dar.

– Die Elektrolyse ist eine teure und zeitaufwendige Methode der Haarentfernung.

▶ Zupfen

– Bei dieser sehr alten Methode wird eine Baumwollschnur zickzackförmig um die Finger gewickelt und unter Scherenschnittbewegungen über die Gesichtshaut bewegt, wobei die Haare eingeklemmt und ausgerissen werden.

– Diese Methode muss regelmäßig angewandt werden. Auch bei geübten Behandlern kann es vorkommen, dass Ihre Haut dabei verletzt wird.

Do-it-yourself-Methoden:

▶ Nassrasur

- Dass rasierte Haare dicker nachwachsen, ist ein Märchen! Das Rasieren mit einem Multiklingen-Rasierer, Rasierschaum oder -öl und Aftershave ist eine effiziente und kostengünstige Methode der Haarentfernung.
- Wenn Sie im Kinnbereich ein hartnäckiges dickes Haare haben, rasieren Sie zuerst die feine Spitze ab, lassen es über Nacht wieder herauswachsen und zupfen es dann am nächsten Morgen aus.
- Gelegentliche Peelings verhindern das Einwachsen von Haaren.
- Zur Rasur der Augenbrauen verwenden Sie einen Brauenrasierer mit Schutzdrähten vor den Klingen. Halten Sie den Finger über die Braue, um eine bessere Kontrolle zu haben und die Brauen nicht zu stark zu rasieren.

▶ Trockenrasur

- Eine Elektrorasur führt zu denselben Ergebnissen wie eine Nassrasur. Anstelle von Rasierschaum oder -öl kann ein Puder verwendet werden.

▶ Zupfen

- Mithilfe feiner Pinzetten kann man gezielt dickere Haare aus dem Gesicht entfernen.
- Diese Methode eignet sich nicht zur Bartrasur, Männer können sie aber zur Korrektur der Augenbrauen verwenden.
- Beim Zupfen werden die Haare mit der Wurzel entfernt. Deshalb ist das Ergebnis lang anhaltend.
- Gelegentliches Peeling im ausgezupften Bereich verhindert das Einwachsen der Haare.

▶ Epiliergerät

- Bei diesen batteriebetriebenen Geräten werden die Haare mittels rotierender Walzen und winziger Pinzetten entfernt, die sich automatische öffnen und schließen. Das Ergebnis hält Tage bis Wochen.
- Die erste Anwendung ist ähnlich schmerzhaft wie die Wachsmethode, doch mit der Zeit reduziert sich der Schmerz.
- Diese feinen Instrumente lassen die Haut intakt und sind eine der schonendsten Maßnahmen zur Haarentfernung.

▶ Chemisches Enthaaren

- Diese Methode ist rasch und günstig, aber sie muss vorsichtig angewendet werden: Die Chemikalien können zu Reizungen und Verbrennungen führen, wenn sie zu lange auf der Haut verbleiben.

FÖRDERN SIE IHRE NATÜRLICHE SCHÖNHEIT

Make-up darf nicht mit der täglichen Hautpflege verwechselt werden, aber es kann die persönliche Attraktivität steigern und das Selbstgefühl heben. Kosmetika können Akzente setzen, Unregelmäßigkeiten verstecken, und Ihr neues, strahlendes Lächeln verstärken.

WIE MAN MIT NEUTRALEN KOSMETIKA JEDEN TAG ELEGANT AUSSIEHT

1. Bevor Sie Make-up auftragen, muss die Haut sauber und befeuchtet sein.

2. Tragen Sie eine Feuchtigkeitscreme (evtl. abdeckend) auf die Augenlider auf.

3. Verwenden Sie einen matten Lidschatten, der zu Ihrer Hautfarbe passt, und tragen Sie diesen von oberhalb der Wimpern bis zur Falte des Augenlids mit einem breiten Lidschattenpinsel von Ecke zu Ecke auf.

4. Mit einem runden Lidschattenpinsel wird ein mittlerer Ton auf die Lidfalte und leicht darüber hinaus aufgetragen. Verwischen Sie den Übergang gut.

5. Im äußeren Lidwinkel unterhalb der Lidfalte und ein wenig darüber tragen Sie über die Grundfarbe einen etwas dunkleren Lidschatten auf. Verwischen Sie die Übergänge mit einem sauberen Pinsel.

6. Tragen Sie einen glänzenden Lidschatten in einer leicht helleren Farbe als der Ihrer Haut an den äußeren Rand der Augenbrauenknochen bis zur Augenbraue hin auf und verwischen Sie die Übergänge.

7. Tragen Sie ein wenig Puder der Ihnen entsprechenden Farbe auf Ihre Augenbrauen auf.

8. Ziehen Sie Ihre oberen Augenlider mit einem dunklen wasserfesten Kajalstift nach.

9. Mit einem Pinsel-Eyeliner wird die Linie des unteren Lids hervorgehoben.

10. Die Wimpern werden mit einem wasserfesten Mascarastift hervorgehoben und trocknen gelassen. Anschließend wird eine zweite Schicht aufgetragen.

11. Mit den Fingerspitzen tragen Sie etwas Cremerouge über den Wangenknochen und bis zum Schläfenansatz auf.

12. Tragen Sie mit einem Kabuki-Pinsel einen gepressten Mineralpuder in Ihrer natürlichen Hautfarbe über das Wangenrouge und auf das ganze Gesicht auf (gleichmäßig auftragen und im Halsbereich verwischen).

13. Tragen Sie ein wenig gepresstes mattes Puderrouge über den Wangenknochen auf und verstreichen Sie es mit einem Rouge-Pinsel über die Ränder des Cremerouges.

14. Abschließend wird ein matter, transparenter Blotpuder aufgetragen, um Fettglanz zu absorbieren.

15. Die Lippen werden mit einer passenden Farbe geschminkt. Darüber kann ein Lipgloss aufgetragen werden, um den Halt und Glanz zu verstärken.

Experten Tipp Zeigen Sie Ihr neues Lächeln mit schönen Lippen!

- Wählen Sie beim nächsten Kauf einen Lippenstift, der genau der Farbe Ihres Zahnfleischs entspricht. Er wird Ihre Zähne sehr wahrscheinlich heller aussehen lassen und einer Ihrer Lieblingslippenstifte werden.
- Ein Lipliner sollte der Farbe der Lippen entsprechen. Verwenden Sie Lipliner (oder Lippenstifte) nicht außerhalb der Lippen.
- Tiefe, matte Farben lassen die Lippen dünner und älter, schimmernde Farben lassen sie jünger und voller erscheinen.

MAKE-UP MACHT DEN UNTERSCHIED

Diese Frau hat ein herzförmiges Gesicht. Ziel des Make-ups war es, die schmalere unter Gesichthälfte mit der oberen auszugleichen. Das Kinn wurde mit einer Creme-Basis gegenüber der natürlichen Hautfarbe aufgehellt, um weniger akzentuiert zu wirken. Stirn und Wangen wurden mit einem dunkleren Puder und Rouge abgetönt. Der Hairstylist legte das Haar in große Locken, um das Kinn optisch zu unterstützen, und balancierte den Gesamteindruck mit einer Pony-Strähne aus. Das zweigeteilte Bild verdeutlicht, welchen Effekt Make-up und Hairstyling haben können. (Make-up: Rhonda Barrymore; Haare: Richard Davis)

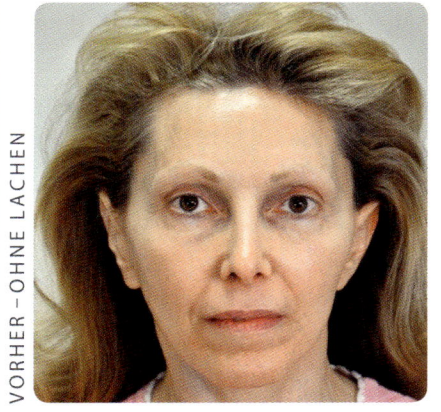

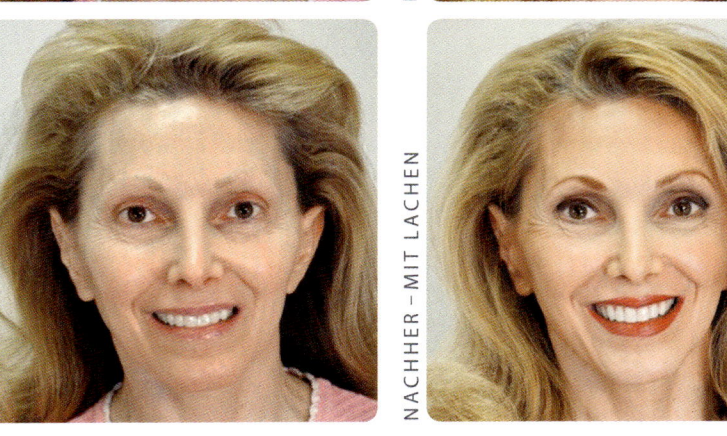

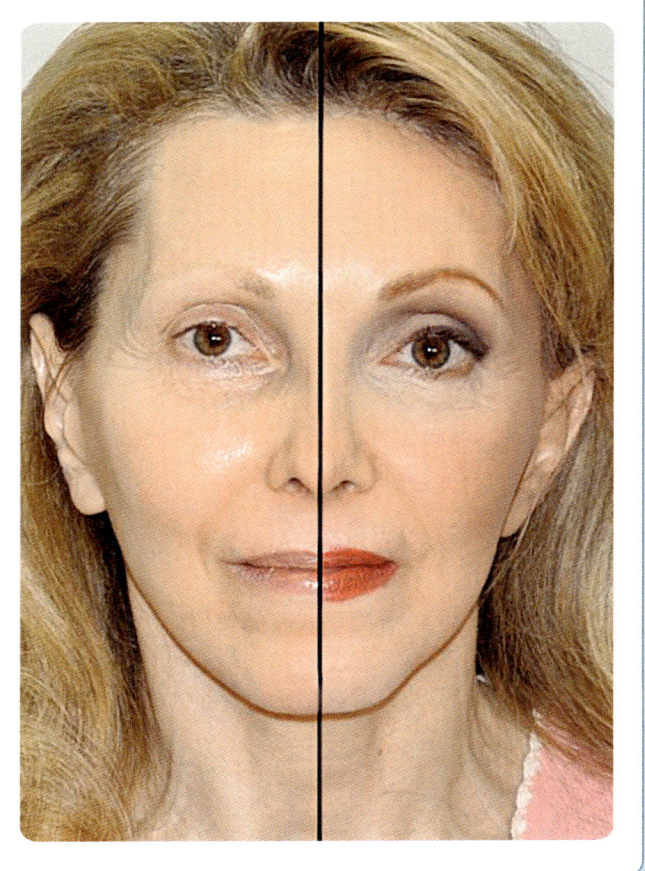

WÄHLEN SIE IHREN STIL!

Niemand hat ein perfektes Gesicht. Auch nach der Verschönerung Ihres Lächelns und anderen kosmetischen Korrekturen wird es Aspekte geben, die weniger schön sind. Ein entsprechender Hairstyle kann Ihre guten Seiten betonen und weniger schöne Eigenschaften abschwächen. Am besten eignet sich hierzu eine Frisur, die Ihre Gesichtsform ausbalanciert. Besonders attraktiv wirkt ein ovales Gesicht. Deshalb sollten die Haare so frisiert und gestylt werden, dass Ihr Gesicht dieser Idealform möglichst nahekommt. Haben Sie ein kurzes Gesicht, sollte Ihre Frisur es verlängern. Erscheint es zu lang, sollte die Frisur es optisch kürzen.

Experten Tipp: Ein neuer Look ohne Risiko!

Wenn Sie unsicher sind, ob Sie Ihren Hairstyle ändern sollten, oder wissen möchten, welche Frisur Ihnen steht, dann besuchen Sie doch eine Webseite, auf der Sie verschiedene Frisuren virtuell auszuprobieren können. Die digitalen Voransichten und Anregungen auf den folgenden Seiten stammen von TheHairStyler.com, einer interaktiven Webseite, die es Ihnen erlaubt, Ihr Foto hochzuladen und verschiedene Frisuren virtuell zu testen. Sie können sich dort auch kostenfrei beraten lassen, Berichte über neue Haar-Trends lesen und zu Ihrer Inspiration Fotos der Frisuren von Prominenten ansehen. Je mehr Sie Ihrem Frisör über Ihre Wünsche sagen können, umso näher wird das Ergebnis Ihren Vorstellungen kommen.

Keine Haare nötig! Viele Männer bevorzugen es bei Haarausfall, sich den Kopf vollständig zu rasieren. Dies kann bei einer schönen Kopfform sehr attraktiv sein – wenn es durch ein schönes Lächeln abgerundet wird. In unserem Beispiel sehen Sie, wie ein neues Lächeln die Ausstrahlung dieses Taekwondo-Meisters verbessert.

VORHER — NACHHER

RUNDES GESICHT

DIE LÄNGE UND DIE BREITE IHRES GESICHTS SIND FAST GLEICH.

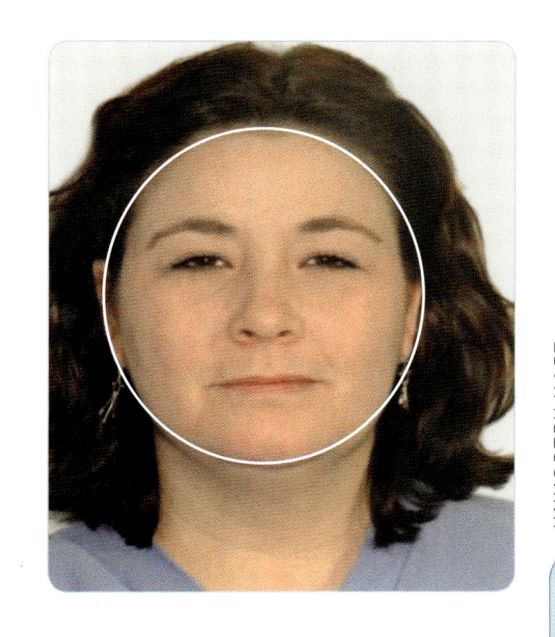

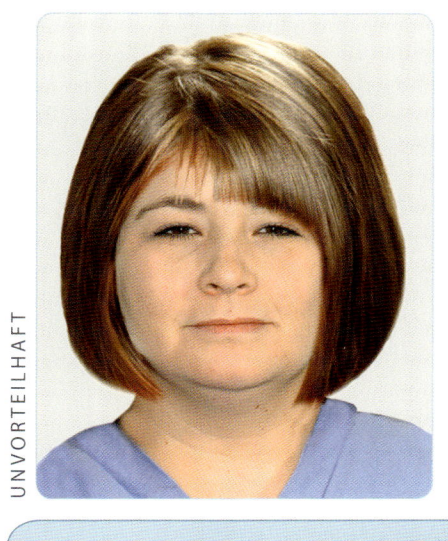

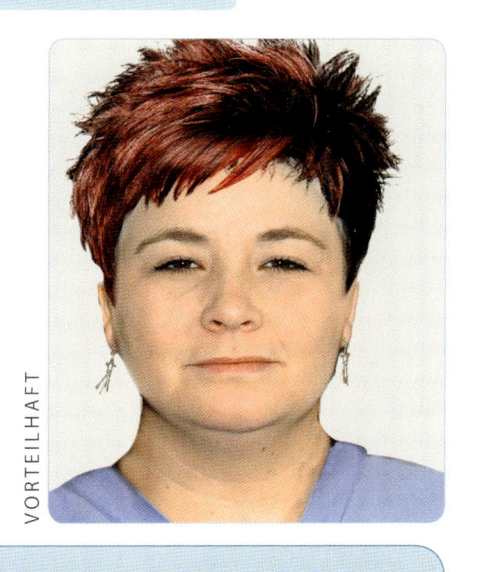

UNVORTEILHAFT

VORTEILHAFT

Wenn Ihr Gesicht rund ist . . .

... brauchen Sie eine Frisur, die Ihr Gesicht höher erscheinen lässt, aber nicht breiter. Kurze Haarschnitte eignen sich dafür am besten. Wenn Sie etwas längere Haare möchten, dann wählen Sie eine Frisur mit wenig Volumen auf der Seite. Vermeiden Sie zu voluminöse Frisuren und gerade geschnittene Ponys, da diese das Gesicht noch kürzer machen. (Frisuren: TheHairStyler.com.)

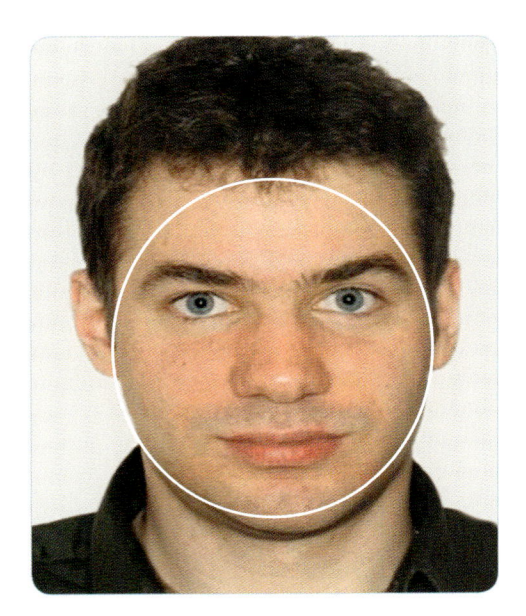

UNVORTEILHAFT

VORTEILHAFT

LÄNGLICHES GESICHT

GERADE WANGENLINIEN VERLÄNGERN IHR GESICHT

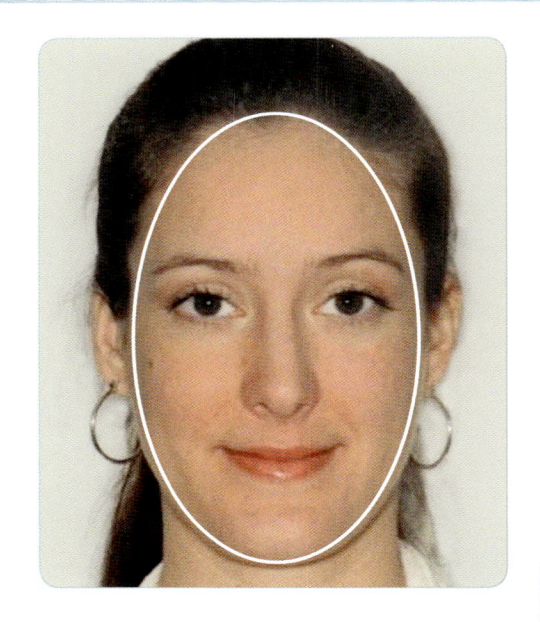

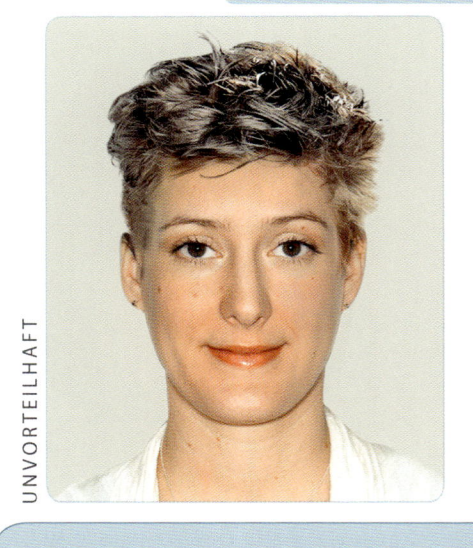

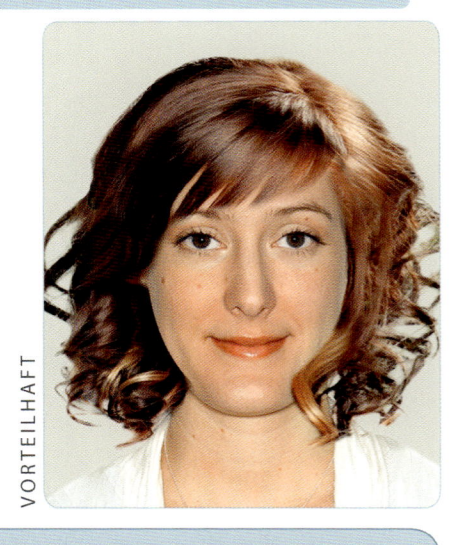

UNVORTEILHAFT

VORTEILHAFT

Wenn Sie ein längliches Gesicht haben . . .

... sollten Sie versuchen, das Gesicht kürzer erscheinen zu lassen – am besten, indem Sie es verbreitern. Frisuren mit langem Seitenhaar und gerade geschnittenem Pony eignen sich hierzu am besten. Locken oder Wellen können zusätzliches Volumen geben und ein längliches Gesicht verkürzen und abrunden. Vermeiden Sie Frisuren, die „aufgesetzt" wirken. (Frisuren: TheHairStyler.com.)

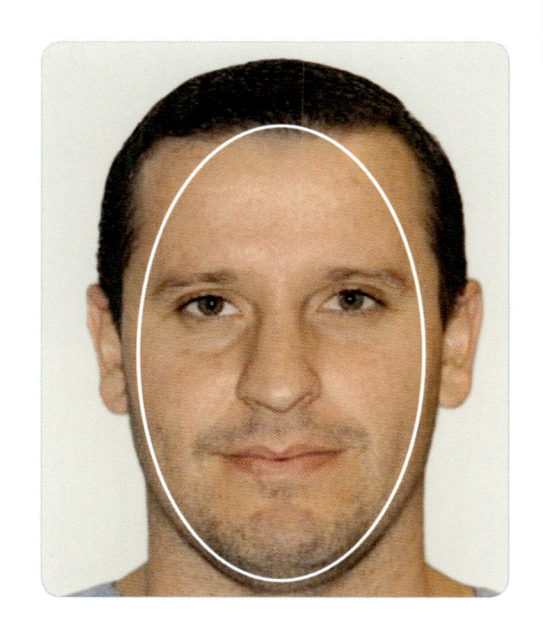

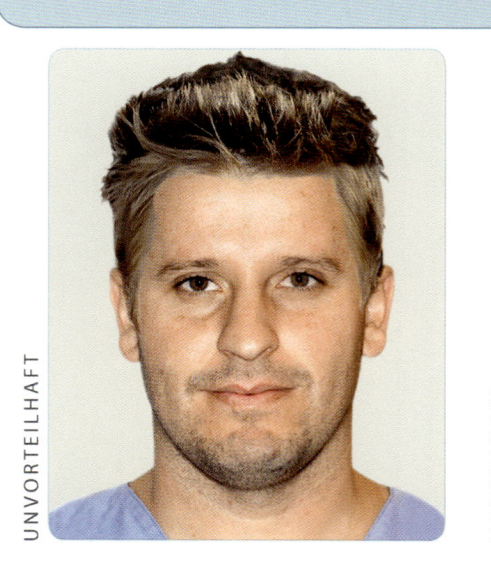

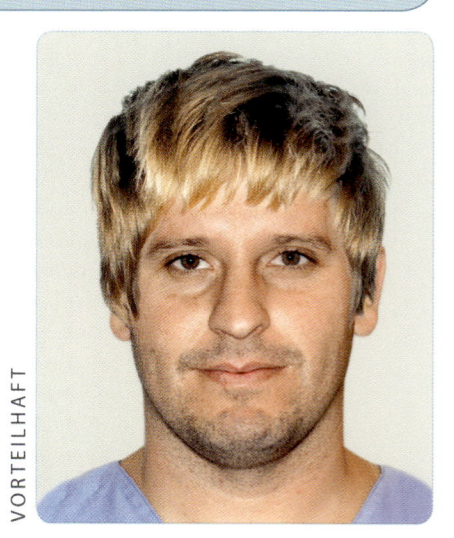

UNVORTEILHAFT

VORTEILHAFT

QUADRATISCHES GESICHT

STIRN UND UNTERKIEFER SIND KRÄFTIG UND BREIT.

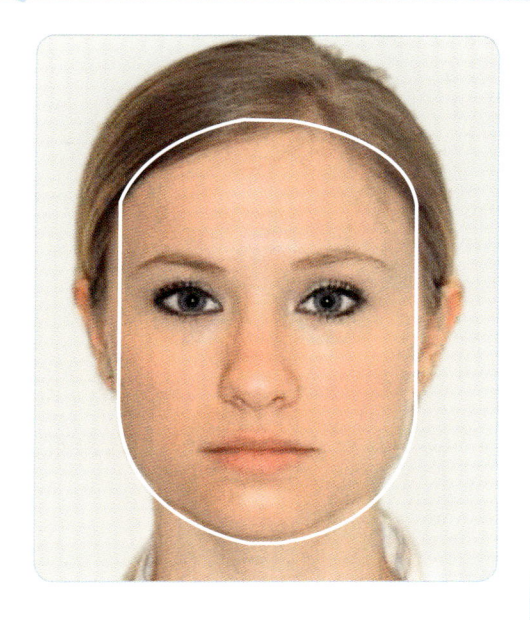

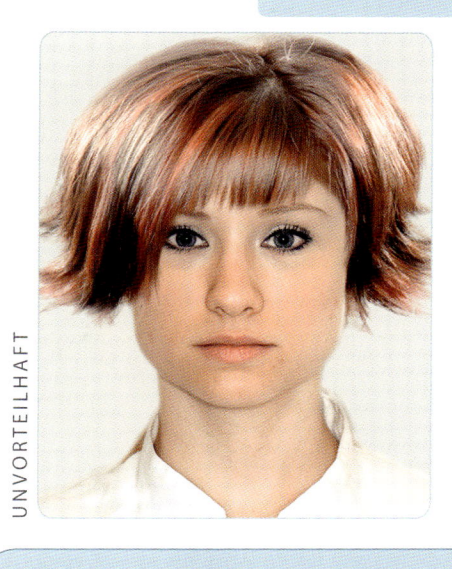

UNVORTEILHAFT

VORTEILHAFT

Wenn Sie ein quadratisches Gesicht haben . . .
. . . suchen Sie nach Frisuren, die die quadratische Form aufbrechen, wie runde oder dünn auslaufende Schnitte, und Ponys, die schräg zu einer Seite verlaufen. Vermeiden Sie Frisuren, die gerade Linien betonen, vor allem kinnlange oder mittig ausladende Frisuren mit geradem Pony. (Frisuren: TheHairStyler.com.)

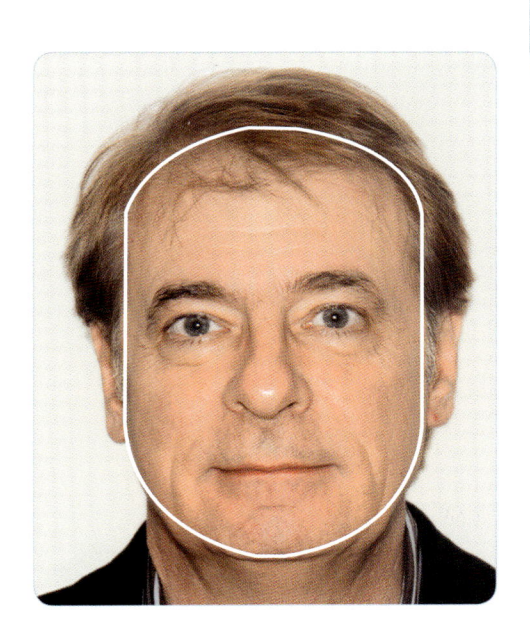

UNVORTEILHAFT

VORTEILHAFT

HERZFÖRMIGES GESICHT

STIRN UND WANGENKNOCHEN SIND BREIT, DER UNTERKIEFER LÄUFT AM KINN SCHMAL AUS.

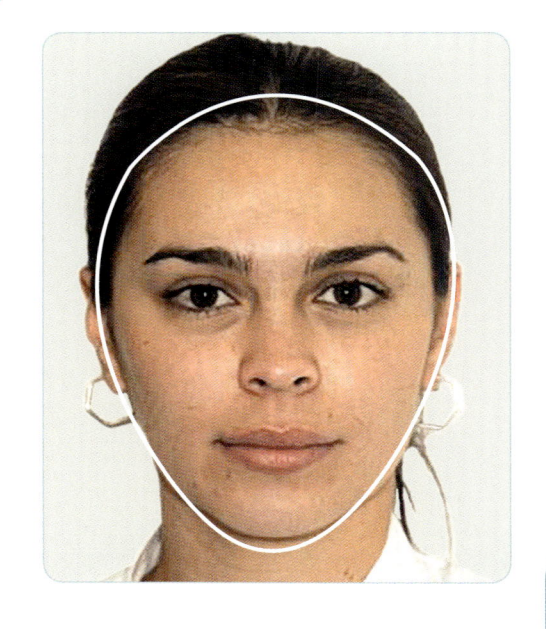

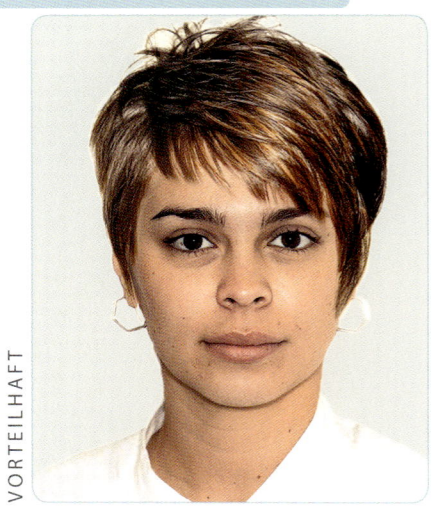

UNVORTEILHAFT

VORTEILHAFT

Wenn Sie ein herzförmiges Gesicht haben...
... wählen Sie am besten eine Frisur mit etwas „Höhe", um die Stirn schmaler wirken zu lassen und vom schmalen Kinn abzulenken. Frisuren mit Strähnen und Stufen eignen sich am besten, besonders wenn sie kinnlang geschnitten sind. Schnitte, die der oberen Gesichtspartie Breite hinzufügen, wie Kurzhaarschnitte und schwere, gerade Ponys, sollten vermieden werden. (Frisuren: TheHairStyler.com.)

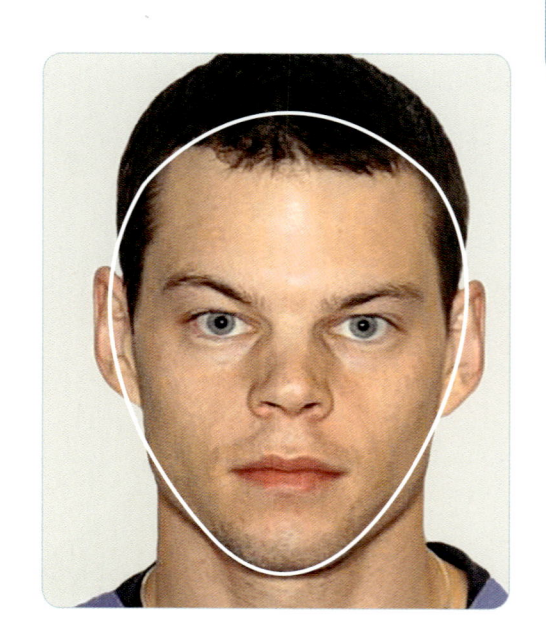

UNVORTEILHAFT

VORTEILHAFT

OVALES GESICHT

IHR GESICHT IST ETWA EINEINHALBMAL SO HOCH WIE BREIT. STIRN UND UNTERKIEFER HABEN UNGEFÄHR DIE GLEICHE BREITE.

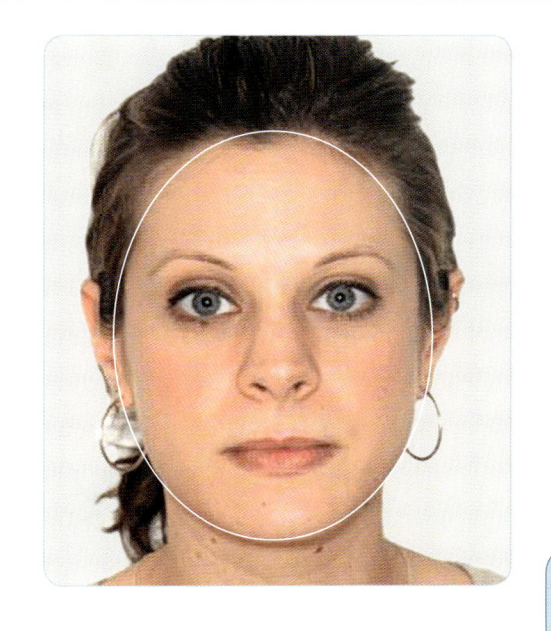

UNVORTEILHAFT

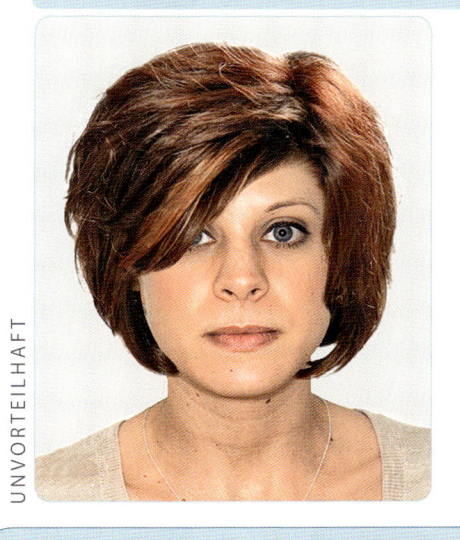

VORTEILHAFT

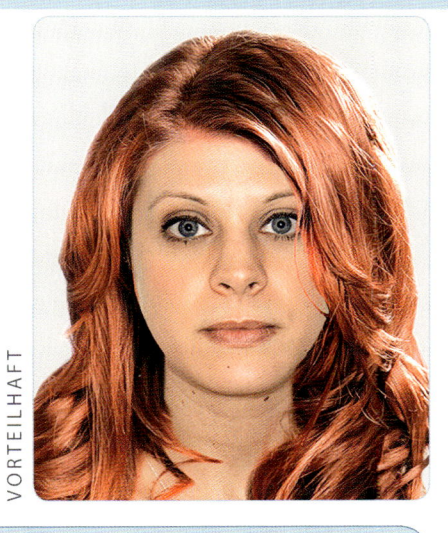

Wenn Sie ein ovales Gesicht haben . . .
. . . haben Sie die ideale Gesichtsform und damit viele verschiedene Möglichkeiten. Einzige Regel ist, dass die Frisur Ihre Gesichtsform unterstützen und das Gesicht nicht übermäßig abdecken sollte. Außerdem sollten Sie keine zu breite Frisur wählen, da sie Ihr ovales Gesicht quadratisch oder rund erscheinen lassen kann.
(Frisuren: TheHairStyler.com.)

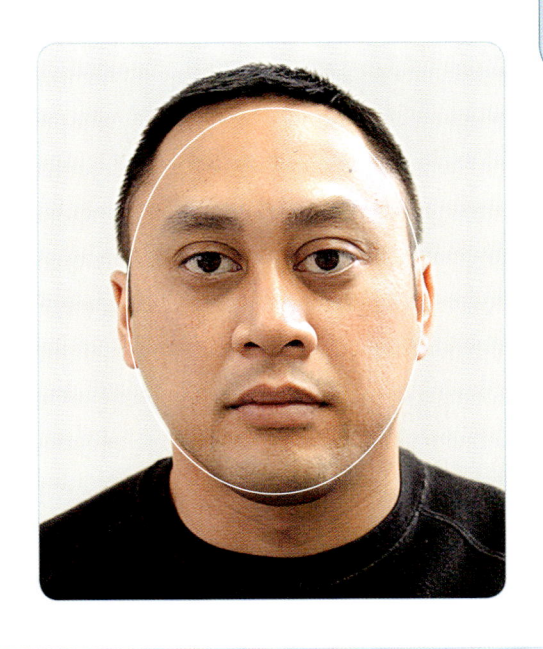

UNVORTEILHAFT

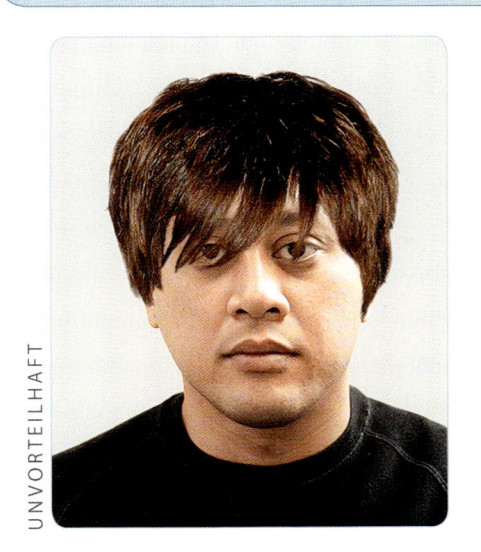

VORTEILHAFT

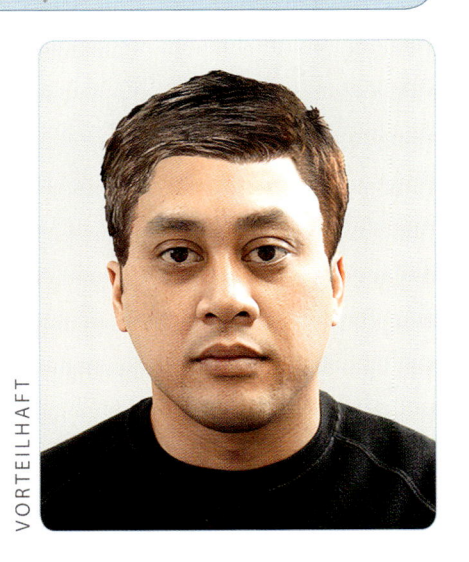

EINE SANFTERE SEITE

Diese Frau hat ein rechteckiges Gesicht. Ziel des Make-ups und der Frisur war es daher, die harten Kanten etwas aufzuweichen. Mithilfe eines Puders in einem etwas dunkleren Ton als dem der Haut wurden die kantigen Bereiche des Gesichts vertikal abgetönt, um es ovaler erscheinen zu lassen. Die Haare wurden in leichtem Bogen um das Gesicht frisiert und das Seitenhaar beschnitten. Durch die enger am Gesicht liegenden Haare und den schrägen Pony wird die quadratische Gesichtsform abgmildert und die Aufmerksamkeit auf das attraktive Lächeln gelenkt. (Make-up: Rhonda Barrymore; Frisur: Richard Davis.)

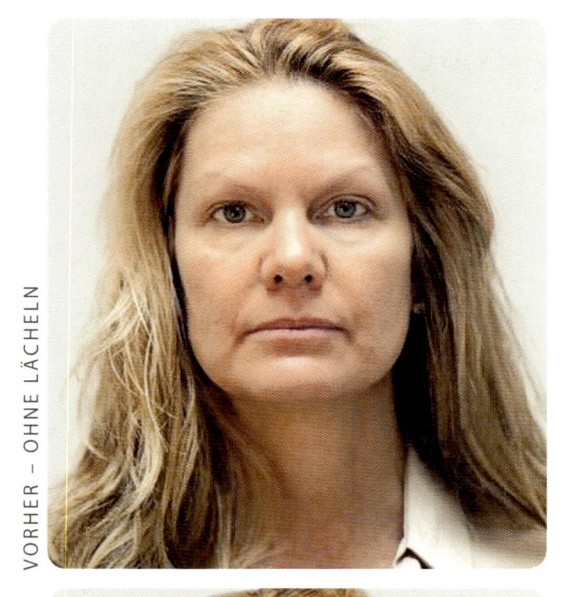

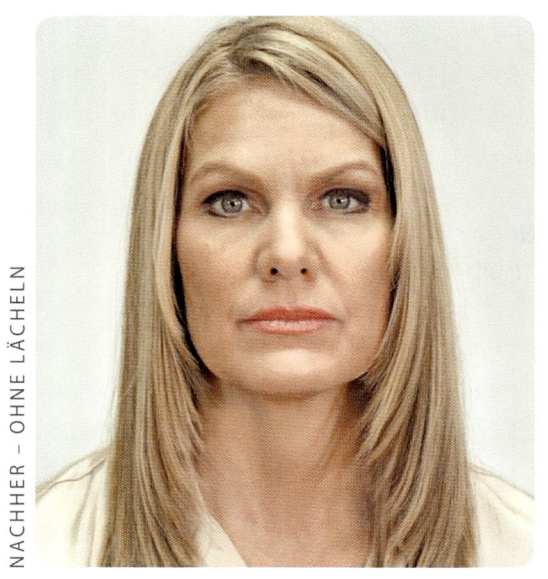

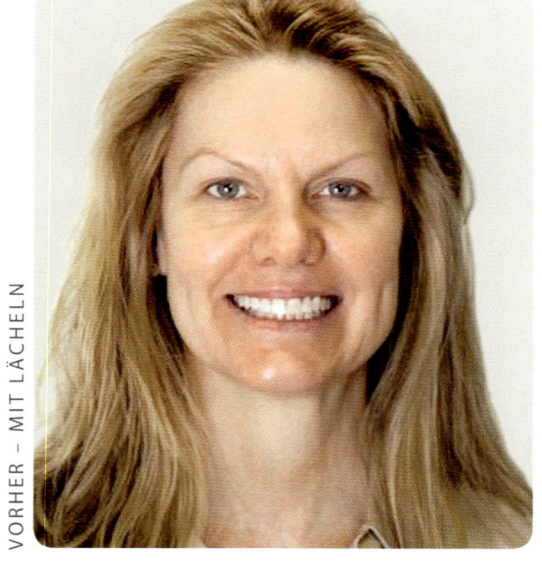

VORHER – OHNE LÄCHELN

NACHHER – OHNE LÄCHELN

VORHER – MIT LÄCHELN

NACHHER – MIT LÄCHELN

DREI TIPPS FÜR EIN SCHÖNERES LEBEN

1. Genießen Sie Ihr Leben.

Erkennen Sie, wie wunderbar das Leben sein kann, und schenken Sie ihm ein Lächeln – kein verhaltenes mit zusammengepressten Lippen, sondern ein breites Lächeln von Ohr zu Ohr. Es gibt viele Dinge, für die Sie dankbar sein dürfen, und auf diese sollten Sie Ihre Aufmerksamkeit lenken. Wenn Sie schwere Zeiten durchmachen oder schwierige Entscheidungen treffen müssen, denken Sie daran, dass Sie nicht allein sind. Sprechen Sie mit jemandem oder führen Sie ein Tagebuch. Werden Sie sich bewusst, dass etwas, bei dem Sie sich wirklich gut fühlen, zu diesem Zeitpunkt genau das Richtige für Sie ist.

2. Seien Sie interessiert und interessant.

Langeweile ist ein deutliches Zeichen dafür, dass in Ihrem Leben etwas fehlt – SIE! Versuchen Sie durch Erholung und Disziplin Ihr Selbstinteresse wiederzufinden. Gute Ernährung (viel Trinken und gesunde Nahrung), persönliche Pflege, geistige Beschäftigung und psychische Ausgeglichenheit tragen hierzu maßgeblich bei. Danach können Sie sich um das Wohl anderer durch Freundschaften, Beratung, Spenden und freiwillige Einsätze kümmern. Menschen, die ihr Leben aktiv gestalten, sind zufriedener und gesünder als solche, die sich langweilen und kein Interesse an sich und ihrer Umwelt haben.

3. Gefallen Sie sich so, wie Sie sind.

Es kann sein, dass Sie sich trotz Ihres neuen Lächelns immer noch nicht gefallen. Wenn das so ist, sprechen Sie offen mit Ihrem Zahnarzt darüber. Sie oder er können Ihnen sagen, ob weitere Korrekturen möglich sind oder ob weitere Veränderungen an Ihrem Äußeren zu überlegen wären. Kapitel 11 hat Ihnen Möglichkeiten für größere Veränderungen Ihres Gesichts vorgestellt, die Ihr Aussehen verbessern können, wenn ein neues Lächeln allein nicht ausreicht. Trotz allem müssen Sie sich dessen bewusst sein, dass niemand perfekt ist und dass es gerade die kleinen Eigenheiten sind, die Sie einzigartig und unverwechselbar machen. Viele schöne Menschen entsprechen nicht in allem dem Idealbild, vielmehr haben sie gelernt, ihre Eigenheiten zu ihrem Vorteil einzusetzen. Folgen Sie den Make-up- und Hairstyle-Tipps in diesem Kapitel, um das Beste aus dem zu machen, was Sie haben, und vergessen Sie nicht, dass Zufriedenheit mit dem eigenen Aussehen Selbstvertrauen bringt – und es gibt nichts Schöneres als das!

INNERER FRIEDEN FÜHRT ZU ÄUSSERER SCHÖNHEIT

Stress, Ärger und Abgespanntheit nagen an Ihrer inneren und äußeren Schönheit – vor allem an Ihrem Lächeln. Es ist wichtig, Wege zu finden, solche Spannungen abzubauen, die Sie vorzeitig altern lassen. Finden Sie zu der inneren Zufriedenheit, die Ihnen ein natürliches, strahlendes Lächeln verleiht.

ANHANG

WIE'S GEMACHT WIRD

Auf den folgenden Seiten finden Sie einen Überblick über die in diesem Buch beschriebenen Techniken zur ästhetischen Zahnbehandlung. Nehmen Sie sich die Zeit, mehr über die bei Ihnen geplanten Behandlungen zu erfahren. Je mehr Wissen Sie vor der Besprechung mit Ihrem Zahnarzt über mögliche Behandlungsoptionen sammeln, umso besser können Sie die geplante Behandlung beurteilen und diskutieren.

Bonding

Bonding mit Komposit wurde vor etwa 50 Jahren eingeführt. Der Zahnschmelz wird dabei zur Verbesserung der Haftung leicht angeätzt, bevor der Zahnarzt ein farblich passendes Komposit zur Versorgung eines verfärbten, schräg stehenden, kurzen, abgeplatzten, kariösen oder abgebrochenen Zahnes aufträgt. Zur Aushärtung des Materials wird spezielles Licht verwendet. Anschließend wird das Material, falls nötig, in der Form korrigiert und poliert, um sich nahtlos in die natürliche Zahnsubstanz einzufügen.

WIE FUNKTIONIERT BONDING?

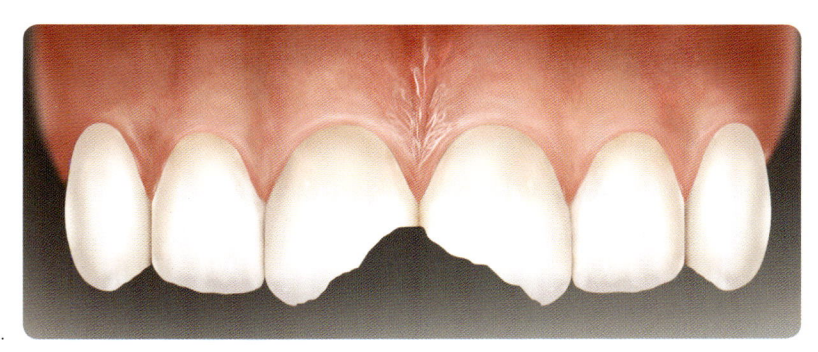

Frakturierte Zähne vor dem Bonding.

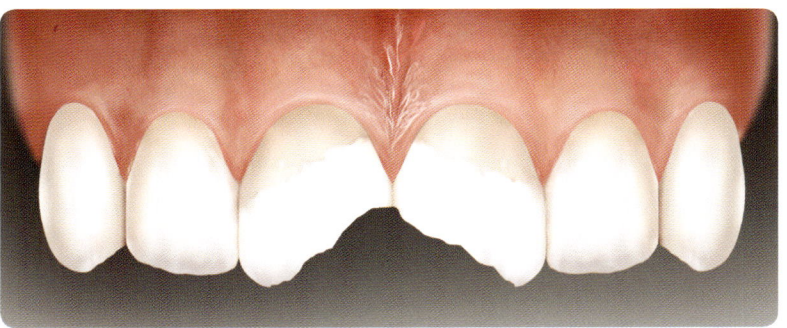

Der Schmelz wurde angeätzt, um die Haftung des Komposits zu gewährleisten.

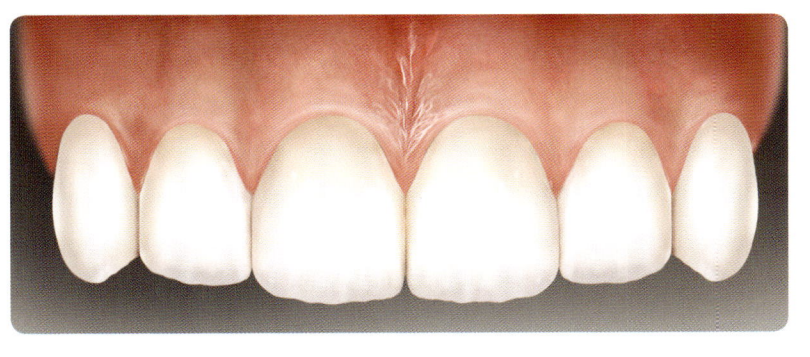

Das Komposit wurde aufgetragen. Bonding ist schmerzlos und erfordert in der Regel nur eine Sitzung.

Keramik-Veneers

Natürlich wirkende, feste, gegen Verfärbungen resistente, hauchdünne Keramik-Schalen können zur Korrektur eines schrägen, verfärbten, abgenutzten oder abgebrochen Lächelns auf einem oder mehreren Zähnen befestigt werden. Für perfekte Passung und sicheren Halt muss Ihr Zahnarzt die Zähne leicht beschleifen und vor der Befestigung anätzen. Das Schöne an Veneers ist, dass die Keramik gegen Verfärbungen resistent ist und den Zahn bei korrekter Befestigung sogar stabilisieren kann.

WIE WIRD EIN KERAMIK-VENEER EINGESETZT?

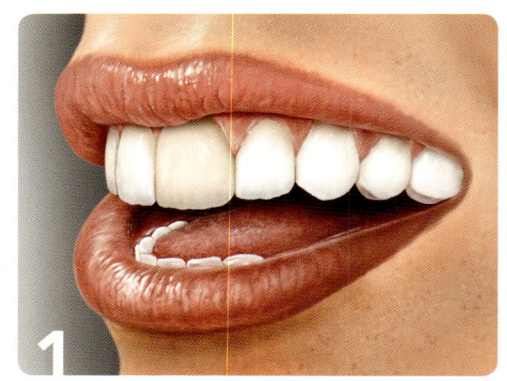

1 Ein Keramik-Veneer soll auf dem verfärbten Schneidezahn eingesetzt werden.

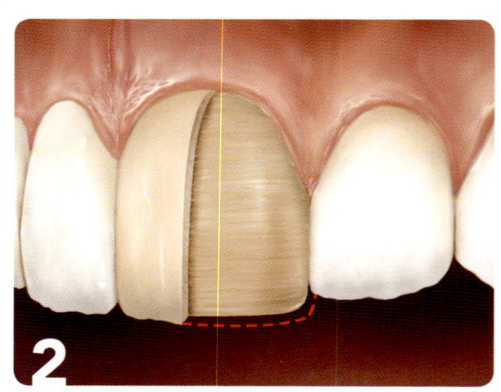

2 Der Schmelz wird leicht reduziert, um Platz für das Veneer zu schaffen. Nach der Präparation wird eine Abformung des Zahnes angefertigt, mit deren Hilfe im Zahntechnik-Labor das Veneer hergestellt werden kann.

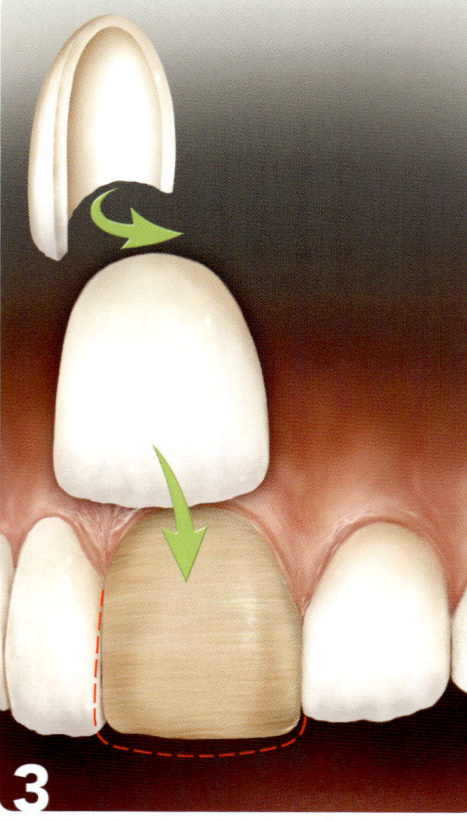

3 Der Zahnschmelz und die Innenfläche des Veneers werden angeätzt und mit Komposit bedeckt. Dann wird das Veneer auf dem Zahn positioniert.

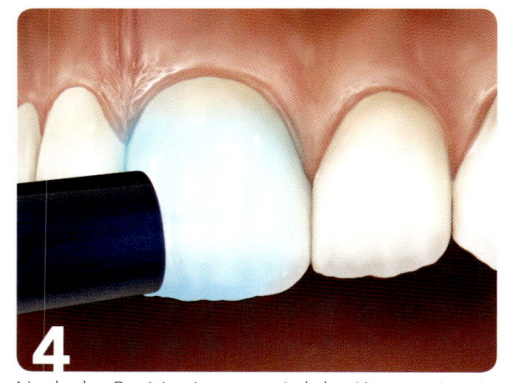

4 Nach der Positionierung wird das Komposit mit einer starken Lichtquelle ausgehärtet.

5 Das Veneer sieht aus wie ein natürlicher Zahn, und die umliegenden Gewebe sind gesund.

REDUKTION DES SCHMELZES FÜR VENEERS

Wenn Sie sich für Keramik-Veneers entschieden haben, müssen Ihr Zahnarzt und Sie gemeinsam entscheiden, ob, und wenn ja, wie viel Schmelz für die Herstellung und Eingliederung entfernt werden muss. Die Reduktion des Schmelzes soll für das Veneer Platz schaffen.

VORTEILE

1. Der Zahn wirkt nicht zu dick.
2. Eine bessere Zahnform bedeutet meist auch gesünderes Zahnfleisch.
3. Größere Wahrscheinlichkeit eines ästhetisch perfekten Ergebnisses.

NACHTEILE

1. Eine Schmelzreduktion ist grundsätzlich irreversibel.
2. Der Zahn kann dunkler erscheinen, je mehr Schmelz entfernt wird, da das darunter liegende Dentin dunkler als der Schmelz ist.
3. Je mehr Schmelz entfernt wird, umso größer wird das Risiko, den Nerv zu reizen.

Drehen Sie mit Keramik-Veneers die Zeit zurück ... Diese ehemalige Schönheitskönigin war mit ihrem Lächeln nicht mehr zufrieden und wünschte sich das Aussehen ihrer Jugend zurück. Zur ersten Sitzung brachte Sie Fotos aus jüngeren Jahren mit, und mithilfe einer Computersimulation wurde eine Vorschau auf das mögliche Ergebnis erzeugt. Nun lächelt Sie wieder ihr junges, gewinnendes Lächeln.

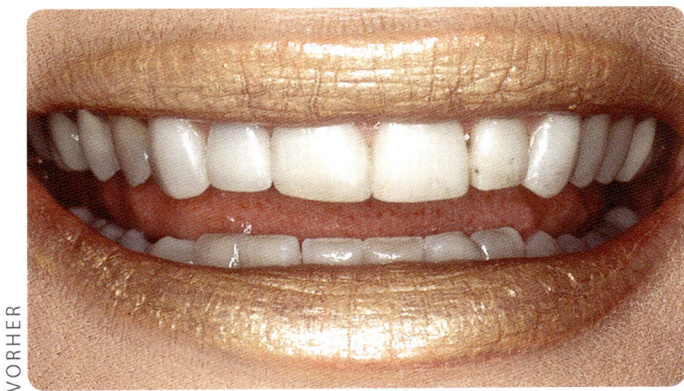

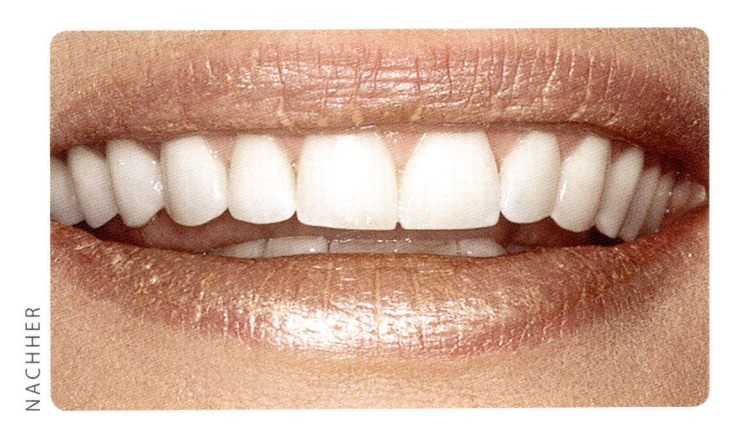

VORHER

NACHHER

Kronen

Eine Krone ersetzt den Schmelz und einen Teil des Dentins rund um den Zahn. Kronen werden verwendet, um ein schräges Lächeln gerade zu stellen oder um abgebrochene oder stark zerstörte Zähne wiederherzustellen. Kronen können auch als Zahnersatz auf Implantaten eingesetzt werden. Bei großen Versorgungen werden Kronen und Veneers häufig kombiniert.

WIE WIRD EINE **KRONE** EINGESETZT?

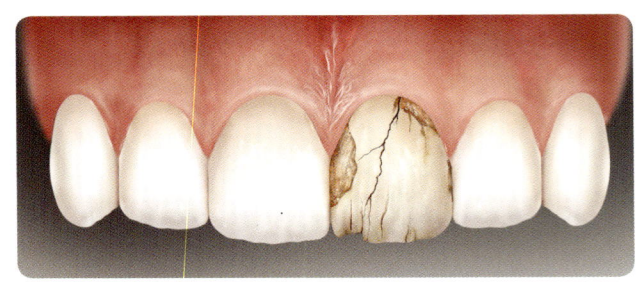

Der Zahn ist stark zerstört und verfärbt. Deshalb stellt eine Krone die beste Option für die Versorgung dar.

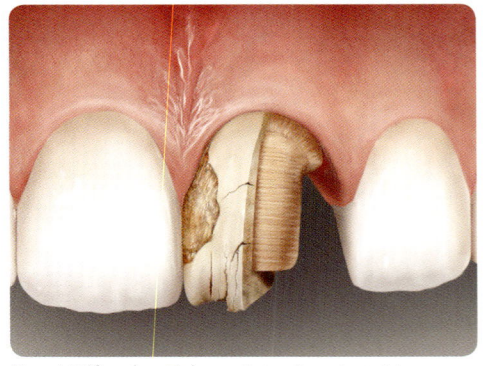

Eine Hälfte des Zahnes ist präpariert. Man erkennt, wie viel Zahnsubstanz entfernt werden musste.

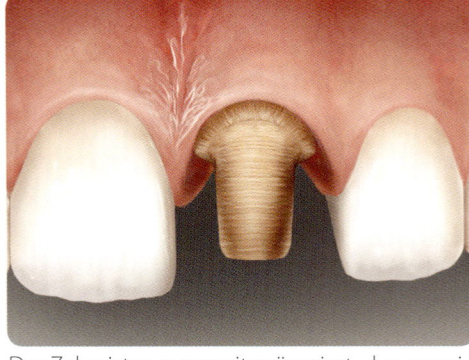

Der Zahn ist nun soweit präpariert, das ausreichend Platz für die Keramik (und ein darunter liegendes Metallgerüst) zur Verfügung steht.

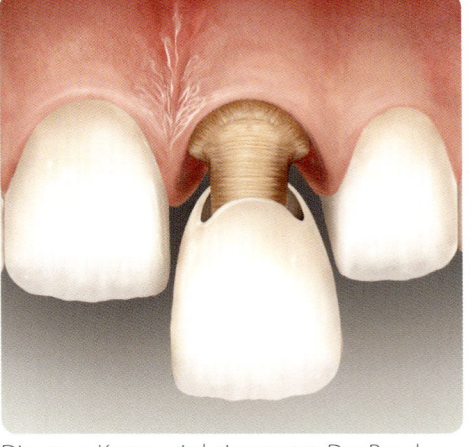

Die neue Krone wird eingesetzt. Der Rand liegt leicht unter dem Zahnfleisch, sodass ein natürlich wirkender Übergang zwischen Zahn und Zahnfleisch entsteht.

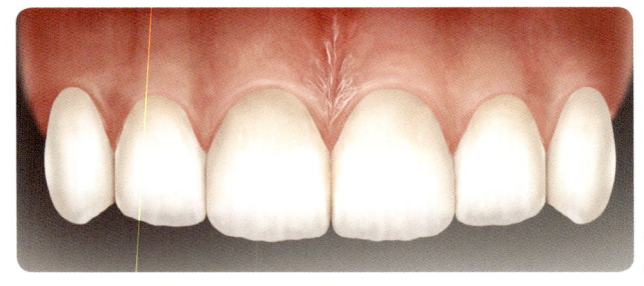

Die Krone ist so geformt, dass sie natürlich aussieht und sich natürlich anfühlt. Sie wird mit einem speziellen Zement befestigt. Das ästhetische Ziel besteht darin, die Krone wie einen natürlichen Zahn aus dem Zahnfleisch wachsen zu lassen.

PINS VS. STIFTE

Nach Frakturen ist die Zahnstruktur häufig geschwächt. In solchen Fällen kann ein Pin oder Stift zur Verstärkung in den Zahn gesetzt werden. Um diese Stifte kann ein Aufbau als Basis einer Versorgung geformt werden.

PINS
- werden manchmal bei Seitenzähnen als zusätzliche Verankerung für Füllungen eingesetzt.
- werden meist nicht mit Komposit verwendet.
- können zementiert, eingetrieben oder eingeschraubt werden und erhöhen die Festigkeit vitaler Zähne.

Die Kosten liegen zwischen 70 und 250 Euro pro Pin.

STIFTE
- werden meist nach der Entfernung des Nervs in den Wurzelkanal gesetzt.
- werden bei hoher Kaubelastung der Krone und stark reduzierter Zahnsubstanz zur Verstärkung verwendet.

Die Kosten liegen zwischen 150 und 450 Euro pro Stift.

KRONENTYPEN

Es gibt verschiedene Arten ästhetischer Kronen. Kronen können vollständig aus Hochleistungskeramik oder Glaskeramik bestehen oder eine Kombination aus Metall und Keramik darstellen. Die Wahl hängt von verschiedenen Faktoren wie der Position des Zahnes oder der Zähne, der Komplexität der Versorgung und der Gesundheit des Zahnfleischs ab. Lassen Sie sich von Ihrem Zahnarzt beraten, welcher Kronentyp in Ihrem Fall der beste ist.

METALLKERAMIK MIT METALLRAND	METALLKERAMIK MIT KERAMIKSCHULTER	VOLLKERAMIK
VORTEILE	**VORTEILE**	**VORTEILE**
▸ hohe Festigkeit	▸ ästhetisch	▸ beste Ästhetik
▸ günstigste Variante	▸ kein Metall von vorn sichtbar	▸ kein Metall sichtbar
	▸ hohe Festigkeit	
NACHTEILE	**NACHTEILE**	**NACHTEILE**
▸ Metallrand kann sichtbar werden	▸ Metall bei weit geöffnetem Mund sichtbar	▸ je nach Keramik weniger fest als Metallkeramik
▸ Metall kann Farbe der Keramik beeinflussen	▸ Metall kann die Farbe der Keramik beeinflussen (selten)	▸ Ränder können eher ausbrechen
	▸ Ränder können ausbrechen	▸ höhere Herstellungskosten
	▸ höhere Herstellungskosten	

TIPPS FÜR DIE ÄSTHETISCHE EINPROBE

- Verzichten Sie, falls möglich, auf eine Anästhesie, da sonst die Lippen nicht in der natürlichen Position sind.
- Lassen Sie sich einen großen Spiegel geben, der Ihr ganzes Gesicht zeigt. Halten Sie diesen auf Armlänge, um Ihr Lächeln so zu sehen, wie die anderen es sehen.
- Prüfen Sie Ihre Versorgungen aus verschiedenen Winkeln und unter verschiedenen Lichtquellen.
- Treffen Sie keine voreilige Entscheidung. Schauen Sie sich Ihre Versorgungen in Ruhe an.
- Fragen Sie Ihren Zahnarzt nach seiner Meinung und vergleichen Sie diese mit Ihrer eigenen.
- Wenn die Meinung einer Drittperson für Sie wichtig ist, bringen Sie diese zur Einprobe mit.
- Seien Sie ehrlich! Wenn Sie nicht zufrieden sind, ist jetzt der richtige Zeitpunkt, Änderungen zu besprechen.

KOMMUNIKATION IST ESSENTIELL

Möglicherweise werden Sie nach der Einprobe gebeten, eine Einverständniserklärung zu unterzeichnen. Die Behandlung sollte jedoch keinesfalls fortgeführt werden solange Sie, Ihr Zahnarzt oder andere involvierte Personen nicht mit dem Aussehen der Versorgungen zufrieden sind. Allerdings ist zu beachten, dass zum Zeitpunkt der Einprobe radikale Veränderungen eventuell nicht mehr möglich sind. Wenn Sie einen speziellen „Look" wünschen, sollten Sie dies deshalb gleich zu Beginn der Behandlung mit Ihrem Zahnarzt besprechen.

PROVISORISCHE KRONEN KÖNNEN BEI DER ENTSCHEIDUNG HELFEN

In der Regel versorgt Ihr Zahnarzt Sie mit provisorischen Kronen aus Acrylat oder Komposit, bis die definitive Arbeit fertiggestellt ist. Diese Provisorien können Ihnen dabei helfen, sich an die neue Form und Funktion der geplanten Arbeit zu gewöhnen. Sie helfen auch dabei, im Voraus zu entscheiden, ob Ihnen die Arbeit gefällt oder ob Sie Änderungswünsche haben. Wenn Sie Ihre Provisorien länger tragen wollen oder müssen, ziehen Sie in Erwägung, etwas mehr Geld für hochwertigere Provisorien zu investieren. Auch wenn ästhetischere Provisorien aufwendiger und teurer sind, lohnt sich dieser zusätzliche Aufwand in der Regel.

SIE MÜSSEN SICH AN IHRE KRONEN GEWÖHNEN

Ihre neuen Versorgungen werden sich nicht über Nacht perfekt anfühlen. Ihre Zunge, Ihre Wangen und Lippen und auch Ihr Gehirn brauchen etwas Zeit, um sich anzupassen. In der Regel dauert dies ein bis zwei Wochen (je nach dem Umfang der Veränderungen). Versuchen Sie, nicht an Ihre Zähne zu denken. Mit ein wenig Geduld können Sie sich an fast alle Neuerungen gewöhnen. Sollten Sie allerdings Probleme mit dem Biss haben, suchen Sie sofort Ihren Zahnarzt auf. Ein nicht korrigierter Fehlbiss führt mit der Zeit zu empfindlichen Zähnen und Schäden am Kiefergelenk.

ÄSTHETIK-CHECKLISTE FÜR IHRE NEUE KRONE

Ja   Nein

☐   ☐   **1. Stimmt die Farbe mit den übrigen Zähnen überein?**
Ziel ist es, die Kronen so natürlich wie möglich aussehen zu lassen.

☐   ☐   **2. Ist sie zu lang oder zu kurz?**
Idealerweise stoßen die oberen Frontzähne leicht an die Unterlippen, wenn Sie „fünfundfünfzig" sagen. Bedenken Sie, dass bei einer jugendlicheren Lachlinie die mittleren Schneidezähne etwas länger als die seitlichen sein sollten.

☐   ☐   **3. Sieht das Zahnfleisch gesund aus?**
Es sollte die Zähne halbmondförmig umfassen. Rotes, geschwollenes oder blutendes Zahnfleisch ist nicht gesund. Gesundes Zahnfleisch sieht wie eine Orangenhaut aus.

☐   ☐   **4. Stimmen die Mittellinie des Gesichts und die Ihrer Zähne überein?**
Idealerweise sollte eine virtuelle vertikale Linie zwischen den mittleren Frontzähnen mit der Mitte des Gesichts übereinstimmen. Stimmt sie nicht genau überein, sollte sie zumindest parallel zur Gesichtsmittellinie verlaufen.

☐   ☐   **5. Ist die Krone Ihrem natürlichen Zahn nachempfunden?**
Bringen Sie alte Fotos von sich mit, um dem Zahnarzt möglichst viele Informationen zu geben. Die Krone sollte nicht zu bauchig sein, und es sollte nicht aussehen, als ob das Zahnfleisch sie aus dem Mund drückt. Vielmehr sollte sie sich harmonisch in das Zahnfleisch einfügen.

☐   ☐   **6. Sieht die Oberfläche der Kronen aus wie die der Nachbarzähne?**
Wenn Ihre eigenen Zähne oberflächliche Charakterisierungen (Rillen, Furchen etc.) aufweisen, dann sollte die Oberfläche der Krone diese Eigenheiten kopieren, um das Licht auf dieselbe Weise zu reflektieren wie die eigenen Zähne.

☐   ☐   **7. Können die Nachbarzähne durch Rekonturierung oder neue Füllungen angepasst werden?**
Oft kann das Ergebnis stark verbessert werden, wenn die benachbarten oder gegenüberliegenden Zähne rekonturiert oder mit neuen Füllungen versorgt werden.

☐   ☐   **8. Sieht die Zahnstellung natürlich aus?**
Manchmal kann das Auftragen oder Abschleifen von etwas Keramik den überkronten Zahn leicht unregelmäßig und damit natürlicher wirken lassen.

WAS PASSIERT WENN IHR ZAHNFLEISCH SICH ZURÜCKZIEHT?

KRONENTYP	ZAHNFLEISCHREZESSION	REPARATUR
Metallkeramik-Krone mit Metallrand.	Freilegung des Metallrandes.	Der Metallrand ist auch nach der Reparatur mit Komposit noch leicht sichtbar.
Metallkeramik-Krone mit Keramikschulter.	Freilegung der Wurzel.	Komposit wurde aufgebracht, um den Übergang zwischen Zahnwurzel und Krone ästhetisch zu maskieren.
Vollkeramik-Krone.	Freilegung der Wurzel.	Komposit wurde aufgebracht, um den Übergang zwischen Zahnwurzel und Krone ästhetisch zu maskieren.

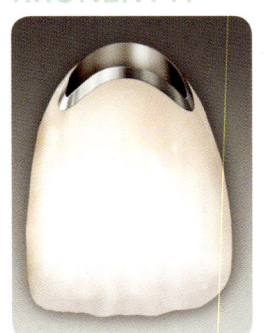

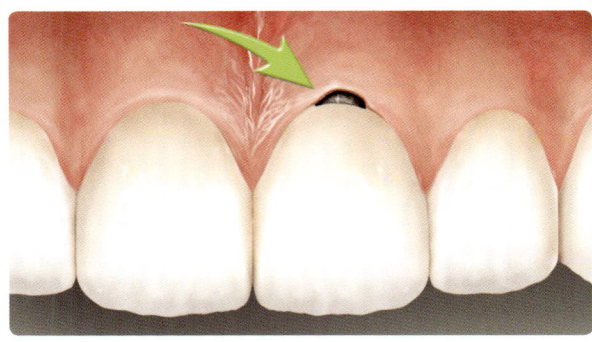

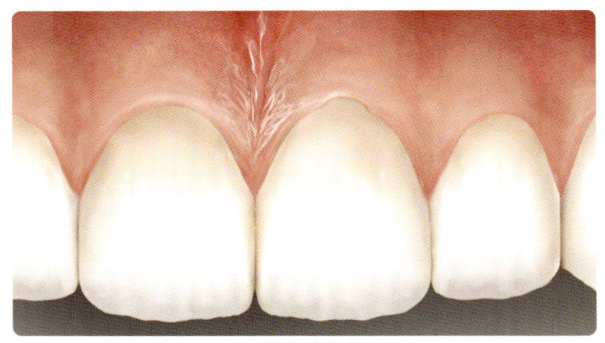

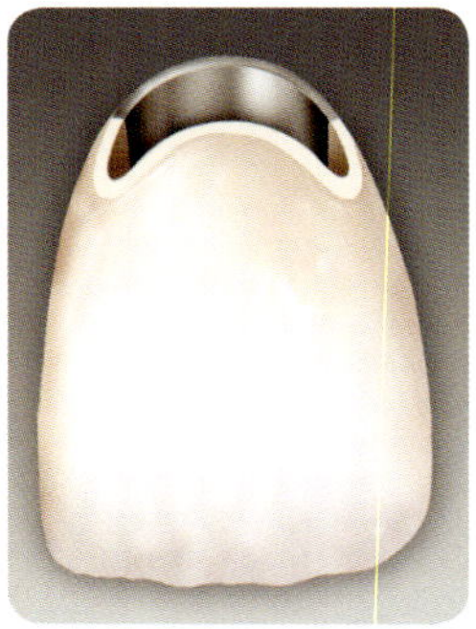

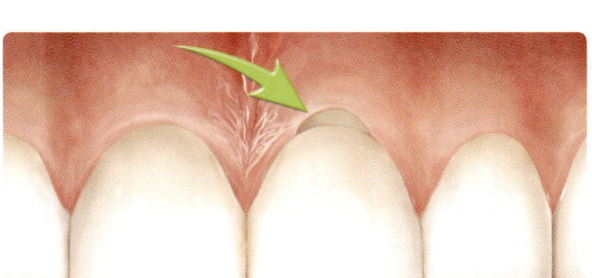

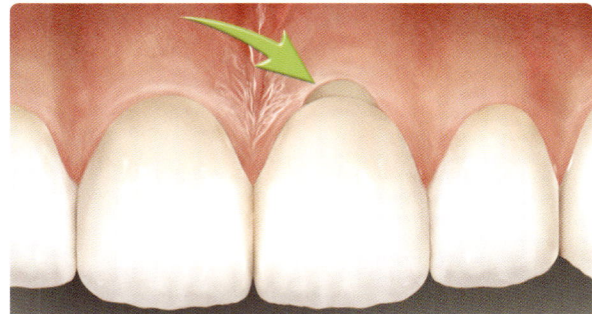

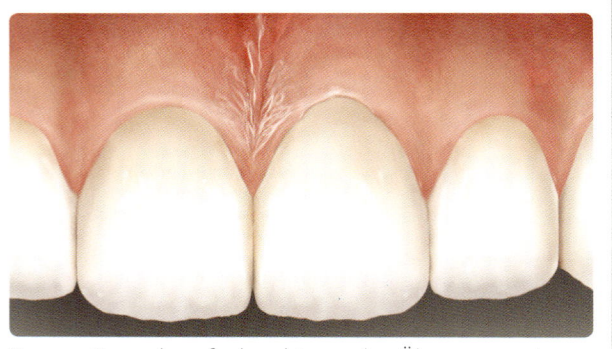

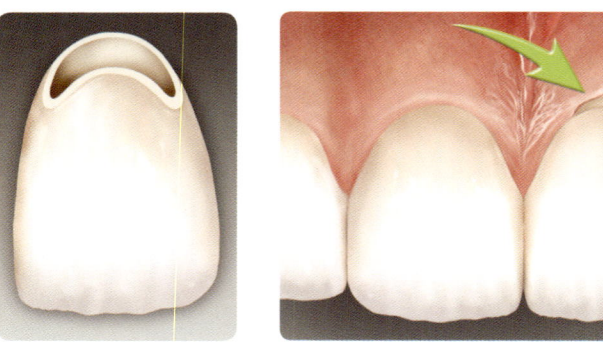

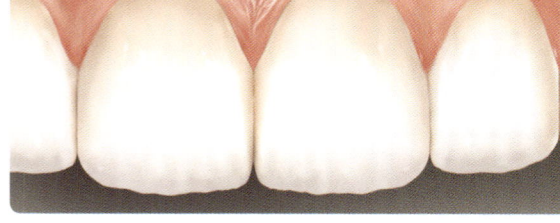

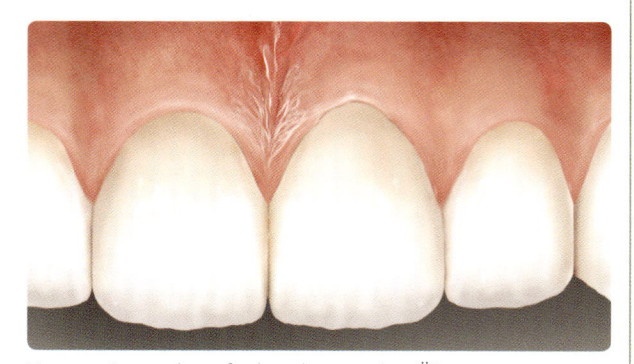

HALTEN SIE ERSATZKRONEN BEREIT!

Da Kronen meist am Wochenende oder im Urlaub zu brechen scheinen – d. h. immer dann, wenn Sie Ihren Zahnarzt nicht aufsuchen können – lohnt es sich, einen Ersatz in Reserve zu haben.

Wenn Sie mit Vollkeramik-Kronen versorgt werden, können parallel dazu Ersatzkronen zu einem günstigeren Preis angefertigt werden. Ist Ihr Budget hierfür zu klein, heben Sie sich für alle Fälle die provisorischen Kronen auf. Auf jeden Fall sollten Sie Ihren Zahnarzt bitten, die Modelle oder Schlüssel, die zur Herstellung der Kronen verwendet wurden, aufzubewahren oder Ihnen zu überlassen. Oft können solche Modelle wiederverwendet werden und sparen Ihnen so Zeit und Geld.

VORTEILE
1. Günstiger, als von vorn anzufangen.
2. Bei einer Kronenfraktur haben Sie sofortigen Ersatz zur Hand.
3. Sie sparen die Kosten für ein Provisorium und eine zusätzliche Sitzung.
4. Sie können der Inflation zuvorkommen: Ihre Kronen werden später mehr kosten.

NACHTEILE
1. Die Behandlungskosten sind höher.
2. Vielleicht werden Sie den Ersatz nie brauchen.
3. Ihr Zahn kann sich so verändern, dass die Ersatzkrone nicht mehr perfekt passt.
4. Wenn sich der Zahnfleischverlauf am überkronten Zahn mit den Jahren verändert, kann die Ersatzkrone wertlos sein.

WAS TUN, WENN IHRE KRONE FRAKTURIERT?

- Suchen Sie sofort Ihren Zahnarzt auf, besonders wenn Ihr Zahn empfindlich ist. Das Zahninnere kann freiliegen oder der Zahn kann beschädigt sein, was eine sofortige Behandlung erforderlich macht.

- Wenn Sie nicht sofort zu Ihrem Zahnarzt gehen können, putzen Sie Ihre Zähne unter Vermeidung der empfindlichen Stellen normal weiter. Andernfalls können Bakterien das Problem zusätzlich verschlimmern. Suchen Sie so schnell wie möglich einen Zahnarzt auf. Jede Verzögerung kann zusätzliche Schäden verursachen.

- Wenn Sie eine Ersatzkrone oder das Provisorium aufbewahren, setzen Sie diese ein. Und vergessen Sie nicht, sich eine neue Ersatzkrone anfertigen zu lassen.

- Wenn Sie keinen Ersatz haben, heben Sie das abgebrochene Stück der Krone auf. Vielleicht kann es bis zur Neuanfertigung provisorisch befestigt werden.

- Versuchen Sie nicht, Ihre Krone selbst zu reparieren! Handelsübliche Klebstoffe können sich im Mund auflösen. Sekundenkleber sind darüber hinaus giftig, machen eine Reparatur in der Regel unmöglich und ziehen die Gewebe in Mitleidenschaft.

Brücken

Eine Brücke ersetzt einen oder mehrere Zähne. Festsitzende Brücken werden mit einem Zement befestigt, während herausnehmbarer Zahnersatz für die Reinigung wieder entfernt werden kann. Als Verankerung dienen natürliche Zähne oder Implantate (siehe den folgenden Abschnitt). Die meisten Brücken haben ein Metallgerüst, doch ist es heute dank neuer Materialien auch möglich, vollkeramische Brücken herzustellen. Nach der Herstellung wird die Brücke einprobiert und Sie können die Passung, Form und Farbe kontrollieren und den Biss prüfen. Erforderliche Korrekturen können zu diesem Zeitpunk noch vorgenommen werden. Dann wird die Keramik aufpoliert oder neu glasiert, und die Brücke kann einzementiert werden.

WIE EINE KONVENTIONELLE BRÜCKE FUNKTIONIERT

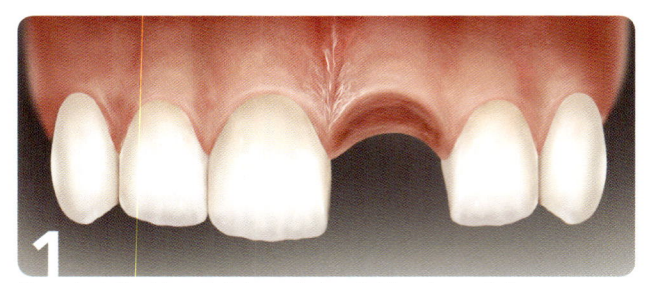

1 Eine dreigliedrige Brücke soll den fehlenden mittleren Schneidezahn ersetzen.

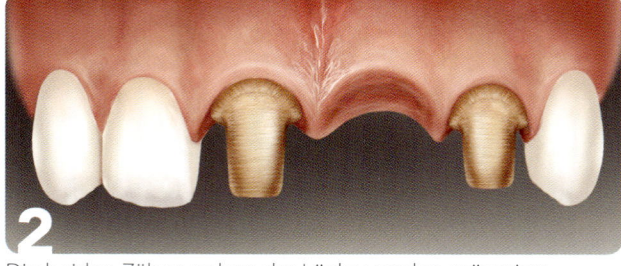

2 Die beiden Zähne neben der Lücke werden präpariert.

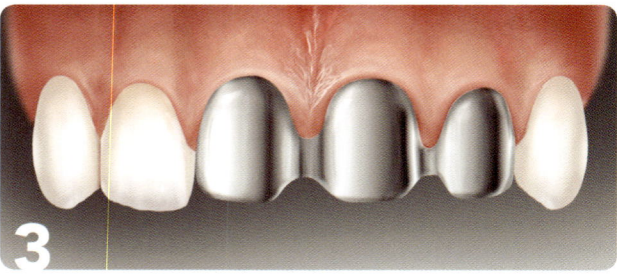

3 Einprobe des Metallgerüstes, auf das später die Keramik aufgebrannt wird. Gerüste können auch aus Keramik hergestellt werden.

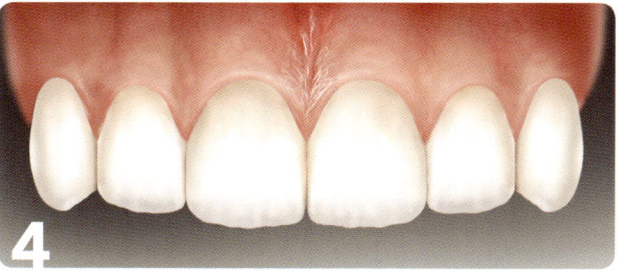

4 Die fertige Arbeit wird auf den präparierten Zähnen befestigt. Die Ränder liegen dabei leicht unter dem Zahnfleisch; der Übergang zwischen Metall und Keramik wird so verdeckt.

WIE EINE **KLEBEBRÜCKE** BEFESTIGT WIRD

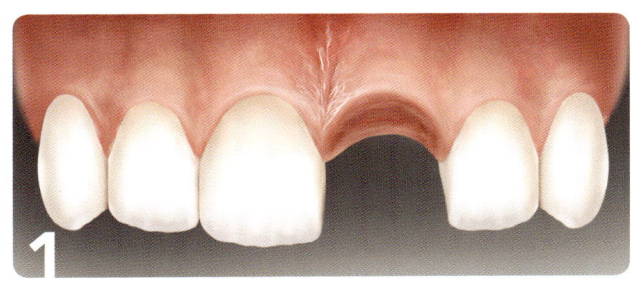

1 Eine Klebebrücke soll den fehlenden Frontzahn ersetzen.

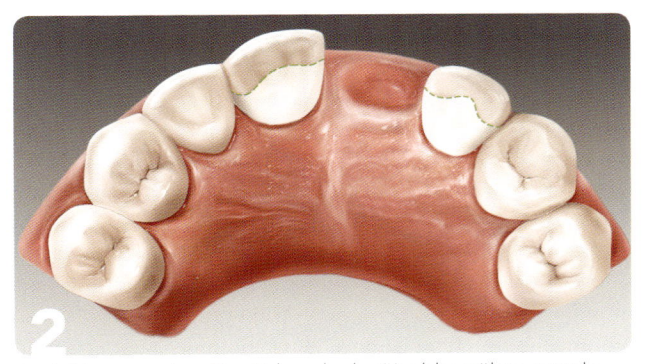

2 Ansicht von unten. Der Schmelz der Nachbarzähne wurde leicht reduziert.

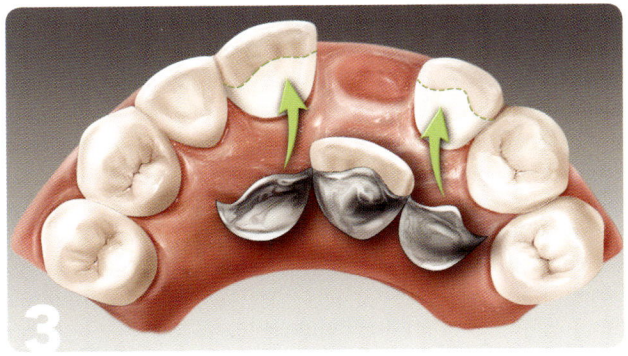

3 Die Zähne und die metallenen „Flügel" der Brücke werden angeätzt. Mithilfe eines starken Kompositzements werden die Flügel adhäsiv an den Zähnen befestigt.

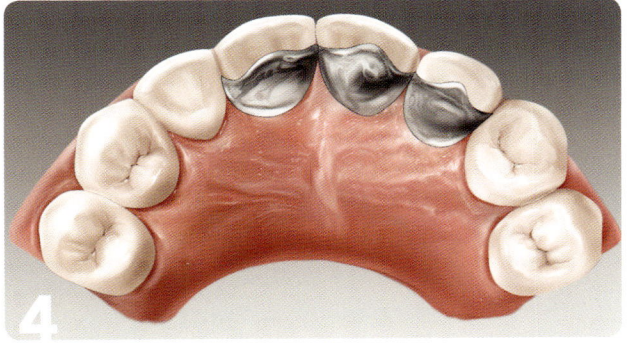

4 Die Ansicht von unten zeigt, wie sich die dünnen Flügel an die Zähne anschmiegen und den Zahnersatz an den Nachbarzähnen sicher abstützen.

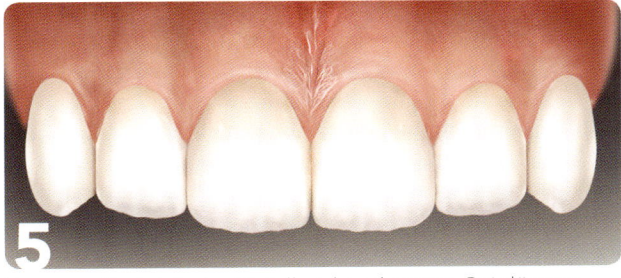

5 Von vorn lässt sich das Metall nicht erkennen. Bei dünnen Zähnen kann das Gerüst allerdings leicht durchschimmern.

Implantate

Eine der interessantesten Entwicklungen in der Zahnmedizin sind Zahnimplantate. Sie ermöglichen einen natürlich wirkenden, in der Regel dauerhaften und sicheren Ersatz fehlender Zähne. Inzwischen haben sie Millionen von Menschen mit langjährigen Kauproblemen dabei geholfen, ihre Kaufunktion wiederzuerlangen. In der Regel sind Implantate Titanstifte oder -schrauben, die im Rahmen eines chirurgischen Eingriffs in den Kieferknochen eingebracht und anschließend mit Kronen oder Brücken versorgt werden.

WIE IMPLANTATE GESETZT WERDEN

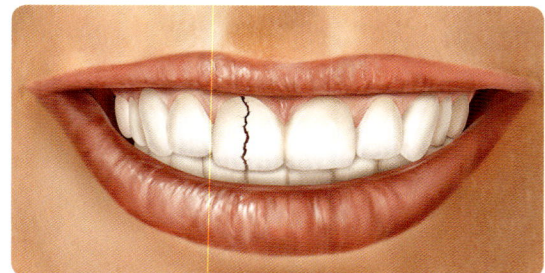

Dieser frakturierte Zahn muss gezogen werden.

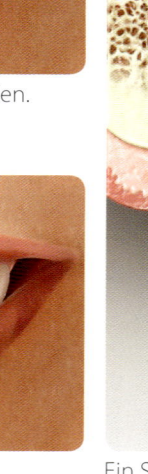

Das Zahnfleisch nach der Extraktion.

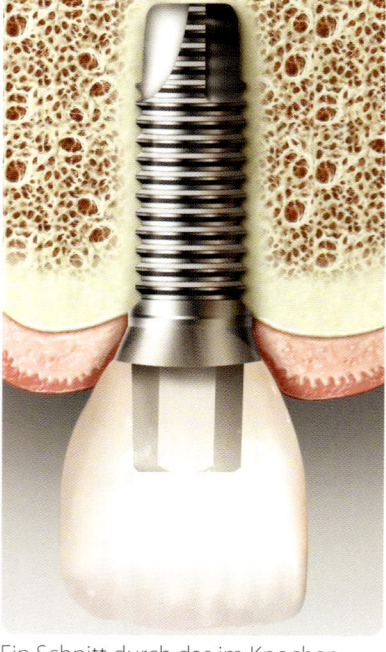

Ein Schnitt durch das im Knochen verankerte, eingeheilte Implantat mit befestigter Krone.

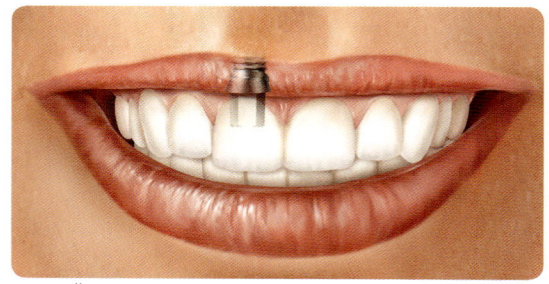

Diese Überlagerung zeigt die Position des Implantates unter der Versorgung.

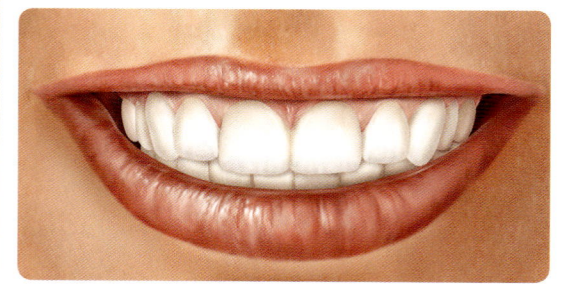

Das Ergebnis der Versorgung ist funktionell und ästhetisch hervorragend.

WER KANN IMPLANTATE EINSETZEN?

Implantatbehandlungen werden in der Regel von einem Team aus einem Chirurgen (Einsetzen der Implantate) einem Prothetiker (Planung und Versorgung) und einem Zahntechniker (Herstellung der Versorgung) durchgeführt. Es gibt auch Allgemeinpraktiker mit einer entsprechenden implantologischen Qualifikation, die neben dem prothetischen auch den chirurgischen Teil der Behandlung übernehmen. Auch wenn die Implantologie keine eigene Spezialisierung darstellt, haben viele Praktiker sich intensiv ausbilden lassen, und einige beschränken sich in ihrer Praxis ausschließlich auf Implantatbehandlungen.

DIE IMPLANTATBEHANDLUNG SCHRITT FÜR SCHRITT

Implantatbehandlungen können je nach der Ausgangssituation von wenigen Tagen bis zu mehreren Monaten dauern. Nachfolgend ein typischer Ablauf, der je nach Ihrer individuellen Situation variieren kann. Die chirurgische Phase erfolgt in der Regel in zwei Sitzungen, kann aber in bestimmten Fällen auch in einer abgeschlossen sein.

VOR DEM CHIRURGISCHEN EINGRIFF

- Ihr Mund wird genau untersucht; die Zähne, der Kiefer oder der gesamte Schädels werden geröntgt. Heute setzen viele Chirurgen digitale Bildgebungsverfahren (Computertomografie, digitale Volumentomografie) ein, um in einer 3-D-Ansicht die Implantatposition präziser planen zu können.
- Aus Abformungen Ihrer Kiefer werden Modelle hergestellt, die zur Planung der gewünschten Zahnposition verwendet werden.
- In bestimmten Fällen muss eine allgemeinmedizinische Untersuchung mit Bluttests durchgeführt werden, um Ihren Gesundheitszustand vor dem Eingriff zu bestimmen.

CHIRURGISCHE PHASE (ZWEIZEITIGER EINGRIFF)

- Das Zahnfleisch wird aufgeschnitten, das Implantat in den Knochen eingesetzt und das Zahnfleisch wieder vernäht. Dieser Eingriff kann unter Lokalanästhesie in der Praxis oder unter Vollnarkose in einer Klinik durchgeführt werden. In manchen Fällen lassen sich Implantate direkt in den Knochen setzen, ohne das vorher das Zahnfleisch eröffnet werden muss.
- Nach dem Eingriff kann es zu leichten Schwellungen und Schmerzen kommen, die sich mit Medikamenten gut kontrollieren lassen. In der Regel ist das Zahnfleisch nach ein paar Tagen abgeheilt. Damit die Implantate optimal im Knochen einheilen können, empfiehlt sich weiche Kost für vier bis sechs Wochen.
- Der zweite Eingriff erfolgt in der Regel zwei bis sechs Monate nach dem ersten. Dabei wird das Implantat unter Lokalanästhesie freigelegt. Auf das Implantat wird eine „Heilungskappe" geschraubt, die aus dem Zahnfleisch ragt.
- Das Zahnfleisch wird mit einer Naht fixiert, und auf dem Implantat wird eine provisorische Krone befestigt. Zu diesem Zeitpunkt können ästhetische Korrekturen des Zahnfleischs erfolgen. Wenn Sie keine Zähne mehr haben, kann Ihre alte Prothese angepasst oder unterfüttert und über die Implantate gesetzt werden, um die Einheilung zu fördern.
- Eventuell formt der Zahnarzt die Implantate ab, um ihre Position im Mund genau zu bestimmen.
- Ihr Zahnarzt sollte Sie dazu instruieren, wie Sie die Heilungskappen reinigen können.

PROTHETISCHE PHASE

- Ungefähr einen Monat später werden die definitiven Versorgungen eingesetzt. Entweder sind sie durch ein Metallgerüst miteinander verbunden oder es sind einzeln stehende Versorgungen.
- Regelmäßige Kontrollen (inklusive Röntgenbilder) und ein engmaschiges Recall (Dentalhygiene) sind für den langfristigen Erfolg wichtig.

WIE EINE BRÜCKE AUF IMPLANTATEN BEFESTIGT WIRD

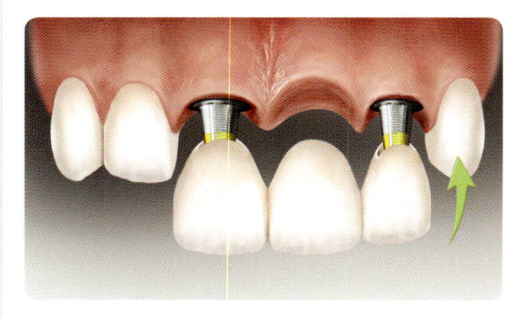

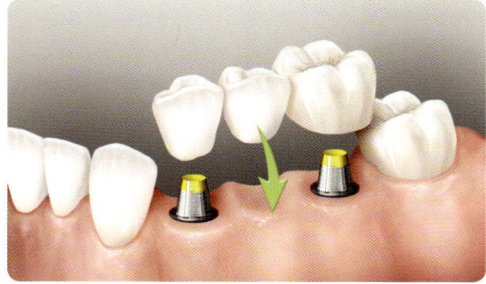

Die Abbildungen zeigen dreigliedrige Brücken, die im Frontzahnbereich *(links)* bzw. auf den Seitenzähnen *(rechts)* auf jeweils zwei Implantaten befestigt werden. Im vorangehenden Abschnitt erfahren Sie mehr über Brücken.

EIN NEUER ZAHN AN EINEM TAG

In bestimmten Fällen ist eine Sofortbelastung des Implantates möglich, d. h. das Implantat und die Krone werden in derselben Sitzung platziert. Damit wird ein zweiter Eingriff überflüssig und die Behandlung kann viel schneller abgeschlossen werden. Wenn bei Ihnen ein Zahn gezogen werden muss, fragen Sie Ihren Zahnarzt, ob eine Sofortbelastung für Sie infrage kommt.

WAS, WENN SIE NICHT GENUG KNOCHEN HABEN?

Es gibt gute Neuigkeiten für Patienten, denen man früher mitgeteilt hat, dass für ein Implantat nicht genug Knochen vorhanden sei. Wenn der Chirurg nach einer Beurteilung der Knochensituation auf Röntgenbildern oder CT-Scans feststellt, das Ihr Kieferknochen für eine Implantation nicht ausreicht, kann er den Knochen gegebenenfalls wiederaufbauen. Das fehlende Volumen wird durch synthetischen oder speziell bearbeiteten tierischen oder auch eigenen Knochen aus dem Kiefer oder der Hüfte ersetzt. Nach der Einheilungsphase sollte dann für das Setzen der Implantate genügend Gewebe vorhanden sein.

IMPLANTATE SIND NICHT BEI JEDEM PATIENTEN MÖGLICH

Zahnimplantate sind nicht für jeden Patienten geeignet. Folgende Faktoren sprechen eher gegen den Einsatz von Implantaten:

1. Ungenügendes Knochenangebot für eine Implantation und schlechte Prognose für einen Knochenaufbau
2. Bestehende Parodontalerkrankungen
3. Medizinische Probleme, die die Einheilung negativ beeinflussen (z. B. Diabetes, Krebs)
4. Eingeschränkte Beweglichkeit der Hände und Arme (Mundhygiene nur eingeschränkt möglich)
5. Keine oder nur geringe Bereitschaft, eine gute Mundhygiene durchzuführen
6. Osteoporose, die mit Bisphosphonaten behandelt wird
7. Rauchen

Orthodontie

Die beste Lösung bei ästhetischen Problemen ist die korrekte Positionierung der eigenen Zähne mithilfe einer orthodontischen Behandlung. Wenn Sie nicht für 18 Monate oder länger Spangen tragen möchte, fragen Sie Ihren Zahnarzt nach Alternativen. Es gibt fast immer eine andere Lösung oder einen Kompromiss. Beispielsweise können Spangen nicht nur mit Metallbrackets, sondern auch mit Brackets aus Keramik oder Kunststoff befestigt werden, eine Lösung, die viele Erwachsene aus ästhetischen Gründen bevorzugen. Auch wenn eine klassische Zahnstellungskorrektur am effizientesten ist, gibt es hierzu Alternativen:

INVISALIGN

Invisalign ist eine der populärsten neuen Methoden. Dabei wird eine Serie transparenter Schienen jeweils für 20 Stunden pro Tag über einen Zeitraum von 6 bis 24 Monaten getragen. Jede Schiene schiebt die Zähne etwas weiter in die gewünschte Richtung. Der Schienenwechsel erfolgt alle zwei Wochen. Die Prozedur wird fortgeführt, bis mit der letzten Schiene die Zähne in der gewünschten Position stehen. Der große Vorteil dieser Methode ist, dass die Schienen praktisch unsichtbar sind und niemand bemerkt, dass Sie Ihre Zahnstellung korrigieren.

LINGUALE ORTHODONTIE

Eine weitere Möglichkeit ist die Positionierung der Brackets und der Apparatur auf der Innenseite des Zahnbogens. Solche lingualen Apparaturen lassen sich allerdings nicht bei jeder Zahnstellung oder Bisssituation verwenden. Die Behandlung ist kosten- und zeitaufwendiger als andere Methoden, und die Apparatur kann beim Sprechen und Essen stören und Ihre Zunge irritieren. Trotzdem wählen viele Erwachsene diese Methode einer „versteckten" Behandlung, die andernfalls ihrer Zähne nicht korrigieren lassen würden.

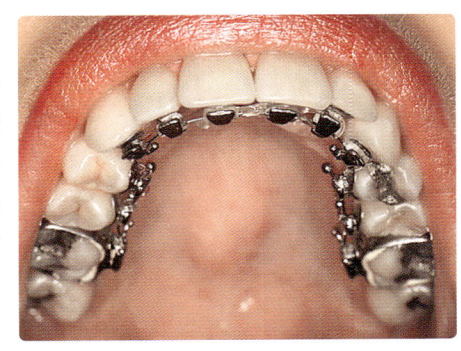

ABNEHMBARE APPARATUREN

Abnehmbare Apparaturen (sogenannte „Platten") mit aktivierbaren Drahtbögen eignen sich bei kleinen Korrekturen. Die Platten müssen mindestens zwölf Stunden pro Tag getragen werden. Bei konsequentem Tragen kann die Behandlung nach vier Monaten abgeschlossen sein. Eine Platte ist viel günstiger als Invisalign oder eine festsitzende linguale Apparatur, erlaubt aber auch nur geringere Korrekturen der Zahnstellung.

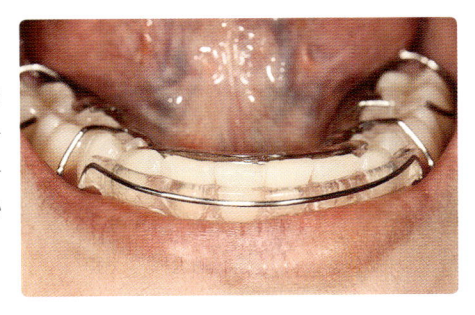

LITERATUR

Kein Buch ist eine Insel. Andere Werke liefern Anregungen und Ideen. Die unten aufgeführten Bücher sind zusätzliche Informationsquellen, die auch beim Verfassen dieses Buches hilfreich waren.

Bates B, Cleese J. The Human Face. New York: Dorling Kindersley, 2001.

Berns JM. Why Replace a Missing Back Tooth? Chicago: Quintessence, 1994.

Berscheid E, Walster E, Bohrnstedt G. The happy American body: A survey report. Psych Today 1973;7:119.

Caccamo R. The Right Hairstyle for Your Face Shape. TheHairStyler.com website. http://www.thehairstyler.com/the_right_hairstyle_for_your_face_shape.asp. Accessed February 20, 2009.

Christensen GJ. A Consumer's Guide to Dentistry. St Louis: Mosby, 1994.

Denholtz M, Denholtz E. The Dental Facelift. New York: Van Nostrand Reinhold, 1981.

Garfield S. Teeth, Teeth, Teeth. Beverly Hills, CA: Valient Books, 1969.

Goldstein C, Goldstein RE, Garber D. Imaging in Esthetic Dentistry. Chicago: Quintessence, 1998.

Goldstein RE. Esthetics in Dentistry, ed 2. Ontario: BC Decker, 1998.

Goldstein RE, Garber DA. Complete Dental Bleaching. Chicago: Quintessence, 1995.

Greenwall L. Bleaching Techniques in Restorative Dentistry. London: Martin Dunitz, 2001.

Haywood V. Tooth Whitening: Indications and Outcomes of Nightguard Vital Bleaching. Chicago: Quintessence, 2007.

Jablonski S. Illustrated Dictionary of Dentistry. Philadelphia: Saunders, 1982.

Kwon S, Ko S, Greenwall LH. Tooth Whitening in Esthetic Dentistry. London: Quintessence, 2009.

Liggett J. The Human Face. New York: Stein & Day, 1974.

Mechanic E. Esthetic Dentistry: A Patient's Guide. Montreal: EC Dental Solutions, 2005.

Moss SJ. Growing up Cavity Free: A Patient's Guide to Prevention. Chicago: Quintessence, 1993.

Nahai F. The Art of Aesthetic Surgery. Principles & Techniques. St. Louis: Quality Medical, 2005.

New Beauty Magazine [various issues]. 2009;5.

Patzer G. Looks: Why They Matter More Than You Ever Imagined. New York: Amacom, 2008.

Shelby DS. Anterior Restoration, Fixed Bridgework, and Esthetics. Springfield, IL: Charles C. Thomas, 1976.

Smigel I. Dental Health, Dental Beauty. New York: M Evans, 1979.

Taylor TD, Laney WR. Dental Implants: Are They for Me? Chicago: Quintessence, 1993.

NOTIZEN

NOTIZEN